区域内高校与战略性新兴产业协同发展的
动力机制研究

赵　哲◎著

ZHEJIANG UNIVERSITY PRESS
浙江大学出版社
·杭州·

图书在版编目（CIP）数据

区域内高校与战略性新兴产业协同发展的动力机制研究 / 赵哲著. —杭州：浙江大学出版社，2021.12
ISBN 978-7-308-22204-4

Ⅰ. ①区… Ⅱ. ①赵… Ⅲ. ①地方高校—作用—新兴产业—产业发展—协调发展—研究—中国 Ⅳ.
①G648.4 ②F269.24

中国版本图书馆 CIP 数据核字(2021)第 266872 号

区域内高校与战略性新兴产业协同发展的动力机制研究
赵 哲 著

策划编辑	吴伟伟
责任编辑	陈思佳(chensijia_ruc@163.com)
责任校对	宁 檬
封面设计	雷建军
出版发行	浙江大学出版社
	（杭州市天目山路 148 号　邮政编码 310007）
	（网址：http://www.zjupress.com）
排　　版	杭州青翔图文设计有限公司
印　　刷	广东虎彩云印刷有限公司绍兴分公司
开　　本	710mm×1000mm　1/16
印　　张	17.75
字　　数	250 千
版 印 次	2021 年 12 月第 1 版　2021 年 12 月第 1 次印刷
书　　号	ISBN 978-7-308-22204-4
定　　价	78.00 元

序

在人类几千年的文明史中,大学在创造辉煌与实现梦想方面发挥了不可替代的作用,逐渐从边缘走向中心,成为经济发展和社会进步的发动机与动力站。欧洲中世纪大学的产生影响了世界高等教育体系的建构,形成了现代大学制度的雏形。伴随经济发展和社会进步,从欧洲大学的人才培养,到德国柏林大学的科学研究,再到美国大学的社会服务,大学的理念和职能在不断迎合时代的需要中进行传承、发展与创新。近代以来,美国"威斯康星思想"的产生、约翰·霍普金斯大学的建立、"斯坦福—硅谷"产学研模式的形成以及欧洲大学的成功转型,不但为现代大学注入了新生机与新活力,而且使大学与经济社会的关系变得愈加紧密和休戚相关。

世界高等教育中心转移的历史顺序是:意大利—英国—法国—德国—美国。其中蕴含着一个基本的规律:一个国家往往先成为高等教育中心,而后才成为科技中心,而且成为科技中心往往发生在高等教育的高峰期;一个国家往往在失去高等教育中心的地位之后才失去科技中心的地位。可以肯定的是,大学推动了世界科技中心的转移与更替,而科技的进步与创新则进一步支撑了区域传统产业的升级与更新,引领了战略性新兴产业的诞生与发展,为区域经济增长提供了新技术和新模式。纵观世界的大学发展史和科技进步史,大学引领了全球范围的工业革命及科技革命,每次革命均形成了完整连贯、衔接有序的技术链、产业链和创新链,满足了人类的生存与进步需求。

当今世界,全球科技创新呈现新态势和新特征,新一轮科技革命和产业变革风起云涌、日新月异,科技前沿领域不断延伸与持续突破,经济发展方式转变和产业结构调整的速度日趋加快,世界各国大学所扮演的引领、支撑和服务等多样化角色及其功能日益显著。反观国内,我国产业实体经济增长和新业态发展壮大的动力格局正在进一步改善,大学作为国家创新体系中重要的知识创造与供给主体,是基础研究和应用研究的主力军,是改造旧动能和培育新动能的变局关键,是创新驱动战略跑出"加速度"的重要引擎。大学与战略性新兴产业的协同发展,不但顺应科技创新趋势和产业发展变革规律,而且对国家整体创新实力、核心竞争力和国际影响力的提升具有举足轻重的作用。

大学与战略性新兴产业协同发展的"换挡提速"及"知识—技术"共同体的形成,迫切需要政府自上而下、企业由此及彼、大学由外而内地建构"动车组"式的动力机制系统,重点解决人才培养的供需结构性失衡,科学研究的"短平快"模式、功利化价值驱动和"成果多、转化少"的粗放式增长传统,社会服务的零散化和碎片化等难点痛症,政企校三方共同按下协同发展"快进键"和推动协同发展进入"快车道"。

《区域内高校与战略性新兴产业协同发展的动力机制研究》一书,研究了区域内高校与战略性新兴产业协同发展的理论基础、概念体系和本质要义,开展了区域内高校与战略性新兴产业协同发展的影响因素实证分析,提供了区域内高校与战略性新兴产业协同发展的国际、国内先进经验以及国内省域的典型案例,阐述了区域内高校与战略性新兴产业协同发展的主要问题及动力机制选择。该书为进一步深入研究大学与区域经济社会协调发展问题,为丰富中国特色社会主义高等教育理论体系,提供了有益的借鉴。

大连理工大学党委副书记、副校长

2021 年 6 月

目　录

第一章
绪　论

第一节　研究背景

一、大学职能的形成、丰富与演进为战略性新兴产业发展持久蓄能

从中世纪开始,大学不断冲破时代桎梏和历史局限,在实践探索中深刻认识高等教育规律与大学本质属性,大学的理念变迁和时代特质更体现了不同历史时期的社会发展愿景与现实期冀。从相对封闭的"象牙之塔"到日益开放的"大学城";从追求真理、探索高深学问的学术圣殿到工业社会与知识经济的"社区服务站";从古典精英教育到现代大众教育;从欧洲中世纪大学的教学育人,到柏林大学的科学研究,再到威斯康星大学的社会服务;从英国的纽曼到德国的洪堡,再到美国的弗莱克斯纳、范海斯、吉尔曼、特曼、博克等教育家的毕生追寻——大学的理念与时俱进,职能适时拓展,大学制度与治理结构日臻完善,大学逐渐从社会边缘走向社会中心,成为引领时代发展、推动经济社会进步的强大力量源泉。

中期以来,美国大学通过打造科技园引领高科技现代产业集群的振兴战略,已成为第三次工业革命的主流趋势。美国大学引领创建的高新技术产业集群,可分为两种模式:一是"环大学产业经济圈"模式,即依托大学重点实验室和重点学科,以科技研究为核心,打造高科技产业园区,推动高新产业集聚,进而全面构建区域知识创新网络,如斯坦福大学引领硅谷帝国的强盛不衰。二是"以大学为连接点的产业带"模式,即以统筹科技资源和连接城市为手段,加速科技成果转化,大力发展知识密集型产业,推动大学校区、科技园区、城市社区融合发展,打造没有围墙的智慧型科技产业链,如麻省理工学院引领128号公路的兴旺繁荣。随着日本筑波科技城、法国索菲亚科技园、英国剑桥科技园、德国巴伐利亚科技园和中国中关村等一批世界著名科技园的兴起,大学已成为国家创新体系建设的驱动内核,大学的基础研究成为原始创新的理论依据,而大学的应用研究则成为商业开发的价值基础。

历史经验表明,大学在推动产业经济发展方面发挥了不可替代的作用,已成为经济增长和社会进步的发动机与动力站。大学推动了世界科技中心、经济中心的转移与更替,源自大学的人才培养、科学研究和社会服务全面支撑着区域产业的升级与更新,引领着新兴产业的诞生和发展,提供了区域经济的增长新引擎。因此,在战略性新兴产业迅猛发展的宏观经济环境下,更需要大学在人才培养、科学研究和社会服务方面提供新动力。而这种新动力主要来源于大学基本职能的自组织变革和大学外部治理体系的他组织压力。其中,大学基本职能的自组织变革就是在遵循高等教育内外部适应规律基础上,使其人才培养、科学研究和社会服务经历再构思、再表达、再变换的改造过程,进而实现大学基本职能面向战略性新兴产业发展需求的现代化转型升级。大学外部治理体系的他组织压力则是借助政府的外部制度干预力与政策强制力,通过自上而下、由外而内的管理体制机制改革,使得区域内的大学、企业与科研院所等单个创新点成为集成性、动态性、开放性、共享性和非线性的协同创新网络,形成驱动战略性新兴产业发展的创新要素合力。

二、战略性新兴产业经济为高校创新驱动提供了新机遇与新方向

产业经济支配着世界经济版图,而战略性新兴产业已经成为带动区域产业经济发展的重要动力和新增长极。从当今世界科技发展的宏观态势判断,电子信息、装备制造、新能源、新材料、现代农业、人口健康等关系我国现代化进程的战略性新兴产业领域内的一些重大的科学发现和关键性技术正发生革命性突破,主要显现为八大方面。

第一,高端装备制造领域。高端装备制造领域必将指向智能化、数字化和绿色化的发展理念与建设模式,这就要求高校要积极优化优势学科和科研资源配置,集中攻关高端装备成品研发与行业关键技术等问题,全面支撑装备制造业产业结构升级与战略调整,有效保障高端装备集成技术与先进工艺、设计理念等的高效供给。

第二,现代信息技术领域。集成电路、磁盘存储器、高性能计算机、移动互联网和软件开发等电子信息产业,几乎都会遇到制约持续创新的核心技术障碍和多样化社会诉求,呼唤高校集中发力,在普惠、可靠、低成本的信息化道路中,有针对性地开展信息科学原始性突破和信息技术革命性突破。

第三,新能源开发、传统生物资源的开采与利用领域。经济增长方式的转变和社会的现代化进步必将改变人们对化石能源的肆意攫取和资源无节制的消耗,迎来后化石能源时代和资源高效、可循环利用时代,这就要求高校在大力发展新能源、可再生能源与新型替代资源的基本科学技术研发和社会应用效益问题等方面,取得实质性突破。

第四,材料科学领域。材料科学与技术的重要突破可能发生在材料组织结构和性能关系,材料性能演化规律和机理,新型能源信息和生物材料、纳米材料、仿生材料,高智能多级结构复合材料,结构功能一体化材料,材料绿色制备和低成本高效循环再利用技术等重大领域,这就要求高校集结理工学科优势,在新材料领域的发生机理与现实应用领域取得全面进展。

第五，现代农业领域。现代农业必然进入绿色、生态、高效的可持续发展时代，且面临保障食物安全、维系国民经济稳定发展、缓解全球粮食危机、保护优良生态环境等新使命和新诉求，这就要求高校在支撑生态效益好、产品附加值高的农业作物生产和生物产业体系建设等方面，取得创新性进展。

第六，人口健康领域。全球人口急速膨胀，对控制人口数量、提升生存质量、走低成本健康道路具有切实需求，这就要求高校必须在基因遗传、疾病治疗、疾病预防、中西医结合以及医疗器械等一些基本的健康保障科学技术问题上取得关键性突破。

第七，深空、深海、深地领域。太空、海洋和地质包含现代科技初步认识与尚未开发利用的巨大资源，现代化国家必须具备强大的领空、领地和领海等深度开发与探索研究的强大科技优势，这就要求高校要依靠科技创新，持续向天、海、地的未知领域拓展，大幅提高面向深空、深海和深地等领域的应用装备、探测技术与开发能力。

第八，自然生态与生存环境领域。生态与环境问题将成为制约现代化进程的重大瓶颈之一，需要高校精准发力，构建支撑人与自然和谐相处的生态和环境保护发展体系，系统认知环境演变规律，提升生态环境监测、保护、修复能力和应对全球气候变化的能力，提升科学技术、研究方法和手段对自然灾害的预测、预报与防灾、减灾能力。①

战略性新兴产业代表区域内经济的先进生产力水平，也是知识生产力与"知识—技术"生产关系的重要产物。可以说，战略性新兴产业经济竞争是人才和科技的全面比拼，但归根结底是知识生产能力的竞争、知识向技术转化的竞争和"知识—技术"制度优越性的竞争，最终体现在高校对创新驱动作用发挥程度的竞争。自 2010 年，我国先后出台了《国务院关于加快培育和发展战略性新兴产业的决定》《"十二五"国家战略性新兴产业发展规划》《国家"十三五"规划纲要》和《"十三五"国家战略性

---

① 中国科学院.科技革命与中国的现代化：关于中国面向 2050 年科技发展战略的思考 [M].北京：科学出版社，2017：21—23.

新兴产业发展规划》等政策文件，全面推动战略性新兴产业发展。截至
2017年底，全国共有30个省级政府发布了"十三五"时期的战略性新兴
产业发展政策，如省域"十三五"科技规划和现代产业发展规划等，其中：
30个提出发展信息技术产业和生物产业，29个提出发展高端装备制造
业和新材料产业，28个提出发展节能环保产业，26个提出发展新能源技
术产业，15个提出发展数字创意产业。[①] 各省级政府将战略性新兴产业
培育作为新的经济增长点和支柱产业，大力推动高校鼎力支撑区域产业
升级和经济转型，逐步形成了整体有布局、区域有分工的经济新增长极
和新格局。

近年来，大力发展高端装备制造业、新能源产业、新材料产业、节能
环保产业、新一代信息技术产业、生物产业和新能源汽车产业等7个领
域的战略性新兴产业，是我国优化产业结构、构建创新体系、实现创新驱
动的主要发力点。"十三五"期间，我国以数字化、网络化、智能化的高端
制造业体系为主，以新能源、新材料、生物医药和现代农业科技等技术创
新发展为翼的战略性新兴产业发展规模不断壮大，产业组织方式和商业
运营模式也随之发生了重大变革，战略性新兴产业增速持续快于总体经
济。2018年上半年，我国战略性新兴产业工业增加值同比增长8.7%。
另根据国家统计局公布的第四次全国经济普查公报，2018年年末，全国
从事战略性新兴产业生产的规模以上工业企业法人单位有66214个，占
规模以上工业企业法人单位的17.7%。[②] 然而，我国战略性新兴产业的
综合竞争力仍待提升，创新资源供给还不够丰富，无论是技术创新还是
技术升级都依赖于外部知识和技术要素的供给，从产品研发到工艺、材
料等的技术水平均受到国外同行业的"垄断"和"挤压"。[③] 例如，高性
能航空发动机、高端芯片等关键技术产品长期依赖进口，新能源汽车
的蓄电池技术和混合动力技术的自主研发能力薄弱。此外，基础创新

---

① 中国工程技术发展战略研究院.2019中国战略性新兴产业发展报告[M].北京:科学出版
社,2019:4.
② 参见:《第四次全国经济普查主要数据公布》(http://finance.people.com.cn/n1/2019/
1120/c1004-31465127.htmla)。
③ 洪银兴.产学研协同创新研究[M].北京:人民出版社,2015:5-6.

能力与国际先进水平相比仍有一定差距,主要表现为核心基础零部件、先进基础工艺、关键基础材料等基础创新能力薄弱。因此,依靠大学知识、人才、平台、技术的供给侧与企业需求侧的精准协同,推动国家创新体系中的大学知识创新体系和企业技术创新体系之间的充分协同,已成为我国战略性新兴产业形成"后发优势"的必然选择。

目前,我国战略性新兴产业发展的整体环境趋好,主要体现为告别"大老粗"、走向"高精尖",以及改造升级"老字号"、深度开发"原字号"、培育壮大"新字号"等阶段性水平与质量变化特征。从战略性新兴产业经济转变为区域创新体系,需要优化区域内的"知识—技术—产业"一体化的制度结构、合作机会及弹性空间,让更多的知识密集型和技术密集型组织参与创新合作。阿歇姆(Asheim)和埃斯克森(Isaksen)将区域创新体系概括为 3 个组成部分,即区域产业集群及其支持产业的公司、支持的知识组织以及这些行动者的相互作用。在产业经济快速发展、高等教育中心地位越来越突出的今天,高校作为人才培养、科技创新和社会服务的主要机构,其建设发展与战略性新兴产业发展有着千丝万缕的联系。高校不仅是战略性新兴产业发展的创新驱动力量,更是科技第一生产力、人才第一资源和创新第一动力的交汇点。战略性新兴产业发展关系到高校人才培养的思路,关系到科学研究价值的取向,关系到社会服务着力的方向等一系列重要问题。正如美国哈佛大学前校长德里克·博克(Derek Bok)在《大学与美国的未来》一书中提出的:"大学是未来社会的中心机构,现代的发达社会主要取决于专业知识、训练有素的专业人才、发明创造 3 个因素,大学历来是前两个要素的主要提供者,现在在发明创造方面也起着越来越大的作用,正在成为未来社会的中心机构。"因此,在高校的人才支撑、科技引领与精确服务的多重作用下,区域内战略性新兴产业发展的良好态势将得以持续,生物医药、新材料等重点领域技术将实现突破,装备制造、新材料、生物医药等产业基地和特色产业集群将保持平稳增长态势,机器人、新能源汽车等产品数也将稳步增长,5G、区块链等领域的技术将有望产业化,智能制造及智能服务、数字经济、"互联网+"、大健康等产业将快速发展,这些战略性新兴产业将进一步为区域经济发展提供强大支撑,释放更多红利。

三、协同创新已成为解决区域新兴产业经济发展问题的主流模式

协同创新是战略性新兴产业发展的第一原动力,提高协同创新的能力、质量和水平是从根本上提升战略性新兴产业发展能力的首要条件。协同创新是公共和私人利益相关者打破僵局的一种方式,这些基于网络的合作有望在大学及其合作伙伴之间跨越机构边界,以及在非营利性和私营部门中增加知识、技能、思想、经验和资源。[①]

经济合作与发展组织(OECD)指出,大学与行业合作是竞争性知识经济中的关键。玛丽安·斯坦莫(Marianne Steinmo)等认为,在创新过程中使用产学合作被视为企业竞争力的主要驱动力。[②] 如今,工业界正在朝着开放的协同创新结构发展,在这种新型创新结构中,大学作为外部代理发挥关键作用。建立学术领域与工业领域的协同,对弥合两者之间的差距都有利。在战略性新兴产业发展过程中,协同创新能够实现校区合作,完成产教深度融合任务,创造社会价值。高校与战略性新兴产业的协同创新是一种基于利益共同体导向的知识创新与技术创新的协同,可以使区域内的高新技术企业准确找到创新源泉,增强核心竞争力,形成优质品牌和行业领军优势,实现追求利润最大化的经济组织本能。高校可以激发知识密集型组织的创新源头活力,推动知识形成由内而外的"生产—应用"演绎逻辑,进一步彰显知识从生产到应用的原理运用性、规律延伸性、范围拓展性和过程联想性,从而在人才培养、科学研究、社会服务等方面取得更大突破。

随着区域内协同创新的机会泛化和频率提高,"许许多多小市场聚合成一个大市场"的长尾经济特征愈加显著。因此,高校与战略性

[①] Torfing Jacob. Collaborative Innovation in the Public Sector[M]. Washington:Georgetown University Press,2016.

[②] Marianne Steinmo,Einar Rasmussen. The interplay of cognitive and relational social capital dimensions in university-industry collaboration:Overcoming the experience barrier[J]. Research Policy,2018(10):1964-1974.

新兴产业的协同创新必须从根本上破解科技资源分散、科技创新主体自成体系以及创新活动重复分散、效率低下等历史遗留问题,努力从3个方面推动及深化协同创新。

首先,创新高校与战略性新兴产业协同发展的外部体制机制。政府及其行政管理部门作为体制机制的保障与调控主体,不但要构建科学有效的组织管理体系,成立产学研多方参与的他组织管理机构或自组织理事会机构,负责重大事务的协商与决策,确定协同创新长远发展的时间表和路线图,促进不同创新主体在人员、信息、资金等方面的便捷流动和优化配置,也要建立聚焦企业技术的校企协同创新对话机制,吸纳更多的高校、企业与相关科研机构参与研究制定国家技术宏观规划、计划、政策和标准。同时,加快建设专业化的众创空间,依托互联网打造开放虚拟的共享创新平台,降低创新创业成本。加强知识产权保护,进一步完善知识产权保护的相关法律法规,培育知识产权专业化的服务机构。此外,还要建立健全产学研协同发展的战略规划与政策法规,加大政府财政投入力度,完善风险投资机制,建立以创新质量和贡献为导向的办学绩效评价机制,建立持续创新的大科研组织模式,明确产学研合作项目的税收优惠、贴息贷款政策以及科技人员向企业转让专利成果的奖励措施等,逐渐形成以问题为导向和以项目为纽带的动态组合的体制机制,并建立以有利于出高精尖成果、出产业紧缺急需人才为最高准则的创新激励体系。

其次,建立高校牵头、企业参与的校企协同创新模式,即整合高校与企业的创新资源,促进跨组织边界的供需精准研发合作。高校需要明确支撑和引领战略性新兴产业发展的主攻方向,由具有行业特色与产业"亲缘"优势的高校牵头,建立先进装备制造、新能源、新材料、电子信息等面向战略性新兴产业的产学研协同创新联盟,围绕产业链部署人才培养链和知识创新链。高校可以遴选一批关联性大、带动性强的共性技术和重大科研平台,集中人财物等创新力量构建满足区域战略性新兴产业发展需求的原始创新体系、集成创新体系和引进吸收消化再创新体系。与此同时,随着"创新、协调、绿色、开放、共享"新发展理念、生态文明建设和"健康中国行动"的全面实施,经济社会发展与人民群众对美好生活向往的融合更加紧密,这就促使高校还需要以适应保障和改善民生的科技、服务需求为科研导向,牵头建立一批"立地式"的区域协同创新中心和协同创新基地,积极推进现代农业、生物医药、生态环保、文化传承等社会发展领域协同创新,充分发挥高校协同创新对改善民生、满足人民美好生活需求的支撑作用。

最后,建构知识链、技术链和产业链的复杂范式协同创新,即将知识生产和技术进步作为产业链发展的核心,实现知识与资本、技术与产业、成果与市场的高效对接和无缝衔接。对实体经济组织的内部生长机理而言,战略性新兴产业不是同类企业的规模与效益的简单再生长,而是产业系统知识、技术属性以及生产流程、工艺水平、性能功能和产品附加值等方面的深度变革,这要求高校育人、科研和服务等传统形式与新的产业属性重新协调。第一,高校需要增加人才培养的功能性质量、品质性质量与品位性质量3种内涵,其中:功能性质量是高校向行业企业输送大批具有生产一线岗位胜任力的应用型、技能型人才;品质性质量是高校所培养的各类行业人才不仅具备基础的、扎实的专业知识和实践能力等功能性质量,还拥有一定的创新创业能力;品位性质量是高校提供的人力资源得到企业雇主的满意和认可,呈现供不应求的局面,并且能够协助企业获得创新收益和行业领先优势。第二,高校可以与区域内的行业企业共建一流的产业技术创新联盟、科学技术研究院、产业技术研究院、行业研发中心和校企、校地研发基地等,加强行业核心技术和关键技术研发,提升知识从学术性到应用性的现代化生产力。第三,高校应该构建多样化的成果转化与辐射模式,通过打造孵化器、加速器、创新创业园区一体化的科技成果转移转化载体,完善科技中介服务体系,构建面向全社会的产教融合信息网等途径,以技术进步带动区域产业结构调整和战略性新兴产业发展。

第二节　研究目的、价值与意义

一、动力机制是推动与联结协同发展的关键环节

区域内高校与战略性新兴产业协同发展既是创新驱动战略背景下构建区域创新体系的必然之路，也是推动高校深化供给侧结构性改革、全面增强自主创新能力及践行创新驱动的应有之义，更是在促进高等教育链与行业链、创新链与产业链、知识链与技术链等有机衔接过程中必须解决的首要问题。其中，促进高校与战略性新兴产业协同发展的动力机制，意味着不同组织开展共同活动的心理倾向性建设、原动力建设和促动体系建构，它支持着不同组织的能力、信心、决定和行为以实现协同发展为目的的持续改变。换句话说，仅有协同结构是不够的，关键是建立组织协同的动力机制。高校与产业经济互动共生、彼此激励的五次工业革命历史经验深刻揭示了优化产业结构和调整产业布局、转变经济发展方式和培育新经济增长极等任何一种产业经济学现象均与高等教育密切相关。这种积极的、正向的相关性及其最大限度的实现，需要我们重点探寻：政府推动协同创新的政策保障、制度体系、"放管服"改革等外部治理行为是否充分及落实到位？各利益相关主体在协同发展过程中的核心需求是什么？各自对对方的迫切诉求是什么？推动彼此协同发展持续行动，实现由"被动组合"向"自觉组织"转变的动力机制平衡点是什么？解答这些问题，对于区域内不同创新主体的新活力激发、新动能释放和新效益溢出具有深远的战略影响。

二、新经济崛起需要大学责任与使命的充分赋能

区域内高校与战略性新兴产业协同发展彰显了先有制度环境优化、资源要素整合、组织机制创新，后有区域经济崛起的"大学—新产业—新产业经济"无限循环式发展模式。与此同时，全球创新链生态与产业链

结构正在发生变革,战略性新兴产业本身的知识、技术、工艺和产品等创新要素正在发生革命性变化,创新驱动已从单一源头转向多元融合,行业企业与高校交互所发生的协同创新正在崛起。在邓小平"科学技术是第一生产力"和习近平"创新是引领发展的第一动力"的理念引领下,在"大科学"问题复杂性和解题方式复杂化的叠加作用下,不同创新组织之间的知识整合、技术补偿和资源共享将超越当下各个组织的原有生产力极限,提供一种催生新业态、壮大新经济的新生机与新活力。正如亨利·埃茨科维兹(Henry Etzkowitz)认为的那样:"在以知识为基础的经济与社会发展中,大学作为知识生产机构对区域经济增长的贡献日益增大。"[①]因此,面对全球科技革命的激烈形势,抢占国内新一轮战略性新兴产业革命制高点的战略机遇,以及区域内战略性新兴产业发展的新形式、新挑战和新任务,实现简单生产及扩大再生产新知识、应用新知识和转化新知识,培养能够支撑战略性新兴产业崛起、强大,推动区域科技革命的创新型、应用型人才,以更有经济价值、更加精准的科研创新成果和更加多样化的社会服务模式提升战略性新兴产业的整体实力与综合竞争力,既是高校应该主动承担的重要责任和新时代使命,也是高校实现持续化、转型化和现代化发展的必由之路。

三、不同组织协同发展的"真问题"需要针对性化解

区域内高校与战略性新兴产业在协同发展过程中已经形成以多样化、多层次、多能级人才供给为核心,以若干重大科技平台为基础,以多样化战略联盟为主要形式,贯穿基础研究和应用开发研究,覆盖战略性新兴产业经济各企业的区域创新网络体系,但深度"真协同"和推动"实创新"的动力机制问题并未得到根本解决,仍然存在一些较为明显的难点、堵点、矛盾和痛症。主要表现为:高校人才供给体系的结构性"缺口"始终存在,导致人力资源错配及供给失调;高校与企业协同育人过程中

---

① 埃茨科维兹.三螺旋创新模式:亨利·埃茨科维兹文选[M].陈劲,译.北京:清华大学出版社,2016:1-3.

的政策保障力度不够及长效机制不够健全,普遍存在"校热企冷"的尴尬局面和企业"假协同"的应付现象;高校创新创业教育的原生态环境不佳,对学生创新创业的活力释放及其成果产生效率造成消极影响;高校学科专业结构体系与战略性新兴产业发展进程的衔接性、契合度和支撑力不足,欠缺科学化、组织化和制度化的治理机制;高校协同创新绩效及其对经济增长的贡献率并不显著,产学研协同创新体制机制亟须再调适、再革新和再深化;高校科研成果转化的整体效率、效益偏低,科研"R&D边际化"现象明显;高校科研评价改革始终在面向现代化治理体系改革的"深水区"徘徊,科研管理的体制机制问题亟须取得实质性突破;等等。这些现实问题必须通过持续深化高校人才培养、科学研究和社会服务的体制机制改革加以解决。

第三节　研究方法和技术路线

一、研究方法

(一)文献分析法

基于知网、维普、万方中文学术平台和 Web of Science、PubMed、Google 学术外文学术平台,我们检索了 2010—2021 年的与产学研合作、校企合作、协同创新、区域创新网络、三螺旋、四螺旋、人才培养模式改革、科研成果转化、社会服务模式等区域内高校与战略性新兴产业协同发展的相关文献资料,通过搜集、鉴别、整理和述评,积极寻找本书研究的突破点、创新点和重点,建构研究逻辑和厘定框架。

(二)访谈法

本书采用个人和集体的半结构化深度访谈形式,有效识别区域内高校与战略性新兴产业协同发展的影响因素及其相对重要性。个人访谈以高校领导、二级学院领导、优势特色学科带头人、协同创新中心负责人、教务处和科研处管理者、国家级重大科研项目负责人、具有企业技术转化经验的教师和战略性新兴行业企业的管理者为对象；集体访谈以主持省级及以上相关科研项目和企业横向课题的教师为对象，规模控制在 6～8 人/场次，根据访谈的信息收集饱和情况，确定焦点组访谈的最终场次。

（三）问卷调查法

本书结合文献分析与访谈结果，围绕关键影响因素，编制了区域内高校与战略性新兴产业协同发展影响因素的调查问卷，针对全国的高等学校教师与科研人员开展问卷调查，以期全面分析和判定高校与战略性新兴产业协同发展的关键影响因素。我们先对 100 名不同层次和类型的高校教师进行预调查，再对发现的题项表述和结构问题进行修正，对收集的有效问卷进行信度和效度检测，最终形成正式的调查问卷。拟将不同学科领域的 350 名教师作为抽样规模，通过问卷星进行问卷发放和数据采集。

（四）案例研究法

本书对国内外区域内高校与战略性新兴产业协同发展的多个案例进行案例内分析和交叉案例分析，通过深描加工，梳理和评价其有效经验，依照复制法则科学回答"为什么"和"怎么办"的关联性与差异性问题，为本书研究提供切实可行的解题思路。

二、技术路线

区域内高校与战略性新兴产业协同发展的动力机制研究技术路线如图 1-1 所示。

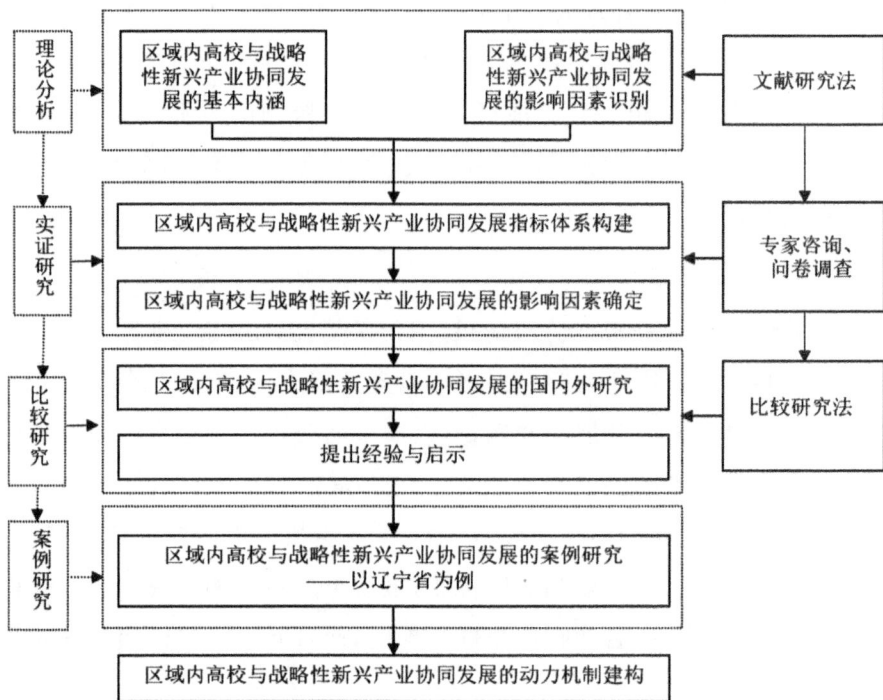

图 1-1　区域内高校与战略性新兴产业协同发展的动力机制研究技术路线

第四节　研究创新点、重点及难点

一、研究创新点

本书立足普适性理论与特殊性理论,将"协同学—协同创新""他组织—自组织""知识生产模式""需求侧改革—供给侧改革""生产力—生产关系"等作为研究的理论支撑体系,建构了多元理论视角下的复杂研究范式及其分析框架,抓住了区域内高校与战略性新兴产业协同发展的影响因素及主要问题,建立了"提出问题—分析问题—解决问题"的研究逻辑,使得研究体系更加合理,研究过程更加严谨,研究结论更加精准。

本书运用文献计量分析法,挖掘了影响区域内高校与战略性新兴产业协同发展的重要因素及其具体指标体系,经过专家咨询,对影响因素及其指标体系进行了修改,建立了影响因素的初始概念模型,并经过再次专家咨询,对影响因素的相对重要性及影响的强弱程度进行了排序,通过全国范围的教师群体调研,对初始化概念模型进行了验证与适当调整,为区域内高校与战略性新兴产业协同发展的动力机制系统,提供了科学合理的"理论—实证"循证。

本书建立以问题为触发核心的"立题—解题"思路,针对区域内高校与战略性新兴产业协同发展的主要矛盾和矛盾的主要方面,在借鉴国内外先进经验和省域典型案例经验的基础上,提出了区域内高校与战略性新兴产业协同发展的动力机制重点路径选择,即深化高校人才供给体系的结构性改革,形成校企协同育人与产教融合的新格局,构建高校创新创业教育的保障体系与多元模式,探寻产业链、学科链、专业链的最佳契合,推进校企协同创新的系统性与深层次变革,推动高校科研成果转化扩散的提质增效,促进高校科研评价制度的新旧动能有序转换。

二、研究重点

本书建构了一套用于理解组织协同发展的理论体系,不但提升了研究对象从普遍意义高校到区域内高校群体的专注度,而且基于已有研究体系的拾遗补阙"修复"过程,更是一个遵循从理论解构到实证建构的研究规律基础上的学术议题深化。本书运用多种理论和研究方法达成思路清晰、"有理有据"的科学逻辑;引入"协同学—协同创新"理论、"他组织—自组织"理论、知识生产模式变革理论、"需求侧改革—供给侧改革"理论和"生产力—生产关系"理论,作为提出问题的理论依据;运用文献分析法、访谈法、问卷调查法、案例研究法等研究方法解决复杂问题,建立一种理论先导、实证跟进的循序式研究结构及其内容搭配体系。

本书从根源上解释了区域内高校与战略性新兴产业协同发展的动力机制逻辑;开展影响因素从文本到访谈的系统性研究及其有效性筛选和主次位置排序,并将各个影响因素分解为层次分明的具体指标体系;在确定影响因素和了解现实状况的基础上,建构区域内高校与战略性新

尔(Daniel Bell)在《后工业社会的来临》中预言"大学不可避免地成为社会的核心力量,成为经济运转的轴心"。伯顿·克拉克(Burton Clark)认为,现代大学面临的一种趋势是高等教育加速经济与技术进步的功能越发显著。[①]

(二)战略性新兴产业与产业经济的基本内涵研究

战略性新兴产业的发展及其产业经济的形成和崛起,不但是影响区域经济发展水平的关键指标和主要成分,而且已成为产业结构调整和经济发展方式转变的重要依赖对象。学术界针对这种经济现象的客观性变化,开展了从现象到本质的追本溯源探究。

第一,战略性新兴产业研究领域呈现以概念内涵为中心的研究范畴"晕轮"扩大趋势。综合区域经济学、工业经济学、产业经济学等学术界对战略性新兴产业的概念界定,可以得到一般意义的概念结论,即可将战略性新兴产业理解为一种以传统产业为基础的改造式、再造式产业升级模式,如高端装备制造业、新能源产业和现代农业产业等,抑或是一种以社会新需求为导向,带有原创色彩、全新技术生产力和企业组织形式等特质的新兴产业模式,如电子信息产业、新材料产业、生物医药产业和数字创意产业等。国内外研究者们从战略性新兴产业的概念内涵出发,对战略性新兴产业的发展理念凝聚、主要影响因素和产能激发、产业布局调整、生产要素有效供给、全产业链之间的主体企业关系结构、产业内的"生产力—生产关系"变化规律、与传统产业协调互动关系和产业资源优化配置,以及人才、土地、财政、税收和金融等产业政策创新,企业内部的组织结构、技术研发、员工激励与商业模式创新,企业的社会贡献与经济效益评价等领域开展了深入研究。

第二,西方经济学理论体系对于产业经济的形成做出了较为深刻的解释。从早期亚当·斯密(Adam Smith)和卡尔·亨利希·马克思(Karl Heinrich Marx)的分工协作理论、英国经济学家阿尔弗雷德·马歇尔(Alfred Marshall)的规模经济理论、法国经济学家弗朗索瓦·佩鲁

---

① 张丽.伯顿·克拉克的高等教育思想研究[M].武汉:华中师范大学出版社,2008:234.

(Francois Perroux)的增长极理论、德国经济学家马克斯·韦伯(Max Weber)的工业区位论到美国经济学家迈克尔·波特(Michael E. Porter)的竞争战略理论,以及马克·格兰诺维特(Mark Granovetter)的社会经济网络理论、理查德森(Richardson)的组织间协调理论等均对产业经济的形成机理、动力体系、竞争释放以及产业集聚对区域经济增长空间的溢出效应等方面进行了广泛的研究。

(三)高校主要职能与新经济、新产业的有序协同及适应性变革研究

高校与战略性新兴产业协同发展已经获得国内外学者们的普遍认同,即战略性新兴产业的发展壮大离不开大学在人才培养、科学研究和社会服务方面的支持及贡献。时至今日,区域内高校与战略性新兴产业协同发展的愿望更加强烈,围绕产业发展需求的大学基本职能的战略设计与具体行动愈加清晰化和精细化。

1.人才培养的关联性、适应性与协同性

潘懋元提出,高等教育的中心任务是培养人才,衡量任何学校工作的根本标准不是经济收益的多少,而是培养人才的数量和质量。[①] 陈宝生认为,大学的科学研究、社会服务等都要服从人才培养这个第一职能和本质职能。[②] 袁振国认为,大学从社会边缘走向中心的进程中,人才培养始终是大学的基本要务和第一功能。[③] 马陆亭认为,高校针对新兴产业的技术技能人才需求,需要将产教融合当作基本的育人、办学、治理模式,需要发挥市场的作用,让学校自主地面对社会和市场。[④] 王洪才认为,本科教育主体导向是应用型的。[⑤] 李立国等认为,我国高等教育体系及人才培养结构要与经济产业结构契合,建立与现阶段经济社会发展相适应的学科专业结构、人才培养结构和区域布局结构。[⑥] 张应强等

---

① 潘懋元.高教的中心任务是培养人才[N].光明日报,2011-07-11.
② 陈宝生.在新时代全国高等学校本科教育工作会议上的讲话[J].中国高等教育,2018(Z3):4-10.
③ 袁振国.培养人才始终是大学的第一使命[J].中国高等教育,2019(Z2):56-60.
④ 马陆亭.高等教育支撑国家技术创新需有整体架构[J].高等工程教育研究,2016(1):5-11.
⑤ 王洪才."推进一流本科教育,提高人才培养质量"的理念、路径与方法[J].重庆高教研究,2019(7):23-46.
⑥ 李立国,薛新龙.中国经济发展需要什么样的高教体系[N].中国教育报,2018-11-19.

基于全球科技革命新趋势提出,大学人才培养应注重批判性思维、学习能力、知识迁移与建构能力和全球胜任力。[①] 一些学者提出,我国的大学应注重并增加科教协同创新培养人才的必要性命题。[②] 罗华陶认为,大学人才培养职能应迎合社会服务职能。[③]

2. 科学研究的创新驱动性

罗伯特·赖克(Robert Reich)把大学看作影响世界经济的关键因素,并认为"政府关注的重点之一是使大学为技术文明服务"。杜玉波认为,面对国家战略需求,高校要进一步研究破解政策制度障碍,围绕国家亟须解决的战略性问题、尖端领域的前瞻性问题,探索开展跨学校、跨学科、跨领域、跨国界的协同创新。[④] 瞿振元认为,高校应尊重知识生产的逻辑,在基础学科有更多的自由探索,在工程和技术领域有更多的科研组织与协同创新。[⑤] 刘献君认为,高等教育以"高深学问"为材料,因而高等学校的发展与科学技术发展紧密相连。[⑥] 闵维方认为,拥有自主创新知识产权的大学高科技产业不仅对国家的科技进步和经济增长做出了直接贡献,而且对大学本身的教学、科研和发展提供了很好的反馈与支持。[⑦] 史秋衡等认为,21世纪以来,我国鼓励大学创办高科技企业,并将其视为"发展高科技,实现产业化"战略的一项重要措施。[⑧]

3. 社会服务的能动性及功效性

奥尔特加·加塞(Ortega Gasset)认为:"大学应成为推动整个国家

① 张应强,张洋磊.从科技发展新趋势看培养大学生核心素养[J].高等教育研究,2017(12):73-80.

② 周光礼,马海泉.科教融合:高等教育理念的变革与创新[J].中国高教研究,2012(8):15-23;钟秉林.推进大学科教融合 努力培养创新型人才[J].中国大学教学,2012(5):4-10;胡建华.大学科学研究与创新型人才培养[J].现代大学教育,2009(4):1-4.

③ 罗华陶.边缘与中心:大学社会职能走向探析[J].高校教育管理,2014(4):72-76.

④ 杜玉波.适应新发展格局需要 推进高等教育高质量发展[J].中国高教研究,2020(12):1-4.

⑤ 瞿振元.知识生产视角下的学科建设[J].中国高教研究,2019(9):7-11.

⑥ 刘献君.经济社会发展转型与教学服务型大学建设[J].高等教育研究,2013(8):1-9.

⑦ 闵维方.知识经济时代大学的社会服务功能——以北京大学为例[J].国家教育行政学院学报,2006(9):17-19.

⑧ 史秋衡,季玟希.中华人民共和国成立70年来大学职能的演变与使命的升华[J].江苏高教,2019(6):1-7.

改革的一种强大的力量。"①查尔斯·范·海斯(Charles van Hise)认为："大学的重要使命就是将知识和技术普及给民众。""三螺旋"模式的奠基者亨利·埃茨科维兹(Henry Etzkowitz)认为："现代大学已由社会次要机构上升为主要机构,它不仅是知识生产与转化的关键,还是知识空间、集聚空间和创新空间得以形成的关键。"②谢和平认为,国际金融危机将催生以生物科技、新材料、新能源、航天技术等为代表的"第四次科技革命",高校要了解世界未来科技创新的浪潮,不仅要思考"我们能做什么",更应该思考"我们应该做什么、怎样做"。③ 张德祥认为,在社会与经济发展的转型期能够适时做出战略思考和规划,对于一个学校的发展至关重要。④ 别敦荣认为,技术革新与产业转型发展越来越依赖大学的创新型人才培养和科技创新,需要将服务国家需要与大学自身发展需要进行有机整合。⑤ 张智光阐述了大学"教学—科研—社会服务"的超循环共生系统及其运行机制。⑥

(四)高校与新兴产业协同发展的全过程、全领域研究

随着区域内高校与新兴产业间的创新网络逐渐成形,学术界以政府、大学和企业等异质性组织之间的"协同"为高频词,开展了政策、制度、模式、体制机制、绩效等热点领域的相关研究,彰显了知识密集型组织与技术密集型组织之间由偶然点式交往到松散间接互动再到稳定连续协同的深化过程。

1.大学与企业协同合作的基本内涵与重要价值

不同组织的紧密合作有利于形成互惠互利及创新驱动局面。一方面,大学与企业的协同发展可以让双方获取出于经济或技术原因而无法

① 单中惠,杨汉麟.西方教育学名著提要[M].南昌:江西人民出版社,2007:432.
② 魏江,吴伟,朱凌.协同创新:理论与探索[M].杭州:浙江大学出版社,2017:48.
③ 谢和平.落实纲要 重点突破 提高大学科技竞争力[J].中国高校科技与产业化,2010(7):8-11.
④ 张德祥.谋划优势 内涵发展 加快建设一流大学和一流学科[J].中国高校科技与产业化,2010(7):12-15.
⑤ 别敦荣.论"双一流"建设[J].中国高教研究,2017(11):7-17.
⑥ 张智光.提升一流大学人才培养质量的根本出路——教学—科研—社会服务的超循环共生系统[J].国家教育行政学院学报,2019(3):11-18.

增加商业化的可能性和技术范围的经济性,企业可以从这种合作中受益。维多利亚·斯卡伯勒(Victoria Scarborough)认为,发展合适的技术伙伴协作关系,能够在公司外部、大学或联邦实验室、创业公司或科研机构找到一种更快地满足客户需求的技术解决方案。① 玛蒂·马基玛蒂拉(Martti Mäkimattila)等认为,组织中的先验知识和联系方式各异,应支持彼此之间频繁互动,同时力求最大限度地利用可用于创新的内部和外部资源的利益。② 周增骏等认为,科技成果资本化是研究型大学实现知识价值创造功能的重要方式。③ 其次,大学与企业的合作形式或关系可以分解为多个维度。曼努埃尔(Manuel)等认为,大学与产业之间的互动联系可以分为五个潜在维度,即知识的产生和适应、新组织的参与、人力资源的培训和交流、知识产权以及设施和设备。④ 刘炜等认为,伴随企业技术能力的增强,大学与企业的互动关系体现为"替代—互补—替代"的三阶段升级式关系。⑤ 最后,科技发明中的大学与企业异质类组织合作催生了更高的发明质量。大学可以被视为企业合作的重要伙伴,因为企业同质类合作伙伴不一定具有开发具竞争力产品的全部能力,与大学合作可以帮助它们研究无法单独解决的问题。⑥ 王萧萧等认为,产学合作对专利质量的提升有显著正向影响,尤其是对中小企业专利质量的提升效果更为显著。⑦ 刘嘉楠等认为,产学研合作连接模式中

① Victoria Scarborough. Driving innovation by collaborating with others:Know your areas of focus[J]. Adhesives & Sealants Industry,2020(4):12 – 13.
② Martti Mäkimattila, Timo Junell, Tero Rantala. Developing collaboration structures for university-industry interaction and innovations[J]. European Journal of Innovation Management,2015(4):451 – 470.
③ 周增骏,陈劲,梅亮. 中国研究型大学科技成果资本化机制探析[J]. 科学学研究,2015(11):1641 – 1650.
④ Manuel Fernández-Esquinas, Hugo Pinto, Manuel Pérez Yruela,et al. Tracing the flows of knowledge transfer:Latent dimensions and determinants of university-industry interactions in peripheral innovation systems[J]. Technological Forecasting & Social Change,2016(113):266 – 279.
⑤ 刘炜,马文聪,樊霞. 产学研合作与企业内部研发的互动关系研究——基于企业技术能力演化的视角[J]. 科学学研究,2012(12):1853 – 1861.
⑥ Larisa Ivascu, Bianca Cirjaliu, Anca Draghici. Business model for the university-industry collaboration in open Innovation[J]. Procedia Economics and Finance,2016(39):674 – 678.
⑦ 王萧萧,朱桂龙. 产学合作提升专利质量了吗?[J]. 科学学研究,2019(8):1461 – 1470.

的双异质合作连接模式占据主导地位。[①]

3. 以开放式为主要特征的校企协同创新

开放式创新改变了企业传统的封闭式创新模式,引入了外部的尤其是大学的智力资源。当前,开放式创新越来越多地被认为是通过内部和外部知识以及专长的自由流动帮助企业加快创新速度的关键驱动力。与仅依靠传统的封闭式创新模式的行业相比,借助外部专家和知识的投入,企业可以获得更强的创新能力,并获得更好的竞争力。

首先,开放式创新的模式建构。埃森哲公司和美国普渡大学合作提出了开放式创新的四种模式,即传统 IP 合约、开放式创新合作、开放式创新平台和开放式创新社区。刘志迎等认为,企业采取内向开放式创新能够促进组织探索性创新和利用性创新活动。[②] 其次,开放式创新的特性归纳。海基·莫兰宁(Heikki Moilanen)等认为,管理者应以四种方式看待大学与行业协作的开放性,即开放性是由对关系的管理所驱动,开放性是由人们聚在一起所驱动,开放性是共同创造的驱动力,开放性是合作创造的驱动力。[③] 高伟等认为,我国战略性新兴产业的开放式创新嵌入要具有适应性、匹配性和根植性。[④] 再次,开放式创新的强烈诉求。冈室博之(Okamuro)等认为,行业内的中小型企业由于创新能力有限,特别希望与作为利益合作者的大学进行合作。[⑤] 安德鲁·约翰斯顿(Andrew Johnston)认为,尽管通常被认为是"低技术",但食品制造和技术部门为了创新,越来越多地转向与大学合作的开放式创新实

① 刘嘉楠,张一帆,孙玉涛,等.我国创新体系建设的路径选择——产学研合作网络演化进程及连接模式[J].价格理论与实践,2018(12):155 - 158.

② 刘志迎,支援援,吴瑞瑞.开放获取资源能够促进二元创新吗?[J].东北大学学报(社会科学版),2021(1):24 - 33.

③ Heikki Moilanen, Mirje Halla, Pauli Alin. Openness in university-industry collaboration: Probing managerial perceptions[J]. European Journal of Innovation Management, 2015(4):493 - 507.

④ 高伟,陈劲.把握扩大内需战略基点 实施开放式创新[N].科技日报,2020 - 12 - 21.

⑤ Hiroyuki Okamuro, Junichi Nishimura. Impact of university intellectual property policy on the performance of university-industry research collaboration[J]. Technology Transfer, 2013(38): 273 - 301.

践。① 爱丽丝·拉曼(Alice Lam)认为,在许多高科技领域,大型公司越来越热衷于与大学及其科学家建立开放式的知识互动网络,以保证自身处于技术发展的前沿。② 最后,开放式创新的路径依赖。马库斯·珀克曼(Markus Perkmann)等认为,通过组织间开放式创新网络关系的形成,组织越来越依赖外部创新资源。③ 温芳芳等从专利合作与技术转移角度揭示了高校开放式创新的基本规律,表明了专利合作与技术转移的正相关和因果在技术创新过程中发挥的协同效应。④

4.建立并优化"三螺旋"创新模式以满足网络参与者变化的需求

"三螺旋"创新模式作为增强协同创新能力和促进经济发展的不可或缺的政策工具,主张加强学术界、产业界和政府之间的合作关系,以促进各主体创新要素之间的契合、互动和演进,极大地提升了创新效能。劳埃特·雷德斯多夫等认为,"三螺旋"模式能根据局部稳定和潜在锁定轨道之间的权衡,对比技术经济制度,研究某种经济的知识基础。⑤ 王淑英等认为,"三螺旋"创新模式对信息传输、软件和信息技术服务业的协同创新效应的影响程度与显著性均有提高。⑥ 一方面,"三螺旋"创新模式的形成要素,即政府作用、制度保障、问题导向、科学园区建设等因素,可以使"三螺旋"更高效地合作,以确保更高的创新传播成功率。万吉鲁·加吉(Wanjiru Gachie)认为,应在"三螺旋"创新模式中定义政府的角色。⑦马丁·迈耶(Martin Meyer)等认为,制度界限的模糊和混合组织的出现促

① Andrew Johnston. Open innovation and the formation of university-industry links in the food manufacturing and technology sector: Evidence from the UK [J]. European Journal of Innovation Management,2020(1):89 – 107.

② Alice Lam. University-industry collaboration:Careers and knowledge governance in hybrid organisational space[J]. International Journal of Strategic Business Alliances,2011(1/2):135 – 145.

③ Markus Perkmann,Kathryn Walsh. University-industry relationships and open innovation: Towards a research agenda[J]. International Journal of Management Reviews,2007(4):259 – 280.

④ 温芳芳,李翔宇,王晓梅.双一流"高校的开放式创新——基于专利合作与技术转移视角[J].现代情报,2021(2):115 – 124.

⑤ 雷德斯多夫,迈耶尔,周春彦.三螺旋模式与知识经济[J].东北大学学报(社会科学版),2010(1):11 – 18.

⑥ 王淑英,熊子康,闫凯丽.三螺旋模式下全行业集聚效应对协同创新效率的影响研究——基于空间杜宾模型的实证分析[J].工业技术经济,2020(8):28 – 36.

⑦ Wanjiru Gachie. Higher education institutions,private sector and government collaboration for innovation within the framework of the triple helix model[J]. African Journal of Science, Technology,Innovation and Development,2020(2):203 – 215.

成了"三螺旋"模式的新组织形式。① 亚历山大·布雷姆(Alexander Brem)等认为,"三螺旋"模式中校企双赢的局面以及强烈的问题导向是关键的成功因素。② 朱塔提普·容瓦尼查(Juthathip Jongwanich)等认为,"三螺旋"中的科学园区在协调区域内各种 R&D 参与者之间的研发合作中发挥着关键作用,并间接地为提升区域技术阶梯做出了贡献。③ 另一方面,可通过加入新的主体元素对"三螺旋"模式进行升级改造。我国研究者们立足新产业发展的趋势,创造性地提出了"四螺旋"模式,该模式在"三螺旋"模式基础上增加了社会主体,将"大学"扩展为"学术界",形成私人利益和社会公共利益的一种新平衡状态。在"四螺旋"模式中,以大学为中心的区域创新网络和环大学创新集群愈加明显。西桂权等在"三螺旋"的基础上,提出了面向科技服务业的"政府—大学—产业—公众"的"四螺旋"模式。④ 吴菲菲等认为,"四螺旋"创新驱动模式将逐渐成为高技术产业协同创新发展的新趋势。⑤

5. 高校与战略性新兴产业发展的多样化协同举措

国内外研究者们基于本国、本区域、本校或其他一流大学的典型案例,立足于从非线性协同创新网络到协同创新生态系统的创新范式升级趋势,众说纷纭地提出了大学与战略性新兴产业协同发展的主要途径,主要涵盖:创新创业型教育、工程人才培养模式改革、应用型人才培养体系建构、学科专业结构优化、理论与实践教学互补、强化实践基地建设等教育教学领域;区域产学研联盟建设和面向不同需求的各级各类协同创

①　Martin Meyer, Jari Kuusisto, Kevin Grant, et al. Towards new triple helix organisations? A comparative study of competence centres as knowledge, consensus and innovation spaces[J]. R & D Management, 2019(4): 555 – 573.

②　Alexander Brem, Agnieszka Radziwon. Efficient triple helix collaboration fostering local niche innovation projects: A case from Denmark[J]. Technological Forecasting and Social Change, 2017(123): 130 – 141.

③　Juthathip Jongwanich, Archanun Kohpaiboon, Chih-Hai Yang. Science park, triple helix, and regional innovative capacity: Province-level evidence from China[J]. Journal of the Asia Pacific Economy, 2014(2): 333 – 352.

④　西桂权, 魏晨, 付宏. 面向科技服务业的四螺旋协同创新发展模型研究[J]. 科技管理研究, 2020(23): 31 – 37.

⑤　吴菲菲, 童奕铭, 黄鲁成. 组态视角下四螺旋创新驱动要素作用机制研究——基于中国 30 省高技术产业的模糊集定性比较分析[J]. 科学学与科学技术管理, 2020(7): 62 – 77.

新中心体制机制建设等组织管理领域；大学科技园孵化高新技术企业，大学与企业共建产业研究院、联合实验室、教学实验示范中心、工程技术中心等，大学组建学科性公司，大学与企业共建经济实体和科技成果转化中介机构等科学研究和社会服务领域。

三、研究展望

整体而言，国内外相关研究成果主题丰富、方法多样且内容各具特色，为开展高校与战略性新兴产业协同发展研究提供了充足的文献资料，奠定了坚实基础。但聚焦特定区域内协同发展动力机制的具象研究仍存在一定的遗留和突破空间，这为本书的研究提供了价值可能性与学术可行性。

伴随着区域经济社会发展的新常态变化和供给侧改革的深入推进，高校与战略性新兴产业之间的关系逐渐由服务转向协同，明显地表现为高校与战略性新兴产业两类主体之间的协同互动、相互促进、合作共赢。当前，在高校与战略性新兴产业协同发展的过程中，还存在亟待解决的问题：一是亟须基于特定区域战略性新兴产业的科技创新、人才体系等需求侧诉求，提出基于协同发展元概念和逻辑阐释的、可操作的、特色化的高校供给侧结构性改革实施策略；二是高校纵向层次水平和横向科类差异所导致的服务模式差异和服务机制选择问题；三是节能环保、新信息技术、生物、高端装备制造、新能源、新材料、新能源汽车等战略性新兴产业的集群化发展趋势，可能引发从高校宏观布局到学校内部教学、科研的组织形态和治理体系的变化；四是需要面向战略性新兴产业中的不同企业及企业发展的不同阶段，针对"如何培养人、怎么培养人和为谁培养人"的根本性命题，开展高校的高端研发、工程技术、生产技能等各级各类人才供给策略的实证研究等。这些问题的存在，恰好为系统地开展高校与战略性新兴产业协同发展的动力机制研究提供了理论和实践支持。

因此，本书不但增强了分析问题的理论框架解释力，尤其注重主体动机、发生机理、关系生成、关键因素归纳等内容，强调了问题研究逻辑的完整性，而且强化了解决问题的事实循证，避免了重经验判断、轻实证依据的研究方法偏差，使得解决问题的对策建议更加精准、有效。

第二章
区域内高校与战略性新兴产业协同发展的
内涵阐释

第一节　理论基础

一、"协同学—协同创新"的理论拓展及合理应用

(一)协同学

协同学理论探讨有序、有规律的结构形成,是一门在普遍规律支配下的有序自组织集体行为的科学。[①] 协同学指出,无论什么系统从无序向有序的变化,也不管平衡相变还是非平衡相变,都是大量子系统相互作用又协调一致的结果,可以用相同的理论方案和数学模型处理。协同学理论是系统科学发展的重要推动力,对无序和有序的转变机制有突破性认识。协同学理论由德国理论物理学家赫尔曼·哈肯(Hermann Haken)提出,是研究子系统之间由于序参量作用而在宏观维度上产生有序结构与协同功能的具体过程和规律的科学,即由许多子系统构成的

① 哈肯.大自然成功的奥秘:协同学[M].凌复华,译.上海:上海译文出版社,2018:230.

系统,如果各子系统相互配合产生协同作用或合作效应,系统在整体上就会表现为具有一定的结构或功能。[①]《法兰克福汇报》曾赞誉,哈肯创立的协同学不仅是可以应用于许多方面的物理理论,也是对整个世界进行观察的新方法。可以说,协同学理论描述的是系统在序参量的作用下,逐渐脱离不稳定性和非平衡性状态,并按照相互默契的某种规则或制度,各尽其责而且协调地、自动地形成有序结构,从而实现系统内部的关键要素由混沌无序向科学有序的最佳结构化转变。在多元化的社会领域中,组织结构的发展有着相同的趋利规律,某种协同状态的不断强化能够占有绝对优势并支配一个系统的所有部分,迫使各部分进入遵循规律的既定有序状态。在系统有序状态形成的渐进性过程中,序参量是主导系统向共同目标方向发展的重要参量,它能够支配子系统的行为并且主宰系统演化过程,是系统相变前后所发生的质的飞跃的最突出标志。通过引入序参量协调各创新主体的行为并使之有效配合起来,就可实现协同创新的目标,促使创新系统产生整体大于部分功能之和的终极效果。在协同创新过程中,存在多个主导系统发展方向的序参量,而高校与战略性新兴产业的有序协同力、协同进化和协同效应是支配协同创新系统的主导序参量。尤其是地理临近创新空间的制度安排、组织变革、触角延伸和边界渗透的复杂性与动态性,决定了创新是从知识到技术再到实体经济的协同系统。

(二)协同创新

协同创新理论是基于协同学理论的一种管理体制机制和组织模式的"软科学"创新,由政府、高校、企业、科研院所和社会第三方中介机构等具有不同组织属性的行为主体构成,这些创新主体在整个创新系统中能够达成目标一致性、驱力稳定性、行为持久性和利益均等性;关键要务是通过"自上而下"的政策调控与制度变迁,逐步打破不同隶属关系和条块分割的组织传统界限,扭转封闭隔阂、单兵作战的科技创新过度倚重现象,构建起庞大的、复杂的、非线性的、多角色的和开放性的区域创新

---

① 沈小峰.混沌初开:自组织理论的哲学探索[M].北京:北京师范大学出版社,2010:40-41.

活动网络,实现不同组织创新资源的大跨度整合和无障碍流动。协同创新兼具网络组织和协同组织的特性与优点,核心内容是创新要素"互补互动互惠"的集中、集成及整合。

在协同创新的理论渊源方面,20 世纪 80 年代以来,创新研究领域相继出现创新体系理论、创新"三螺旋"理论、创新集群理论等流派,这些源自经济学、管理学的不同理论学说,均强调了多元主体的协同创新是激活区域创新活力、释放创新价值的根本要素。其中,创新体系理论全面解释了协同创新的内在机理,即创新体系中的不同主体为了实现共同的社会经济发展目标,找准各自的创新定位与突破方向,进而制度化地、协同化地相互作用和彼此影响。创新"三螺旋"理论界定了协同创新的主体关系、功能定位、发生边界和发展路径,即区域内的创新活动及其效益释放依赖于"大学—产业—政府"的三边互动机制,不强调创新主体的唯一性,三方都可以是创新的组织者、发起者和参与者,三方在互惠互利原则下相互作用,在功能上彼此重叠、加强和补充,但三方的合作关系在不同管理体制中的紧密程度不同。创新集群理论验证了协同创新能够产生最大化的收益与实效,即创新集群是由聚集在一定区域内的多种创新主体构成,它能够吸引、聚集和集中运用区域内的知识、技术、人才等各类创新资源,进而培育新经济实体,催生新业态,打造新经济增长极。高校是知识密集型学术组织,具有非营利属性,而战略性新兴产业则是技术密集型经济组织,具有营利属性。从本质上讲,两者不具备同属性组织的资源竞争性与利益排斥性,它们的协同创新不仅可以带来知识与技术的无缝对接和及时转化,而且能够产生各取所需的价值互补性与嵌入性,从而推动学术知识的社会化增值和生产技术的规模化升级。基于协同创新的高校与战略性新兴产业互动模式更能反映现代大学的存在价值,这正符合布鲁贝克的高等教育哲学思想,即大学既是崇尚学术自治与自由的"按照自身规律发展的独立有机体",又是不能摆脱价值判断、首先考虑如何为社会服务的复合组织。因此,高校与战略性新兴产业的协同发展可以视作一项长期的、复杂的、动态的、松散式和网络化的协同创新活动,通过创新网络中的创新政策、创新主体、创新要素、创新资源等的相互作用与彼此促进,通过重构不同创新主体之间的有序创新行为、高效创新结构、开放创新关系及科学治理体制机制,切实改变不同创新主体的零散、低效与分散的有限创新局面,产生知识供给加速与生产力水平跃升的持续叠加状态。

二、"他组织—自组织"的理论辨析及有效整合

(一)他组织与自组织

他组织理论是指如果系统不能够自行组织、自行创生、自行演化,不能自主地从无序走向有序,而只能依靠外界的特定指令推动组织向有序演化,只是被动地从无序走向有序,那么这个系统便是他组织系统。他组织系统的主要动力源于系统的外部力量,受外部推动影响力大,系统内部的子系统之间缺乏动力。他组织是一种"计划型"模式,系统内部的协同程度较低,难以依靠组织自身的自我形成和自我修正能力。因此,他组织模式受外部干预影响大,灵活性较低。从价值层面看,他组织系统实现的是外部控制者的目的,系统内部之间的相互作用影响力较小。

自组织理论强调事物的自发过程,自组织事物的各个部分都是相互联系、相互作用的,能够自我修复、自我衍生。自然界的事物自组织现象随处可见,如结晶的形成、河流的蜿蜒、植被的进化、动物的蜕变等。自组织是一种具有哲学意蕴的概念。欧文·拉兹洛(Ervin Laszlo)认为,只要条件具备,就必然产生自组织的结构。协同学创始人哈肯对自组织的概念进行了比较清晰的界定,即自组织是一种无须外界特定指令而能自行组织、自行创生、自行演化并自主从无序走向有序、从低级有序迈向高级有序的变化过程、发生机制和基本规律。哈肯认为,"如果系统在获得空间的、时间的或功能的结构过程中没有外部的'特定干预',那么这个系统便是自组织系统"[①]。例如,生命的成长过程就是一种自组织系

---

① 刘敏.生成的逻辑——系统科学"整体论"思想研究[M].北京:中国社会科学出版社,2013:76-79.

统,不需要外界的特殊干预即可实现自身生命周期的运转。自组织系统作为开放系统,在与环境进行物质和能量交换的同时形成自我,并且通过系统的形成,使周边环境发生变化。在自组织中,生成过程一边持续,一边生成结构,即生成产物中由于生成过程也一直持续,一定的形态和关系得以维持的结构。这时系统只有通过不断运动才能维持系统本身。可以说,自组织系统通过与环境的相互作用,如物质交换、能量交换和信息交换等,使自己的边界发生变化。这一系统通过自身的运动使周围条件发生变化,并且这些变化又对系统的运动产生影响。

自组织理论并非一个详细的理论,而是一系列关于自组织现象和系统阐述的理论集合体系。自组织理论体系主要包括协同论、耗散结构论、突变论、混沌论、超循环论等。其中,比利时物理化学家和理论物理学家伊利亚·普里戈金(Lya Prigogine)提出的耗散结构论认为,一个远离平衡态的非线性开放系统不断地与外界交换物质和能量,当系统内部的变量达到一定数量时,可能会引发系统的突变,使得开放系统由最初的无序状态转变为一种有序状态。耗散结构论强调了开放系统的重要性与必要性,对于非平衡态的作用进行了说明。突变论由荷兰植物学家和遗传学家雨果·德·弗里斯(Hugo de Vrier)提出,主要说明有机体如何在连续渐变的过程中实现质性飞跃。混沌论是一种兼具质性思考与量化分析的方法,必须用整体、连续的而不是单一的数据关系才能加以解释和预测的行为。超循环论由德国化学家曼弗雷德·艾根(Manfred Eigen)提出,着重强调事物发展的循环性:低层次的循环构成更高层次的循环,更高层次的循环又组成更高层次的超循环,因此,超循环系统是循环自我复制并进行连接的复杂系统。从循环的整体来看,超循环一旦形成,就会出现自我复制同时参与整个循环运动起来的态势。换言之,各个物质机械且自动地自我维持,要么被一只"看不见的手"引导着,要么如存在于"预定和谐"的理念一般,参与整个循环的运动。超循环系统的特征可以归纳为:自我复制性的组成要素的自我与整个系统的自我实现了双重化;通过超循环最终可以全面放弃先验的整体性;超循环的形成为阶层分化带来新的结构。

（二）他组织与自组织的理论整合

他组织和自组织是区域内高校与战略性新兴产业协同发展的两种不同模式。简言之，他组织和自组织模式对于高校与战略性新兴产业协同发展的不同之处，在于外界力量的干预力度与介入程度。

第一，他组织模式主要依靠行政强制力量控制高校与战略性新兴产业协同发展的整个过程。政府根据战略性新兴产业的实际需求和高校的办学水平、科研实力、社会服务能力等客观情况，通过政策支持和制度供给对两者的协同发展过程进行适当调整。他组织模式的优点在于增加了政府的主动作为责任意识，增强了高校与战略性新兴产业协同活动的组织执行力，能够在达成外部组织者的政治、经济和管理等行政目的的基础上，较为快速、平稳地完成协同发展过程。同时，他组织模式作为一种"指令性"协同发展模式，当外部干预力量偏弱时，可以在一定的条件下向自组织模式转化。

第二，自组织模式是高校与战略性新兴产业协同发展的重要趋势，对于突破行政管理的过度干预和盲目协同的"拉郎配"起积极作用。高校与战略性新兴产业的组织属性和结构要素的差异性决定了自组织模式的初始状态是远离平衡状态的开放环境，这构成了高校与战略性新兴产业协同发展自组织模式的必要前提。高校与战略性新兴产业协同发展的自组织系统又包括知识、技术、信息、设备和制度等多个子系统，高校内部的子系统与战略性新兴产业内部的子系统之间具有复杂多样的联系，必然存在多种非线性联系，这些非线性联系之间的相互作用为自组织系统的协同发展提供了源源不断的动力。同时，自组织模式中高校和企业领导者的主观能动性发挥了重要的非制度性联结作用，这些以领导者的意愿、情感、态度等为核心的隐性因素，是充分发挥自组织协同系统优势的重要影响因素。实际上，系统只有在自组织的过程中，适当地引入他组织的作用并将两者结合，才能避免各自的局限性问题，产生最佳的整体涌现性。他组织和自组织作为高校与战略性新兴产业协同发展的两种典型模式，并非存在不可逾越的鸿沟。如果将政府他组织模式与校企自组织模式相结合,更容易形成高校与战略性新兴产业协同发展的由外而内、自上而下的政府牵引力和督导力,以及提升校企之间创新要素的频繁互动力和高效执行力。

三、"知识生产模式"的理论演进及新诉求提出

(一)知识生产模式Ⅰ

知识生产模式Ⅰ是单学科情境的求异分裂与研究碎片化,表现为知识抽象化、概括化和同质化,具有明显的边界范围、线性发展和阶梯式进化等认知与实践特征。知识是一个整体,其按照学科单位进行划分的目的在于为研究和学习提供方便。近代科学是等级式的分科学问,它沿着不断职业化、专门化和群落化的道路演进,形成分支林立的繁杂知识体系,同时也造成不同知识分支相互隔离、各自为战的学科中心主义局面。学科中心主义以知识体的单向累积式增长为主,其成因在于知识传播载体的文化的差异性以及认知能力的局限性,即学科成员的组织与管理的有限理性、学科代际成员的流动性式微、学术身份的固化性和学术权益资源的过度自我保护性。可以说,学科的本质是对从事知识研究的人群进行划分。学科专业化、细致化分工的趋势并不是知识发展的必然结果,而是人类社会组织分工的结果。正如戴维·温伯格(David Weinberger)所言,"大学把某一领域的知识所有者放进同一个空间中去发展思想,人为地界定了何为知识的标准,并且提供了资质以便让人们相信知识,这既是大学的力量所在,也是大学的弱点,大学隔绝了外界,也一定程度地孤立了思想"[①]。迈克尔·吉本斯(Michael Gibbons)同样认为,"当大学变为一个更为强大的向心机构时,知识作为其自身的主要产品,却变得分散、晦涩、不连贯和离心"[②]。在知识生产模式Ⅰ中,问题研判通常被小范围的"主流"学术团体所支配,学科是知识生产和传播的既定场域,知识分类被单学科的严格框架、狭隘方法和

① 温伯格.知识的边界[M].胡泳,高美,译.太原:山西人民出版社,2017:294.
② 吉本斯,利摩日,诺沃茨曼,等.知识生产的新模式:当代社会科学与研究的动力学[M].孙家广,方新,译.北京:北京大学出版社,2011:2.

评价标准所束缚,知识属性主要在于人为性、分科性、等级性、同质性和相对自治性。

(二)知识生产模式Ⅱ

知识生产模式Ⅱ是异质的、自发的和负有责任的知识跨学科流动,这种模式的知识边界是模糊的,知识成分是多样的,知识旨趣是有组织的,知识结构是非线性的,知识对话是平等的,知识变化是迅速的。跨学科成员和学科组织更具有开放性、流动性和灵活性,彰显了"简单—复杂"学术研究的范式升级与体系重构。知识生产与创新的基本规律表明,任何一个科学问题的解决都不能由某个学科单独完成,必须综合应用多学科知识,超越学科界限,形成一定的知识张力和学术跨度。早在19世纪末学科形成之时,在学术探究中对知识更具流动性的跨学科"隐藏属性"的要求便若隐若现。例如:生物学由宏观发展为微观,并愈加依赖物理学及化学等领域;物理学和天文学在获得和处理信息方面,愈加依赖计算机和电子学等领域;文学批判则依赖人类学和历史学等领域;语言学关注文化学和社会学等领域。[①] 由此可见,不同学科之间存在一定的知识延伸张力、知识弹性空间和知识嵌入机会,这使得知识具备在跨学科之间来回游荡、迁移嫁接的可能性和可行性。跨学科知识生产模式Ⅱ摆脱了单一学科的知识边界和知识隔阂,弥补了人类认识世界和改造世界的知识有限性,把原有不同学科中关于"此概念"知识内容转换为多个学科中的"彼概念"知识体系,在多种相似情境中创造了知识传播、存储和管理的共性方法。

(三)知识生产模式Ⅲ

知识生产模式Ⅲ以知识的集群化、网络化和耦合化为主,并以维护社会公共利益和消除经济社会改革发展"症结"为愿景,突出"大学—产业—政府—社会"四螺旋模式的关系及其动力机制。知识生产模式Ⅲ是在批判旧模式中逐渐建立和完善的新模式,这种新模式并不是对旧模式

---

① 杜德斯达.21世纪的大学[M].刘彤,屈书志,刘向荣,译.北京:北京大学出版社,2008:100-102.

的简单替换与否定,新旧模式可以同时存在,共同支配学科成员的思想和行为。其一,知识生产模式Ⅲ是大众教育、社会异议和新社会运动、新信息技术涌现的结果,即知识比以往任何时候都更广泛地在社会中传播,不局限于精英知识分子,而是更多地被公众掌握。[1] 例如,英国媒体在面对国会议员们成千上万页的开支报告时,不是依赖手边的几个专家资源,而是采用"众包"形式,即发动上千名普通读者参与其中。[2] 其二,知识生产模式Ⅲ是一种"应用语境"下的知识生产转型。[3] 它强调从学科他组织的知识强制性转向学科自组织的知识松散性,并从知识实体中心论转向知识关系中心论。例如,美国许多主要的基金机构开始从传统的以学科为中心的领域转移出来,推动联邦资助资金大量流向多学科研究小组。其三,知识生产模式Ⅲ对应超学科的形成与发展。超学科并不是追求几个学科的"机械式"交叉,而是旨在向所有学科开放,体现了"简单—复杂"的"知识点—知识链—知识圈—知识群"的进化逻辑,不同学科知识与社会实际问题在协同进化过程中产生了知识生产模式Ⅲ。其在知识生产愿景、知识成果类型、知识传播范围、知识生产环境、知识评价体系、知识团队构成等方面与单学科和跨学科存在差异。[4]

　　综上所述,大学知识生产经历了从单学科模式Ⅰ到跨学科模式Ⅱ再到超学科模式Ⅲ的"分化—交叉—综合"理论演进逻辑。当前,关注问题导向和需求满足的超学科知识生产模式Ⅲ已成为高校与战略性新产业协同发展的重要动力。超学科知识生产模式Ⅲ具有独特的理论结构、研究方法和实践过程,是具有协同作用和整体功能的知识扩大再生产机制,代表了一种新的知识价值观、知识功能论和知识开放生态。它将高校不同学科领域中与战略性新兴产业相互关联的知识建构成映射连贯的、条理清晰的、基于多重因果关系的新认知体系和组织结构,建立了引

---

①　德兰迪.知识社会中的大学[M].黄建如,译.北京:北京大学出版社,2010:5.
②　温伯格.知识的边界[M].胡泳,高美,译.太原:山西人民出版社,2017:22-23.
③　叶伟巍,王翠霞.知识:国家创新系统的协同本质[M].杭州:浙江大学出版社,2015:53-54.
④　张德祥,王晓玲.学科知识生产模式变革与"双一流"建设[J].江苏高教,2019(4):1-8.

领、支撑与服务战略性新兴产业发展的多学科理论、方法和技术,创造了一种迎合战略性新兴产业发展的导向性清晰、异质性发达、协作性强烈和开放性明显的知识生产组合力,充分释放了高校与战略性新兴产业协同发展的多学科知识"离散—聚合"边际效应。

四、"需求侧改革—供给侧改革"的理论引入及适用性解释

(一)需求侧改革和供给侧改革的区别与联系

需求与供给的辩证关系不仅决定了经济发展的均衡性动力,而且与经济增长的可持续性有关。在"需求—供给"的经济学理论中,以凯恩斯主义为核心的需求侧改革强调可以通过提高社会需求水平促进经济增长,以萨伊定律为核心的供给侧改革强调通过提高生产能力促进经济增长。具体来看:一方面,需求侧改革认为需求不足是产出下降的主要诱因,因此拉动经济增长需要刺激政策以释放社会总需求潜力。英国经济学家约翰·梅纳德·凯恩斯(John Maynard Keynes)提出了边际消费倾向递减规律、资本边际效率递减规律和流动偏好规律三大基本理论,并建立了以总需求管理为主的宏观经济学体系。凯恩斯认为,这三大基本理论既引起消费需求不足,又引起投资需求不足,使得总需求小于总供给,有效需求不足,导致生产过剩的经济危机和失业,从而无法通过市场价格机制调节。另一方面,供给侧改革认为拉动经济增长需要提高生产能力,而生产能力升级的途径在于生产要素的体系优化、结构调整和质量提高等一系列改革。供给侧改革的内生变量是要素新供给,外生变量制度新供给、结构新供给、政策新供给等均要实现效率较大化,供给侧改革以新发展理念为导向,发挥市场决定性作用和更好发挥政府作用。[①]

英国古典经济学家亚当·斯密(Adam Smith)从劳动的供给质量和共计数量角度分析了制度与社会分工对生产力的提升作用。法国经济

---

① 赵哲,宋丹.愿景与策略:基于供给侧改革的地方高等教育功能释放研究[J].高教探索,2018(11):11-17.

学家让-巴蒂斯特·萨伊(Jean-Baptiste Say)提出了著名的萨伊定律,即
"供给能够创造其本身的需求",并确认供给是实际需求得以维持的唯一
源泉,该定律成为古典供给学派的基础。卡尔·海因里希·马克思
(Karl Heinrich Marx)将周期性的经济危机归因于相对生产(供给)过
剩,认为"生产过剩经济危机是商品流通领域供求矛盾的直接表现,而市
场上的供求矛盾不过是生产和实现(消费)矛盾的表现形式"。奥地利政
治经济学家约瑟夫·熊彼特(Joseph Schumpeter)从技术创新的角度分
析了经济增长过程,认为生产技术和制度的破坏性革新是经济增长的长
期动力。美国经济学家西蒙·史密斯·库兹涅茨(Simon Smith Kuznets)
提出,影响现代经济增长的最重要因素是总产量和人口的快速增加以及
生产效率的增长率等。综上所述,无论是斯密的《国富论》、萨伊的《政治
经济学概论》、马克思的《资本论》、熊彼特的《经济发展理论》,还是库兹涅
茨的《国民收入和资本形成》,实际上都更加注重从供给研究财富的生产、
流动、分配规律。

　　然而,需求与供给不是绝对分割的,而是像手背和手心那样存在类
似生物性机能的相互影响关系。凯恩斯和门格尔在研究需求管理与效
用价值论的同时研究供给规律,萨伊和马克思在强调供给与生产主导作
用时兼顾需求规律。例如,马克思强调生产关系对生产力的反作用。[①]
又如,萨伊认为,在供应商品或者提供服务的市场中,在价值产生最多的
地方,普遍存在对商品和服务的需求最大的情况。[②] 可以说,在经济增
长的全图景上,应肯定需求的原生态意义,即需求"稳"才能求供给"进",
有需求才会有各种各样被激活的供给认知及其动机,以及满足需求的供
给制度创新和供给资源创造活动。供给则是需求"元动力"之后由制度
优化、机制适应和要素抑制解除的积极响应所生成的最重要发动机与增
长引擎。[③] 作为提升国民经济体系整体效能的双翼,供给侧改革必须与

---

　　① 滕泰.新供给主义经济学[M].北京:东方出版社,2017:4.
　　② 萨伊.供给的逻辑:政治经济学概论[M].黄文钰,沈潇笑,译.杭州:浙江人民出版社,
2017:102.
　　③ 贾康,苏京春.新供给经济学[M].太原:山西经济出版社,2015:118.

需求侧改革协调运用。2020年底,中央政治局会议明确提出"扭住供给侧结构性改革,同时注重需求侧改革,形成需求牵引供给、供给创造需求的更高水平动态平衡"。这传递了鲜明的"需求—供给"双重政策激励信号。

(二)供给侧改革与需求侧改革的耦合运用

高校与战略性新兴产业协同发展的供给侧和需求侧改革逻辑并非彼此孤立的平行线,在改革导向及相互耦合逻辑上具有协同性和匹配性。一方面,高校与战略性新兴产业协同发展的供需动态平衡理想状态需要政策、制度、机制等方面的"组合拳",以实现供给侧与需求侧的全要素协同创新。供给侧改革必须坚持扩大内需的战略基点,需求侧改革具有消化供给存量和稳定供给增量的缓释功能。供给侧改革和需求侧改革的相互配合、协调与补充,是加速形成人才资源从高校培养到行业就业"国内循环"的必要势能。另一方面,高校与战略性新兴产业协同发展的高校供给侧改革,必须首要对接战略性新兴产业需求侧,以供需信息的衔接对称和市场匹配为根本前提。战略性新兴产业的需求侧改革能够借助社会外部动力,为高校人才培养和科学研究的供给侧改革指明方向、找准问题、提出诉求,促使高校供给侧改革以有效供给和精准供给引领及创造战略性新兴产业的新需求,不断提升高校人才培养体系和科学研究体系供给侧改革的匹配度。因此,加快形成高校供给侧与战略性新兴产业需求侧的协调发展格局,需要将供给侧改革、需求侧改革两种理论视作辩证性因果关系和互为条件反射的关系,重点解决需求阻滞供给和供给影响需求的矛盾冲突,通过增调需求与优化供给的交替发力,实现高校与战略性新兴产业协同发展的全过程生产力和全要素生产率提升。

五、"生产力—生产关系"的理论关系及互动影响

(一)生产力与生产关系的界定及辩证关系

生产力是人们改造自然、征服自然以获取物质资料的能力,生产力

体现了人与自然的互动关系,是社会生产的物质内容。恩格斯认为,生产力是具有劳动能力的人和生产资料相结合而形成的改造自然的能力。一方面,在生产力理论的经典体系中,生产力是一个由多种要素构成的复杂社会系统,它的基本要素是劳动者、劳动资料和劳动对象。其中:劳动者是具有一定的生产能力、劳动技能和生产经验并参与社会生产过程的人,他们是生产力中具有决定性的要素;劳动资料是劳动者作用于劳动对象生产工具以及在生产过程中所必需的其他物质条件;劳动对象是生产过程中被加工的对象,包括直接从自然界中获得的资料和经过劳动加工而创造出来的原材料。马克思将生产力与生产力三要素的抽象关系简化表述为生产力是劳动者、生产工具与劳动对象的总和,即"生产力＝劳动者＋生产工具＋劳动对象"。另一方面,在生产力理论的现代化应用情境中,科学技术特别是高精尖现代技术已成为影响生产力高低、优劣的决定性要素。"科学技术是生产力"是马克思主义的基本原理。马克思曾指出"生产力中也包括科学";"社会劳动生产力,首先是科学的力量"。萨伊也认为"科学知识是生产力"。科学技术被广泛应用于物质生产过程,以显性的知识、技能、工具或隐性的文化、经验、制度、管理等方式引起劳动力的素质变化、劳动资料的性质变化和劳动对象的质量变化,激发更强烈的物质生产能量,并将其转化为直接的创新生产力。我国领导人邓小平和习近平先后提出了"科学技术是第一生产力"与"科学技术是第一生产力,创新是引领发展的第一动力"的科学论断。这些具有跨时代意义的新观点和新理念,是对马克思主义生产力理论的继承、丰富与发展,深刻揭示了在全球科技革命风起云涌、日新月异的环境下,科学技术在生产力形成、创新与升级过程中的核心地位和撬动作用。

生产关系是人们在物质资料生产过程中所产生的、不可避免的生产、交换、分配及消费等方面的社会关系,具体包括生产资料的所有制关系、劳动结构化关系和功能作用关系以及产品如何分配关系等,其中,生产资料的所有制关系及其生产的社会形式是全部生产关系的核心和基础。马克思认为,政治经济学的研究对象是生产关系,即"一定历史发展形态的生产方式以及与之相适应的社会生产关系和人们之间的交往关系"。生产关系的调整、变革与优化不会自主自动地随机发生,必然通过人们有目的、有条件地改造世界的活动得以实现。

生产力与生产关系具有辩证统一性,即生产力决定生产关系,生产关系反作用的性质取决于它是否适合生产力。如同经济基础决定上层建筑,作为经济社会发展动力的生产力决定生产关系,即生产力状况决定生产关系的基本性质、主要形式与变革方向;生产关系反作用于生产力,即当生产关系适应或不适应生产力发展的客观要求时,它就会对生产力产生推动或阻碍作用。生产关系既不能超前于生产力水平,更不能滞后于生产力水平,必须与生产力水平保持高度一致性和契合性。世界范围的四次工业革命和科技中心转移更替的历史经验表明,生产关系适应生产力水平是欧美发达国家经济社会发展的基本规律,生产力和生产关系的矛盾运动及其适应性变化构成经济社会持续发展的根本动力。

(二)"生产力—生产关系"互动作用

以马克思主义唯物史观中的生产力与生产关系理论渊源及其辩证关系为逻辑起点,能够深入探索区域内高校与战略性新兴产业协同发展的基本规律和发生逻辑,为提出两者协同发展的动力机制提供必要支持。一方面,高校与战略性新兴产业协同发展的生产力可以解构为3个主导维度,即面向战略性新兴产业需求的人才培养生产力、科学研究生产力和社会服务生产力。其中,高校的人才培养生产力通过人才培养职能,为战略性新兴产业提供源源不断的创新型、应用型和技能型劳动力资源,推动劳动力结构的持续优化与逐渐调整。高校的科学研究生产力立足于战略性新兴产业的发展需求和技术瓶颈问题,以高校学科组织及其成员为依附实施载体。他组织或自组织的多学科及其成员协同关系一旦渗透和作用于高校科研生产过程,便会成为最强劲、最高效的科研生产力。高校的社会服务生产力通过建立产业学院、协同创新中心、校企联盟、科研成果转化中心和创新创业孵化基地等实体性组织,促进高校知识与智力服务精准对接战略性新兴产业发展的产业化、规模化、集群化等不同形态，以及萌芽、成长和成熟等不同阶段。

另一方面，高校与战略性新兴产业协同发展的生产关系具有复杂性和循环性。其中，生产关系的复杂性是指不同层次、不同类型高校与战略性新兴产业中的各个企业之间，存在"一对多"和"多对一"的复杂对应关系。也就是说，一所研究型大学可以凭借多学科优势、原始创新优势和基础研究优势对应多家高新技术企业，多所行业特色型大学也可以采用学科互补机制对应高端装备制造、生物医药和现代农业等某类型的高新技术产业。生产关系的循环性是指高校与战略性新兴产业协同发展呈现从不适应到基本适应，再到完全适应的循环往复过程。战略性新兴产业的生产要素历经机械化、自动化、信息化及智能化的进化过程，在迈向现代化的每次变革过程中，都会伴生校企生产关系的优化调整及翻新重构。每次校企生产关系的再调节与再适应，均要求高校通过完善内部治理体系、改革人才培养模式和创新科研管理制度等举措，消除制约校企生产关系优化发展的外部利益相关者之间的主要矛盾和高校内部矛盾的主要方面，从而促进高校与企业两类异质性组织的生产关系反复耦合，最终建构一种协同共赢的"目标—结构—功能"跨组织整合性生产力体系及其最佳生产关系。

第二节　核心概念界定

一、区域：研究范畴的空间划界

高校与战略性新兴产业协同发展的具体情境根植并发生于特定的区域空间。通过查阅、比较和分析不同时期的权威工具书，我们获得了区域概念的基本定义，即区域是地理学的基本概念和特殊单元，主要指特定行政地区的界限、范围和空间分化。例如《汉语大辞典》（1986 年）的定义："区域是有一定界限的地方或范畴，如自治区、市辖区、县辖区等行政区划单位;抑或是土地的界划。"①又如《现代地理学辞典》(1990年)的定义:"区域是具有一定地理位置和可度量的实体,各要素有内在本质的联系,外部形态特征相似。"

区域作为地理学的表述范畴,具有特定空间性、分析工具性、外部差异性和内部相似性。特定空间性是区域的存在属性。区域是一个分割地表的、有良好分辨性的地理学概念,是根据一定的目的和原则而划定的地球表面的一定范围的空间。② 分析工具性是区域的形成基础。胡尔曼(Ullman)认为:"区域仅仅是空间分析的一种工具。"③外部差异性是区域的区分依据。英国地理学家迪金森(Dickinson)认为:"区域是用于研究各种现象在地表特定地区结合成复合体的趋向。"德国地理学家赫特纳(Hettena)认为:"区域是形态上内部性质相对一致,而外部差异性最大的地表连续的地段或状态。"内部相似性是区域的激活条件。贝伦斯(Behrens)指出:"区域是内部具有相似性或者内部联系如货物流动和要素流动比较密切的空间范围。"④综上所述,区域既是一个特定的地理单元,又是一个具有普遍认同的行政单位,其内涵与形式是以省级行政统辖范围、以特定地缘关系为基础的若干省域的结合。为了避免研究范畴的泛化,提升研究问题的循证依据及其精准度,进一步增强"提出问题—分析问题—解决问题"的解释力与说服力,本书建构了一种从研究对象的普遍性转向特殊性的具象思路,即以省级行政区域为地理意义和空间限定进行具体问题探究,以期使共性问题和特性问题的研判过程更加清晰、更具代表性、更有的放矢。

二、区域内高校:研究对象的主体性说明

区域内高校专指省级行政区域内不同隶属关系的各级各类高等学

① 汉语大辞典编辑委员会,汉语大词典编纂处.汉语大辞典[M].上海:上海辞书出版社,1986:975-977.
② 安虎森.新区域经济学[M].3版.大连:东北财经大学出版社,2015:1.
③ Ullman Edward. Regional development and the geography of concentration[J]. Papers in Regional Science,1958(1):179-198.
④ Behrens Kristian, Thisse Jacques-Francois. Regional economics:A new economic geography perspective[J] Regional Science and Urban Economics,2007(4):457-465.

校。以辽宁省为例,截至 2020 年底,辽宁省共有普通高等学校 114 所:中央部委属 5 所,省属 58 所,市属 20 所,民办 31 所;按办学层次分,本科院校 63 所,高职专科学校 51 所。本书将聚焦于辽宁省内的公办普通本科高校。目前,辽宁省各级各类高校尤其是普通本科高校均已形成各具特色、各有侧重的战略性新兴产业协同发展方向,源源不断地为老工业基地振兴发展提供大批量的产业人才资源,为科技创新驱动做贡献。其中,绝大多数高校具有先天的行业背景、历史渊源和毗邻产业的地缘优势,这些高校通常以工学、理学、医学、农学等学科及其相关专业为主干,兼设管理、人文和社会科学,并以理工、工程、科技、建筑、交通、石油、工业、化工、航空航天、医药、农业、海洋等带有明显产业特色的称谓命名,学科专业设置体现了浓厚的产业特色和行业优势,在产教融合、协同创新、协同育人等领域发挥了主导作用。此外,虽然少数高校以综合或人文社科称谓命名,但这些高校中的管理学和经济学已成为优势特色学科专业,为战略性新兴产业发展的规划、管理、经营及文化等方面的"软实力"提升奠定了坚实基础。

三、战略性新兴产业:研究对象的客体性聚焦

美国经济学家罗斯托(Rostow)在《主导部门和起飞》(1998)一书中,提出了产业扩散效应理论和主导产业的选择基准,即国家应该选择具有较强扩散效应的产业作为主导产业,将主导产业的产业优势辐射传递至产业关联链上的各个产业,以带动整个产业结构的升级,促进区域经济的全面发展。20 世纪 90 年代以来,战略性新兴产业的概念体系和构成要素逐渐丰富、深化、明朗、清晰。经济学家们各有侧重对战略性新兴产业的概念做出了解说。在斯特凡(Stefan)看来,新兴产业既包括完全新的行业,也包括随着环境改变而显著增长的行业,它可能是现有的产业,也可能是调整后重新出现的产业。布兰克(Blank)将新兴产业视为由新的创意或产品生发的,也就是一个充满未知性和不确定性的产业。赫希曼(Hischman)则将战略性产业界定为投入产出中联系最为密切的经济体系。大卫·蒂斯(David Teece)将战略性产业归纳为具有规

模和范围经济、学习型经济和网络经济的显著特征。

《国务院关于加快培育和发展战略性新兴产业的决定》及《"十二五"国家战略性新兴产业发展规划》对战略性新兴产业提出了权威定义,即"战略性新兴产业是以重大技术突破和重大发展需求为基础,对经济社会全局和长远发展具有重大引领带动作用,知识技术密集、物质资源消耗少、成长潜力大、综合效益好的产业"。综上所述,战略性新兴产业的内涵是具有高技术含量、高产品附加值和创新资源集约等特征的主导区域经济发展的新产业,其外延表现既可以是传统产业的更新升级,也可以是具有新生代、新事物、新实体性质的新兴产业。战略性新兴产业主要蕴含创新性、长远性、动态性、不确定性和未知性等属性,体现了产业实体经济"主导性—科技性—新兴性—战略性"的转型发展逻辑。

战略性新兴产业是立国之本、强国之基,是建立和保持区域创新型经济必不可少的实体性因素。迈克尔·波特(Michael Porter)认为,国家竞争优势取决于产业竞争力。[①] 战略性新兴产业的重要性不仅在于其本身具有的广阔效益和市场前景,更在于其代表特定时期的国家竞争力、现代产业体系成熟度、产业竞争优势和领先地位的关键衡量标准。自 2008 年国际经济危机爆发以来,美国、德国、法国和日本等发达国家开始反思"去工业化"政策的偏颇,重新审视和评估实体经济的价值,纷纷提出"再工业化"的实体经济复苏新战略,均将重心转移到调整本国的产业结构,将发展重点转向低碳、节能、绿色环保等需要依托创新的高新技术产业。例如,美国"再工业化"的实质是以高新技术为依托,发展高附加值的制造业,如先进制造技术、新能源、环保、信息等新兴产业,从而拥有具备强大竞争力的新工业体系。法国将"再工业化"的布局优化为"一个核心、九大支点",其中的一个核心就是"未来工业",主要是实现工业生产向数字化、智能化转型。日本"再兴战略"提出了创造物联网、大数据、人工智能、机器人等新市场,以及为新产业转型升级培养相应人

---

① 洪银兴.产学研协同创新研究[M].北京:人民出版社,2015:7.

才。整体而言，"再工业化"的战略框架是重振制造业、强化制造创新主体和加大基础设施建设等，战略重心是建立信息技术、智能科技与传统工业领域相融合的现代新型工业体系，战略进程是大力发展节能环保、可循环利用、可再生等新能源和功能新、结构先进、高性能复合、共性基础等新材料，以及发展人工智能、电子信息、数字制造技术等新技术的战略性新兴产业。

战略性新兴产业是伴随科技发展和生产力水平提高而出现的新产业，是新兴产业领域的先导性或支柱性产业，已经成为我国经济发展的主要动能。熊彼特（Schumpeter）在《经济发展理论》中，将创新置于产业演进与转型的过程之中，并指出了"创新与产业新生、成长与衰退之间的关联极其密切"[①]。阿尔弗雷德·马歇尔（Alfred Marshall）、罗伯特·索罗（Robert Solow）等著名经济学家均强调了知识、技术或创新是经济增长的主要源泉。当前，发展战略性新兴产业已成为国家抢占新一轮经济和科技发展制高点的重大战略部署。《国务院关于加快培育和发展战略性新兴产业的决定》确定了我国战略性新兴产业发展的重点领域，主要包括节能环保、新一代信息技术、生物、高端装备制造、新能源、新材料、新能源汽车等产业。《"十三五"国家战略性新兴产业发展规划》增加了数字创意产业。未来，战略性新兴产业发展趋势将突出表现在 5 个方面：新一代信息技术迈入"全产业链"竞争时代，泛在化、融合化和智能化趋势愈加明显；制造业网络化、数字化、智能化、绿色化发展水平持续提升，革新材料研发模式成为产业变革焦点；生物医药、生物农业日趋成熟，生物制造、生物能源、生物环保产业领域快速兴起；低碳、清洁、高效、智能的新能源技术产业成为能源发展的未来趋势，节能环保技术与诸多产业领域的交叉融合特征明显；数字创意产业以科技力、创造力和想象力的深度融合，转变经济发展方式和思维方式，极大地

---

① 坎特纳，马雷尔巴.创新、产业动态与结构变迁［M］.肖兴志，郭晓丹，郑明，等，译.北京：经济科学出版社，2013：1-2.

促进消费增长。[①]

第三节　高校与战略性新兴产业协同发展的本质解读

一、协同表达了多元主体之间的正相关的因果效应

区域内高校与战略性新兴产业协同发展是"协同什么"与"如何协同"的因果关系命题。"协同什么"说的是不但要注重人才培养、科学研究和社会服务的高校三大生产力与校企协同生产关系的再平衡、再调整、再变革,而且要促进有利于高校供给侧与企业需求侧有序对接、紧密衔接的政策、制度、模式、治理和资源等全要素协同。"如何协同"说的是在区域范围内,建构以市场需求和解决实际问题为根本靶向的高校与政府、企业、科研院所等多个主体耦合互动结构,以及彼此之间的一般性协同动力机制和特殊性协同动力机制。其中,一般性协同动力机制可以表述为高校外部的、共识的和校企主体间的利益分享、风险分担、资源共享、平台搭建、信息交流、产权保护、矛盾调节等运行机制。特殊性协同动力机制发生在高校内部,主要表现为深化人才供给体系的结构性改革、探寻"产业链—学科链—专业链"的最佳契合、推动科研成果转化扩散的提质增效、完善现代治理体系和提升现代治理能力。可以说,简单的线性思维已经无法透彻地、全面地理解高校与战略性新兴产业协同发展的全要素和全过程,这就需要从开放式的、跨组织的、离散式的视角对协同创新进行再认知,根据创新的知识、资源、关系等要素及其方法做出协同范式解释。

第一,知识维度。知识管理理论与战略管理之间的联系为理解研究

---

① 中国工程技术发展战略研究院.2019中国战略性新兴产业发展报告[M].北京:科学出版社,2019:24-26.

合作伙伴关系的必要性提供了复合型的理论框架,跨组织边界的知识共享促进了协同局面的出现,特别是建构了政府、高校和企业的参与者知识合作伙伴关系。[①] 尽管知识被人为地、主观地应用于不同的组织,但高校与企业的元知识图谱关系并非绝缘割裂,而是存在彼此流动的迁移性、嫁接性、嵌入性和协调性等隐性共振关系。高校与企业深度合作的知识生产目标和知识"生产—转化"结构是可延展的协同变量,可以将双方的协同发展期望与行动进行升级。因此,协同发展能够提升高校知识的精准生产能力与企业及时的知识吸收能力、知识加工处理能力和知识组织应用能力,激发知识创新潜力,明确知识战略行为,降低知识交易成本,缩短知识应用周期,疏导知识流通渠道,提升知识转化绩效。

第二,资源维度。关键资源已成为影响组织绩效的重要因素,不同组织的协同发展使得资源配置由竞争逻辑转向共生逻辑,获取关键资源已由分化转向整合。因此,只有协同发展才能提升不同组织的资源整体使用效率,在不确定的环境变化中把握先机并赢得未来。与此同时,不同组织的协同发展需要"催化"条件——制度创新,并通过制度创新这个看得见的"催化剂"加速资源整合。可以说,协同发展是不同代理商与互补资源之间协作的结果。[②] 同质性组织之间普遍存在资源竞争,而高校与企业是两类异质性组织,双方协同发展是制度性的战略联盟(由于具有能力和资源的互补性而产生组织之间的制度化协同效应)[③],并从合作伙伴中获取关键性的稀缺资源,特别是无法通过交易获取的人际交流、学科文化等组织内部隐性资源,进而实现资源的共享、互补与共创。

第三,关系维度。组织内部是相互赋能的,组织外部是无限连接的。詹姆斯·马奇(James March)等认为,"如果组织的活动范围围绕多个以

①　Cristina Bayona Sáez,Teresa García Marco,Emilio Huerta Arribas. Collaboration in R&D with universities and research centres:An empirical study of Spanish firms[J]. Technovation,2000(9):477 – 488.

②　Elias Carayannis,Jeffrey Alexander,Anthony Ioannidis. Leveraging knowledge,learning,and innovation in forming strategic government-university-industry (GUI) R&D partnerships in the US,Germany,and France[J]. R & D Management,2002(4):321 – 341.

③　陆园园. 中外产学研协同创新研究[M]. 北京:人民出版社,2017:14.

操作性目标建立的手段—目的结构,并且它不是由单一组分组成,那么它就是复合的"[①]。科学技术的飞速进步使得研发领域的组织边界不断淡化,通过亲密伙伴关系进行协同发展在任何国家或国家内的区域层面都已成为普通现象。例如,在过去的 10 年中,大多数经济合作与发展组织国家的高校与工业界的研发合作伙伴关系及其协同创新载体数量已经明显增加。因此,高校与行业企业的协同发展既是一种"自生自发"的活动秩序,也是以灵活与信任为基础的利益共同体协作关系,其既可以是资源、专用性资产、专利技术等简单资本因素嵌入彼此组织的有形关系网络,也可以是知识、契约、文化等复杂社会因素嵌入彼此组织的无形关系网络。

二、协同强调了"协同—有序—结构—效能"的逻辑演进

组织间的协同逻辑遵循"现象—本质"的认识规律,运用系统要素的关系思维,构建从无序到有序的立体结构。河本英夫认为,"随处可见于动态平衡中的系统的规则性关系,只要'关系'被定位成现象的根据,那么它就被称为'结构'"[②]。在各种动态平衡现象中找到共通的规则,能够形成统一的科学信念。由于其是从由规则构成的方法提取出作为现象根据的普遍性关系,因此被提取出来的关系本身便成为结构。组织间的协同逻辑能够激励对科技创新有巨大影响的合作与交流,使创新过程及结果成功地实现最优化。这里的协同逻辑主要是指面向战略性新兴产业需求的、对高校传统研究习惯和学术结构的拆解及重塑,用以形成组织群体的创造合力,解决共同面对的知识、技术、产品的更新发展和商业化问题。高校与行业企业可以用协同逻辑及其"有序—结构—效能"框架获取全新的创新产品或创意概念,并有意识地开发、创造与控制组织合作过程,将这些创新产品或创意概念推向市场,为整个社会带来福祉。

---

① 马奇,西蒙.组织[M].2 版.邵冲,译.北京:机械工业出版社,2016:166.
② 河本英夫.第三代系统论:自生系统论[M].郭连友,译.北京:中央编译出版社,2016:27.

第一，协同是有序的前提条件。理查德·斯科特（Richard Scott）等认为，"组织是理性、自然和开放的职业化社会活动系统"[1]，不同组织的社会适应力变革主要通过分工与协同的有序性制度规范得以实现。虽然高校与企业的组织性质迥然不同，但它们在从无序向有序的转变过程中遵循共同的规律，正如哈肯所言："当许多系统从无序到有序时，它们呈现出非常相似的行为。"[2]协同是高校与战略性新兴产业的各创新要素协调合作，是为了实现各自利益目标而建立的"无序—有序"的合作动态和互惠关系，主宰着协同创新系统从无序走向有序、从低级别有序走向高级别有序、从简单有序走向复杂有序，深刻揭示了创新结构及其组织运行的形成过程。其中，创新起点是大量不同的无序变量，创新生成是各无序变量在持续交互过程中逐渐形成微观有序性，创新结果是微观有序性渐渐产生宏观协同力。构建高校与战略性新兴产业的协同力，需要选择理性方式的谈判型线路和规范方式的调控型线路。[3] 理性方式的谈判型线路是使高校、企业这两个利益相关者通过市场调控这只"看不见的手"的驱动，形成自组织创新机制，围绕利益分配、风险分担和资源共享等核心单元，打通协同力传送的"主干道"。规范方式的调控型线路是通过政府宏观调控这只"看得见的手"的助推，针对校企之间的战略协同、价值协同和组织协同，形成政策、法律和制度的外部主导合力，完善协同力发展的秩序框架。

第二，有序引领协同进化结构。协同进化是第二个种群的个体特征回应第一个种群的个体特征，随后第二个种群对第一个种群的变化做出进化反应，是两个或更多相互作用的物体或系统相互作用的历时性适应变化。[4] 组织为了突破资源和能力的限制，追求更高或更好的目标，会

① 斯科特,戴维斯.组织理论——理性、自然与开放系统的视角[M].高俊山,译.北京:中国人民大学出版社,2015:37.

② 哈肯.大自然成功的奥秘:协同学[M].凌复华,译.上海:上海译文出版社,2018:68.

③ 范瑞尔.协同力——打造利益相关方面支持的优势[M].潘少华,译.北京:中国社会科学出版社,2015:161.

④ 拉姆斯登,威尔逊.基因、心灵与文化:协同进化的过程[M].刘利,译.上海:上海科技教育出版社,2016:400.

自然而然地选择合作途径,建立协同关系。[①] 当这种协同关系有了共同的目标和社会性协调规则时,组织的协同进化结构便逐渐稳定。高校与战略性新兴产业的协同进化结构由特征安排和功能搭配组成。其中,"他变—自变"的协同进化特征安排是高校的组织机构、治理体系等普遍群体特征回应战略性新兴产业群体的生产力、生产资料和生产关系等特征的"实质性"进化反应。"平行线"式的协同进化功能搭配,是高校的人才培养、科学研究和社会服务功能进行的选择性强化与调适性转型,高校基本功能与战略性新兴产业的需求交互影响,进而形成一个相互作用、供求精准对接的协同适应结构。

第三,协同进化结构激活协同效应。结构主义认为,组成事物的各要素在结构中都具有重要价值和功能[②],主张从整体性和共时性的角度看待事物发展变化。因此,在分析协同进化结构激活协同效应的适应性改变时,不但要注重不同组织之间的结构化关系及其整体联动性,而且必须考虑知识、技术等不同组织创新要素之间的共存互补性及合理嵌入性。高校与战略性新兴产业的协同进化结构能够促进整个创新系统从混乱无序的不稳定状态向协同有序的稳定状态发展,最终产生协同效应。协同效应主要由流量效应和共享效应构成。[③] 流量效应是高校与战略性新兴产业的生产资料、劳动力等物质要素以及知识、技术、管理等非物质要素,在校企间对流所产生的流动效应与补充效应的集合,主要包括物资流、信息流、技术流、人才流和资金流五大要素流,校企协同创新的集聚和扩散也是在五大要素流的基础上发生的。共享效应是校企双方为了提高资源利用率,展开基础设施和商业服务设施的共建与对接而产生的,包括设施、设备、技术等。

---

① 李书玲.组织设计:寻找实现组织价值的规律[M].北京:机械工业出版社,2016:3.

② 彭树涛."新医科"的理念与行动[J].上海交通大学学报(哲学社会科学版),2020(10):145-152.

③ 张健.产学研互动与区域协同发展[M].北京:中国人民大学出版社,2017:83-84.

三、协同建构了组织间"知识—技术"的理想结构化状态

现代科学范式主要表现为"大科学"或"泛组织"的"知识—技术"耦合结构化状态,不同组织的"知识—技术"相互融合、转化、渗透和集成已成为主流趋势。路德维希·维特根斯坦(Ludwig Wittgenstein)在《逻辑哲学论》中提出,"世界是由许多'状态'构成的总体,每个'状态'是一条由众多事物组成的锁链,它们处于确定的关系中,这种关系就是这个'状态'的结构"。战略性新兴产业作为一种经济实体的有序耗散"状态",以及聚集综合性、多样性"知识—技术"的人造物系统工程,其生产和管理中的任何一个技术、工艺、性能、流程等问题都具有复杂性,这些问题都不能由高校或企业某个组织独立解决,必须突破校企组织间的固化界限,整合组织间的创新资源,形成组织间的合作跨度,并借助组织协同关系形成理想化的"知识—技术"耦合结构。以协同为运行机理和动力机制的现代科学范式,不仅扭转了校企组织"知识—技术"的幽闭性传统和零散化、碎片化分布局面,而且催化了高校组织的学术化知识意识扭转、普惠性知识风格塑造和跨界式知识资本积累。

区域内高校与战略性新兴产业协同发展能够形成以解决实际问题和满足社会需要为根本导向的现代科学范式,这是一种受诱发条件刺激的"知识—技术"共同体结构,其高效运转需要解决知识要素、人际要素和社会要素的结构化问题[1],通过对不同组织创新要素的形态、结构与功能的综合化、实体化和制度化,以及物质资源、利益群体、制度变迁和政策调控等显性诱发机制与生态文化隐性诱发机制的共同刺激,生成"知识—技术"共同体结构的能量场域。

第一,"知识—技术"共同体的基础在于充足的物质资源。多渠道的经费投入、多样化的人才供给、多功能的实验仪器配置、多机会的国内外科研项目合作、多类型的科研平台打造和多形式的创新创业基地建设,

---

① 李书玲.组织设计:寻找实现组织价值的规律[M].北京:机械工业出版社,2016:3-4.

能够使高校摆脱资源稀缺性和有限性的束缚,对结构松散、动态开放、协作共赢的"知识—技术"共同体形成具有重要推动作用。

第二,"知识—技术"共同体的生产动能在于利益纽带"人为性"。具有利益关系的校企不同组织人员通过利益导向的选择性聚集,形成目标一致、价值一致、各司其职和各取所需的趋利性群体,进而推动"知识—技术"共同体的高效运转。正如野中郁次郎(Ikujiro Nonaka)的观点:"没有人与人之间的共鸣,就不能产生知识机动力,所以产生共鸣是最重要的因素。"同时,这种"人为性"的利益关系,需要通过高校与企业组织的共同变革适应需求变化并形成新的协作模式,如知识合作伙伴关系或虚拟研究组织,以此来最大限度地强化协同优势,并最大限度地削弱不利因素的影响。

第三,"知识—技术"共同体结构发展得益于教学和科研的制度变迁。现代大学制度促使人才培养、科学研究和社会服务的大学功能强烈交织在一起,由于教师的教学身份、研究者身份和服务者身份逐渐模糊,大学的教学、科研与服务在组织程序、行为方式和运行机制等一体化发展方面,呈现相互促进、裂痕弥合和彼此转化的制度变迁态势。

第四,"知识—技术"共同体带有强烈政策指向,蕴含政策话语意图。校企组织的"知识—技术"共同体经常会产生"螺旋式"上升、"波浪式"渐进和"徘徊式"停滞等阶段性发展特征,需要借助产教融合、协同创新、协同育人、质量评估和绩效考核等政策调控的外部治理力量,持续修正"知识—技术"共同体发展的目标愿景、主要任务、行动路径及保障措施。

第五,"知识—技术"共同体可以视为不同组织之间的网络职业模型。这种网络职业模型的联结点源自高校中越来越多的职业型研究人员,也可以称之为"联系型科学家"。这些研究人员不但注重高深知识的科学研究,而且乐于将研究成果应用于商业实践领域。发达国家和发展中国家都采取了不同的举措,以激励学术组织成员在新的协作环境中建立新的创新网络,即高校研究人员通过创新网络将知识成果迅速转化为本地中小型企业的技术应用。[①] 以澳大利亚为例，产业与研究的联系对于澳大利亚高校中的科学技术学者来说是相当有效的，来自 3 所澳大利亚主要大学的受访者中约有 36.7％的人获得了来自行业的研究支持，与没有这种合作关系的学者相比，该群体的研究资格更高级且更有生产力。[②] 这种跨越 2 个领域的"知识—技术"网络和流动性职业模式促进了劳动力市场的重叠，产生了混合创新空间，形成了比较稳定的"知识—技术"相互依存关系。

四、协同凸显了创新资源、创新制度和创新文化的共同作用

熊彼特(Schumpeter)提出的创新概念认为，创新是生产要素的重新组合，主要包括采用新产品、采用新生产方法、开辟新市场、掠取或控制原材料或半制成品、实现工业新组织等 5 种情况。经过詹姆斯·厄特巴克(James Utterback)、戴维·蒂斯(David Teece)、野中郁次郎(Ikujiro Nonaka)、埃里克·冯·希普尔(Eric von Hippel)、埃弗雷特·罗杰斯(Everett Rogers)和保罗·罗默(Paul Romer)等著名经济学家们对创新理论的丰富与拓展，创新的内涵逐渐充实，形成了复杂知识体系和多学科研究结构的创新多要素说，如创新主体、创新资源、创新制度和创新文化等。创新资源的密度、创新制度的高度和创新文化的浓度则是高校与战略性新兴产业两个创新主体协同发展的必备要素，它们共同构成了区域内完整的创新系统。

第一，高校创新资源密度主要以人才、经费、课题、成果等科研活动的显性要素为核心，它们是影响高校与战略性新兴产业协同发展的客观必要条件及物质基础。其中，人才是高校科研活动的生产力"发源地"和结构性生产关系的起点，经费是高校科研活动的生产力"能量"和维持生产关系稳定性、持久性与长效性的"杠杆"，课题是不同学

① Myrna Flores，Claudio Boër，Charles Huber，et al. Universities as key enablers to develop new collaborative environments for innovation：Successful experiences from Switzerland and India [J]. International Journal of Production Research，2009(17)：4935 - 4953.

② Grant Harman. University-industry research partnerships in Australia：Extent，benefits and risks[J]. Higher Education Research & Development，2001(3)：245 - 264.

科知识、不同领域技术、不同研究方法等生产力在高校科研活动中的相互作用及生产关系共同势能的承载，成果是评判高校科研活动的生产力高低和生产关系优劣的"标准化"产品。具体来讲，人才投入是一种以知识为本的高校科研组织关系建构过程，高校对不同学科领域的研究人员、专任教师及研究生等学术群体进行调配、组织和应用，进而充分发挥知识资本和技术能力的空间集聚效应。经费支持是高校科研活动的物质保障和充分必要条件，高校对政府纵向与企业横向的经费获取能力，决定了基础研究、应用研究和开发研究等不同科研方向的整体规模、基本属性、价值取向与预期成果。科研课题是高校科研活动的关键载体和科研实力的衡量指标，高校对国际科技前沿、行业核心技术和区域民生需求的主要问题或亟待解决的重大事项进行持续攻关，能够在某一领域形成特色、稳定的知识、技术与方法等区域创新优势及资源合力。成果产出是高校科研活动的终极"红利"和绩效标志，高校对具有学术意义和实用价值的论文、专利等多种形式的科研创造性结果进行界定、衡量与使用，切实将科研创新成果落实到各个领域。

第二，创新制度的高度主要包括创新政策激励、创新法律规制、创新体制机制、创新服务环境等，它们的强制性、完备性和与时俱进性成为推动高校与战略性新兴产业协同发展、互动融合的关键外部力量。创新制度是协同创新的前提，具有完善的协同创新制度及其运作机制才能保证知识创新、技术创新、产品创新和管理创新的有效进行。理查德·尼尔森（Richard Nelson）将创新视为大学、企业等有关机构的复合体制，这种复合体制的制度设计任务是在技术的私有和公有两方面建立一种适当的平衡。可以说，高校与战略性新兴产业协同发展起始于创新制度，创新制度的目的是形成一个新的规则、流程或模式，且保证不同组织在协同发展过程中正常运行。一直以来，我国学术界立足高校创新活动及其效益增值的内部管理视角，以管理体制、运行机制、知识产权等创新制度为突破点，对影响高校创新活动的重要变量及其主要矛盾进行系统解释。然而，这种学术组织场域内部的自检式研究在一定程度上忽视了源自政府的外部有效供给和产学研协同互动的过程管理。马克·泰勒（Mark Taylor）提出了政治阻力会影响创新者、投资者和企业家开展协同创新的观点，表明了政治因素会妨碍科技进步的每个阶段，如从研究到开发再到批量生产。史蒂夫·柯拉尔（Steven Curral）等进一步认为，"大学中的领导者、政府的政策制定者和企业经理们都有能力在一起工作，从而在极大程度上影响创新的种类和数量"[①]。高等教育发展的内外部基本规律更是决定了高校与战略性新兴产业协同发展是促进个性化和社会化的有机融合过程。[②] 这种过程是效率与公平兼具的、系统工程范式的动态质量管理和创新动力机制的持续改进，涉及高校组织的内部管理优化和外部氛围创设等由内而外的制度体系建构的全部环节。因此，应审视政府、企业和高校等异质性组织之间的生产力互补性与生产关系耦合性，建构一种政产学研协同共生的"目标—结构—功能"跨组织整合性的制度体系，探寻与行业企业需求侧相适应的高校供给侧改革制度演进机理，即从高校与战略性新兴产业协同发展的政策、战略、法规、准则和职责等创新制度的因变量及其内涵要素出发，解决制约高校投身创新活动的外部利益相关者之间的主要矛盾和高校内部矛盾的主要方面，持续形成认识一致、动态开放、远离平衡态、非线性联系的协同创新耗散结构和网络化跨组织协作模式。

第三，创新文化的浓度主要表现为相互理解与信任、价值取向趋同、宽容失败、责任承担、乐于分享以及善于合作等积极的、习惯的意识形态。莱特（Light）认为，"持续创新不是让创新永垂不朽，而是让创新成为习惯"。维持这种习惯及其行为惯性需要依赖特殊的创新文化，对不同组织的先天性文化"基因"差异进行持续稀释。例如，高校的文化基因在于追求学术价值，获得学术地位与尊重认可，而企业的文化基因在于追逐赢利价值，实现利润或收益最大化。一方面，创新文化能够为高校

① 柯拉尔，弗朗汉姆，佩星，等.有组织的创新：美国繁荣复兴之蓝图[M].陈劲，尹西朗，译.北京：清华大学出版社，2017：1-3.
② 何慧星，张雅旋.高等教育供给侧结构性改革的逻辑、依据与路径[J].现代教育管理，2017（12）：40-44.

与战略性新兴产业协同发展提供主动性和契合性,即协同发展需要异质性组织成员之间达成目标统一性与价值多样性共同存在的理性文化共识,为不同组织成员之间的理解、对话及合作提供可能性与可行性。虽然有的区域具备创新资源要素和创新制度要素,但高校与战略性新兴产业仍然不能实现真正意义的、高效率的协同发展,究其原因就在于区域内创新文化的浓度不够,或者说创新文化浓度没有达到协同发展的理想阈值。另一方面,创新文化浓度还能够突破创新"黑箱"悖论。在控制论中,通常把不明所以的区域或系统称为"黑箱",高校与战略性新兴产业协同发展的过程广泛存在不能观测却可以控制的"黑箱"问题,比如不同组织之间的积极性、主动性和踊跃性等正向问题,以及消极性、徘徊性、顾虑性和畏惧性等负面问题。这正如加里·皮萨诺(Gary Pisano)在《变革性创新》中所指出的:"创新文化是一种悖论,容错氛围、实验精神、心理安全感、团队合作和扁平化只是其美好的一面,美好催生的艰涩导致创新文化难以落地。"同时,在学术组织与经济组织之间寻求协同创新,本身就是一种悖论,因为协同创新意味着打破组织内部规则,走出彼此的舒适区,走进彼此领地并建立新的交叉地带,引发组织稳定性和牢固性的松动,破坏组织的传统属性。因此,高校与战略性新兴产业的协同发展需要借助创新文化的柔性与隐性驱动作用,突破校企组织之间长期存在的身份意识、保守意识、边界意识和顾虑意识。[1] 斯图尔德(Steward)提出,文化生态学的主要目标在于"解释对不同环境的适应中的特殊文化及其类型、模式"。区域内的创新共同体是一种根植于校企组织交叉地带的特殊创新文化。其中,高校组织需要推动教学文化、科研文化、服务文化等功能性文化及其制度、权力、评价等关键变量的深刻变革。企业组织则需要积极营造主动合作、主动参与、主动邀请的制度创新文化,以及海纳百川、勇于创新、诚实信任的企业家精神和企业文化。

---

① 宋争辉,王勇.大学基层学术组织的发展困境及治理路径——学科制度的视角[J].南京师大学报(社会科学版),2019(5):45-53.

第四节　高校与战略性新兴产业的主体关系及其功能释放

一、高校与战略性新兴产业协同发展的自适应性解释

德里克·博克（Derek Bok）认为："大学凭常规的学术功能，通过教学项目、科学研究和技术援助等手段承担着满足社会需求的重要职责。"①现代大学凭借其自身的人才培养、科学研究和社会服务职能，成为激活区域创新系统、巩固区域创新网络和提升区域创新实力的"代理人"。

一方面，高校与战略性新兴产业协同发展是包含一般性动力机制和特殊性动力机制的复合型系统。其中，一般性动力机制通过要素升级与资源配置，增强高校人才培养力、科研生产力和社会服务力，进而培育新经济增长极和新业态增长点。特殊性动力机制是通过产学研协同中的政策完善、制度创新与组织模式改革以及现代大学治理体系建设，建构高校人才培养体系、科学研究旨趣及社会服务行为准则。

另一方面，高等教育的外部适应规律进一步表明，战略性新兴产业的新增长点培育、核心技术的改良与升级，需要人才培养、科学研究和社会服务三大基本功能的自觉适应、创新有为与主动作为。其中：高校的适度超前性人力资本培养与供给，能够缩短战略性新兴产业"由弱到强"的生命周期；高校的前瞻性原始创新和关键共性技术突破，可以提高战略性新兴产业的"弯道超车"竞争力；大学的"扎根式"、常态化、制度化的社会服务及其在社会服务过程中形成的资源"磁石"力、科技"变现"力与物质"提现"力，更为战略性新兴产业的规模化、集群化发展的紧密贴合

---

① 德里克·博克.走出象牙塔——现代大学的社会责任[M].徐小洲,陈军,译.杭州:浙江教育出版社,2001:6.

保驾护航。可以说,高校基本职能的自我调适、自我修复和自我进化既是受战略性新兴产业发展诉求影响的结果,也是高校组织本身应对经济社会环境变化的客观产物。这正符合了埃里克·阿什比(Eric Ashby)的高等教育生态系统论断,即任何类型的大学都是遗传与环境的产物。

二、高校与战略性新兴产业协同发展的价值增值机理

区域创新系统蕴含知识与技术、高校与企业两种基本关系。知识是创新系统的原发内核,技术是产生经济效益的知识聚变。高校是知识创新主体,而企业是技术创新主体,高校与企业的供需关系构成了区域创新系统中的"知识—技术"流动制度,正是这种即时性和定向性的流动制度衍生了高校知识生产与企业技术应用的协同发展。经济价值创造现已不仅仅是一家企业内部的事情,更多的是跨组织协同,表现为高校教师和科研人员主动参与。在区域内校企协同发展过程中,学与商的博弈得到缓和,高校的知识生产实质不再拘泥于高深学问的思辨或争鸣,而是更加注重实用性和创新性。高校科研活动的终极愿景则是新知识、新技术、新产品等不同商品样态的产业化和商业化。战略性新兴产业发展的催化动力正是源自高校的学术知识创新,其能够转化为新产品,开拓新市场,培育新产业,形成新业态。高校知识创新总是嵌套战略性新兴产业的增值活动,并最终组成有效的价值兑现网络,而战略性新兴产业的成长过程显著表现为"高校知识创新—孵化技术—企业应用技术"的知识价值转化。

在全球知识经济中,高校在经济复兴中的驱动作用日益增强,并在知识交流与转让的共同生产和共同创造中发挥重要作用。在解决新兴经济问题时,需要鼓励高校和企业界、商业界更加紧密地合作,为区域经济振兴所面临的知识与技术问题提供新的解决方案。自20世纪中期以来,高校通过打造知识密集型科技园,填补区域创新网络漏洞,进而孵化知识型高新技术企业,已成为第三次工业革命的"主旋律"。而企业特别是大型企业正试图与高校建立以增强研发能力为根本导向的长期合作战略。例如,美国斯坦福大学引领"硅谷帝国"的强盛不衰,麻省理工学

院支撑 128 号公路的兴旺繁荣。[①] 而面对人口膨胀、环境污染、资源消耗以及能源紧张等当代国际公共问题,高校知识创新已成为助力新能源、新材料等战略性新兴产业发展,催生科技革命和推动经济绿色增长的引擎。如英国剑桥大学的可持续生物能源中心和帝国理工大学的未来能源实验室、丹麦技术大学的里瑟可持续能源国家实验室、新加坡国立大学的能源研究所、澳大利亚新南威尔士大学的能源与环境研究所等,均是各国新能源研究领域的创新驿站。再如美国麻省理工学院、斯坦福大学、加州大学圣塔芭芭拉分校、西北大学等材料学科及其研究成果,已是支撑美国材料工程的知识"传送泵"。由此可见,商业化漏斗和学术参与并不是两个独立的轨道,它们实际上存在相互依赖的杠杆作用,因此,商业化对于建立信任、激发学术参与以及将高校嵌入工业界似乎尤为重要。[②] 按照"知识—技术—产业"的一般规律,高校的知识生产率取代劳动生产率已成为衡量战略性新兴产业经济增长能力的主要指标。高校知识创新的吸引性活动和原始创新、集成创新、引进消化吸收再创新的多元模式变化,能够引发企业关键共性技术"基因"突变的连锁反应,进而在"知识—技术"互动中形成新的价值交换关系、新的价值供求体系,以及新的价值活动区间,促使战略性新兴产业等产量曲线发生根本性转移,实现全要素的生产力持续积累和生产率迅速增长。

三、高校与战略性新兴产业协同发展的创新生态形成

从有创新伊始,区域协同创新网络就是客观存在的,这是因为创新是一种复杂的经济与社会活动,必然包含各种经济与社会要素之间的有序互动。研究表明,创新系统理论是区域创新理论 1.0,创新生态系统理论是区域创新理论 2.0。[③] 其中,区域创新理论 1.0 注重为何生成及

① 赵哲,宋丹.大学与产业集群协同发展的历史变迁与现实情景[J].大连理工大学学报(社会科学版),2015(1):103-107.

② Jonsson,Baraldi,Larsson. A broadened innovation support for mutual benefits: Academic engagement by universities as part of technology transfer[J]. International Journal of Technology Management & Sustainable Development,2015(2):71-91.

③ 天津市科学学研究所京津冀协同创新研究组.京津冀协同创新共同体:从理念到战略[M].北京:知识产权出版社,2018:3.

如何生成,主要是从简单的线性创新到创新主体复杂的互动系统的演变,也就是创新系统论的形成;区域创新理论 2.0 注重突破组织边界及扩大创新版图,强调创新系统到创新生态的演变,即创新生态论的营造。高校对战略性新兴产业的影响不是短暂的或随机的阶段性发力,而是基于创新生态系统建构过程的持续注力。

第一,高校与战略性新兴产业协同发展是促进知识在区域创新生态系统中流动和应用的制度安排。衡量区域创新生态系统的效率和效益,实际在于这种协同制度是否有利于知识的创造、流动与扩散。保罗·罗默(Paul Romer)特别强调知识商品的特殊性,认为创新能使知识成为商品,并指出知识溢出效应的存在是经济实现持续增长不可缺少的条件。伴随协同创新、创新驱动、产教融合的制度变迁,开放性的社会结构、兼顾生产力贡献的学术价值导向以及弥散式的"学术部落"使高校变得更加开放、更有张力、更具活力。高校"正在被经济资本和新管理主义所破坏"[①],传统的学科结构开始松动,普遍遵循的研究秩序和研究旨趣逐渐从"小众"成果独占转向"大众"知识分享,高校成为更加松散的学术活动组织。这种由外部制度变迁引发的"实践建构论"互惠性知识观及其系列"化学反应",表达了一种强调研究成果的价值弥散,社会需要的知识生产模式正在形成,并促使高校由单纯的学科性组织演变为创新生态系统的关键制度性主体和应用型组织。

第二,高校组织做出的适应性调整和变革,奠定了区域创新生态系统的活跃态势。戴维·蒂斯(David Teece)认为:"组织要想从创新中获取价值,就需要具备'动态能力',即同时具备识别环境、获取机会和自我转型能力。"高校与战略性新兴产业的跨行业、跨属性、跨身份等多重互动关系增强及其科学机制形成,构成了高校组织结构变革的动态常量。高校组织的变革与创新是通过类似生物进化的 3 种核心机制,即遗传性、多样性和自然选择性完成的。其中,遗传性主要源自中世纪大学的

---

① 王志强,卓泽林."创新驱动"战略下高等教育与社会互动机制研究——基于大学变革的视角[M].北京:中国社会科学出版社,2016:42.

人才培养职能,多样性主要来自德国洪堡大学的科研职能,而自然选择性主要源于美国现代大学的社会服务职能。经济发展方式的转变、产业结构的调整和市场环境的变化为高校组织变革与创新提供了界限,这种界限与高校组织变革、创新后的生存能力和发展能力密切关联。在战略性新兴产业的孕育、生长和成熟的变化过程中,以及经济圈、产业带、产业集群等多种经济实体组织形式中,高校通过组织变革带来更加清晰的"是什么""为什么"和"怎么做"的创新行动指南。高校育人、科研和社会服务的组织形式甚至整个创新活动的出发点,需要进一步明确战略性新兴产业链有序结构中的特定知识,并开展特定知识"点对点""点对链"和"点对面"的校企映射性转化活动。

第三章
区域内高校与战略性新兴产业协同发展的
影响因素辨析

第一节　关键影响因素的识别及体系建构

一、关键影响因素的笼统识别及筛选

（一）关键影响因素的理论性与经验性分析

提升区域内高校与战略性新兴产业、行业企业的协同发展水平，高效地释放协同发展效应，首要问题是弄清楚不同主体协同发展过程中的影响因素，以及主要影响因素。虽然研究者们归纳和总结出了一些客观性的结论，但是不同目标、不同导向和不同思维的研究很难将不同研究结论归纳到统一理论体系之中。总体来看，国内外研究者们各有侧重地探讨了高校、企业对促进双方协同发展的能动作用及关键作用因素，以及高校与企业协同发展的主体间影响因素。

1. 以高校供给侧结构性改革为研究对象的协同发展影响因素梳理

这方面的研究内容主要包括人才培养的类型、结构、质量及其相应的教育教学改革和师资队伍建设等，科学研究的价值理念、环境营造、资源配置以及投入—产出绩效水平等,社会服务的文化形态、组织模式、效益评价和激励机制等。首先是人才培养方面。张兆臣等认为,协同创新过程中高校易量化的显性绩效因素由人才培养、学科发展和科研队伍建设等组成。[①] 其次是科学研究方面。马丁·库德维(Martin Kurdve)等以瑞典研究中心为对象,分析了该中心的两个中小企业创新支持计划对大学—工业合作吸收能力和企业创新能力的影响。[②] 最后是社会服务方面。布朗·摩根(Brown Morgan)等认为,领袖创新论坛计划促进了大学和公用事业代表的合作,为建立强有力的大学—公用事业协同伙伴关系确定了成功的方法和策略。[③] 威尔·格乔根(Will Geoghegan)等认为,大学领导、技术转让办公室的规模和连通性是商业导向的关键决定因素。[④] 马永霞等认为,学术创业活动及其绩效水平是衡量高校服务区域经济社会发展能力的关键因素。[⑤]

2. 以企业主体为研究对象的协同发展影响因素归纳

这方面的研究内容主要包括产业经济发展政策和市场化调节机制、企业生产及业务规模、企业对知识的吸收能力和采纳能力、企业技术创新能力、企业研发人员与研发经费等资源投入。伊琳娜·卡里琳娜(Irina Kalinina)等认为,区域创新发展的动力在很大程度上取决于创建和组织活跃的小型创新企业所采用的流程的效率,在这一领域中,大学凭借其创新的基础设施以及与企业之间的协同制度而发挥协

① 张兆臣,张海珠,于娱,等.高校协同创新中心建设的影响因素与对策研究——以江苏省为例[J].江苏高教,2016(1):52-54.

② Martin Kurdve,Anna Bird,Jens Laage Hellman. Establishing SME-university collaboration through innovation support programmes[J]. Journal of Manufacturing Technology Management, 2020(8):1583-1604.

③ Brown Morgan, Karimova Fidan, Love Nancy, et al. University-utility partnerships: Best practices for water innovation and collaboration[J]. Water Environment Research,2020(3):314-319.

④ Will Geoghegan, Conor O'Kane, Ciara Fitzgerald. Technology transfer offices as a nexus within the triple helix: The progression of the university's role[J]. International Journal of Technology Management,2015(3/4):255-277.

⑤ 马永霞,窦亚飞.驱动或抑制:哪些因素影响了高校的学术创业绩效——基于29个省域的模糊集定性比较分析[J].教育发展研究,2021(11):8-17.

同作用。[①] 姚潇颖等认为,产学研合作受到来自企业技术的创新因素、结构因素和环境因素等影响,其中联合研发、技术转让和咨询服务合作形式受技术创新因素影响尤为显著。[②]

3. 以高校与企业紧密关系及其纽带机制为研究对象的主体间影响因素分析

卡罗琳(Karolin Sjöö)等提出了产业与高校协同创新的关键因素,即资源、大学组织、跨界职能与协作。[③] 方刚等认为,组织结构和知识吸收能力、组织开放性和知识传递能力、组织网络嵌入性是超越组织边界、影响知识增值的关键因素。[④] 此外,国内外研究者们还提出了基于知识、资源、文化和制度等方面的组织间协同发展影响因素。如不同组织的知识协同性、知识转移能力、信息沟通渠道及合作紧密度,不同组织的知识创造、知识集聚、知识传播、知识转移、新知识孕育和外部助推,不同组织的知识吸收机制、知识开发机制、知识转移机制和知识共享机制,以及不同组织的创新资源要素密度、创新文化要素浓度、协同创新制度要素高度。

本书将在梳理和借鉴国内外已有研究成果的基础上,遵循事物发展普遍性与特殊性相结合的辩证规律以及新时代的新内涵变化要义,对区域内高校与战略性新兴产业协同发展的影响因素进行再加工、再认识、再深化和再建构,以期在已有共识性影响因素的框架与体系中,更新和增添新的内容。

(二)关键影响因素的再确定

本书建立了继承性创新与集成性创新相结合的研究思维导图,基于组织层面的生产力机制和组织间层面的生产关系机制,将区域内高校与

① Irina Kalinina, Karina Chernitsova. The interaction of universities with high-tech enterprises: Commercialization of innovations[J]. MATEC Web of Conferences, 2017: 121.

② 姚潇颖,卫平,李健. 产学研合作模式及其影响因素的异质性研究——基于中国战略新兴产业的微观调查数据[J]. 科研管理,2017(8):1-10.

③ Karolin Sjöö, Tomas Hellström. University-industry collaboration: A literature review and synthesis[J]. Industry and Higher Education, 2019, 33(4): 275-285.

④ 方刚,顾莉莉. 跨组织知识转化中的知识增值影响因素研究——基于"互联网+"协同创新[J]. 科技管理研究,2020(4):191-197.

战略性新兴产业协同发展的关键影响因素分解为两个范畴：一是组织层面的准备性因素、渗透性因素、实体基础性因素；二是组织间层面的制度性因素、非制度性因素及协同运筹性因素。具体来讲，第一个范畴特指企业和高校两类不同属性的、彼此独立的组织。第二个范畴则特指企业和高校两类异质性组织在促进协同发展过程中的动力性因素。

1.组织准备性因素

组织准备性因素主要由企业组织的生产力准备性因素和高校组织的功能准备性因素构成。

第一，在企业组织中，生产力准备性因素主要指教育，即企业通过对劳动者的教育，提升劳动者的整体素质和生产能力。马克思主义生产力学说包含劳动者、劳动资料和劳动对象3个基本要素，其中，劳动者是指具有一定生产经验和劳动技能而从事物质生产的职业化、专业化的人力资源，在生产力系统中处于核心位置。在传统的企业人力资源体系中，企业可以通过举办带有职业教育性质的职工大学、附属职业院校等形式，以及通过对员工进行以岗位胜任力为导向的继续教育或在职培训，提升劳动者的知识和技能水平。在现代的企业人力资源体系中，出于经济成本和效益最大化等多方面考虑，企业逐步将教育的重心上移，将其自身举办高等教育的教育功能剥离，而专注于对新进职工和已有职工的继续教育或业务培训。因此，企业组织的生产力准备性因素可以表现为两个维度：一个是弥补企业职工尤其是老职工欠缺行业前沿理论知识的短板，即企业邀请相关领域的高校专家、学者或教师对职工进行国际前沿知识、行业先进知识、技术创新知识等不同方面的培训，提升、优化传统劳动力的知识水平和知识结构；另一个是将企业的生产技术、生产流程、生产工艺和生产管理等具体需求向高校进行有目的和有针对性的定向传输，即企业管理者和技术专家借助兼职聘任、专题讲座等形式，走进高校、走进学科专业及走进课堂。

第二，在高校组织中，功能准备性因素特指教育教学，即高校以人才培养的有效供给和匹配供给为根本，通过丰富的教育教学活动提升劳动者知识和技能素质，使高校人才培养的规模、结构、质量和效益得到持续性优化,从而为战略性新兴产业提供类型多样化、知识结构化的人才资源。高校的功能准备性因素主要包括高校各级各类人才培养体系优化、高校实施创新创业教育、校企深度协同育人、学科专业结构调整与优化等方面。①面向行业企业培养多样化、高质量、紧缺型的各层次人才,已成为高校与战略性新兴产业协同发展的"主动脉"。尤斯塔什(Eustache)将知识传输能力作为"大学—工业—政府"三螺旋关系的重要指标,而各级各类人才培养则被视作创新型、应用型和技能型等不同知识风格及其传输能力的能动性载体。国内外研究者们更是从大学分类办学、分类发展、分类治理的不同维度,全面解释了高等教育人才培养体系优化及其匹配性对于区域经济与行业企业的巨大贡献和显著作用。②高校开展创业教育是践行"大众创业、万众创新"及创新驱动发展战略、构建区域经济"双循环"新格局的重要举措。维罗妮卡·斯库托(Veronica Scuotto)等认为,知识经济的传播使得大学开始采用符合创业生态系统的创业教育方式,这种方式以创业为导向,目的是创造新的创新企业。① 王洪才等提出了大学生创新创业能力的关键指标,即目标确定能力、规划设计能力、大胆尝试能力、沟通合作能力、机遇把握能力、风险规避能力和抗挫折能力。② 徐小洲等认为,大学创业教育应注重从赛场到市场的转化,即注重创业项目的孵化和落地。③ ③深化产教融合、校企合作需要以协同育人为发力点和突破点,实现高校人才供给侧与行业企业需求侧的充分对接。国内已有研究表明,我国众多具有工科优势的高校基本形成了依托校企联盟、围绕卓越工程师教育培养计划、探索现代产业学院试点、根植重点学科专业和立足创新创业教育活动等校企协同育人的多种模式及其运行机制,为行业企业发展

---

① Veronica Scuotto, Manlio Del Giudice, Alexeis Garcia-Perez, et al. A spill over effect of entrepreneurial orientation on technological innovativeness: An outlook of universities and research based spin offs[J]. The Journal of Technology Transfer, 2020(6): 1634 – 1654.

② 王洪才,郑雅倩.创新创业教育的哲学假设与实践意蕴[J].高校教育管理,2020(6):34 – 40.

③ 徐小洲,梅伟惠,韩冠爽.论我国高校创业教育高质量发展的十大关系[J].高等工程教育研究,2021(1):155 – 161.

奠定了扎实的人力资源基础。① 与此同时,聚焦"新工科""新医科"和"新农科"的行业特色型高校与行业企业的协同育人理论、实践也处于积极探索之中,逐渐形成了从教学与科研的大学组织内协同到校企协同、医教协同、卫教协同等大学跨组织协同的协同育人体制机制创新研究新风尚。④区域经济发展方式转变及产业结构调整均与高校学科专业结构调整优化存在紧密的相互影响关系。高等教育发展的外部适应性规律表明,高校学科专业结构是区域经济社会发展现状和产业结构在高等教育领域的缩影。从发展阶段看,高校学科专业结构的变迁伴随着社会发展历经院系调整、学科专业目录设置以及知识体系构建3个阶段。② 从调整模式看,主要存在政府外力"干预"驱动和高校自主作为两种模式。③ 从出发点看,大学应根据社会人才需求结构动态调整学科专业结构④,尤其是行业特色型大学更应以培养全面发展的行业人才为出发点建构学科专业新结构⑤。从逻辑关系看,高校学科与专业建设存在内在的依附性、统一性与协同性。⑥ 从组织和制度看,产业元素的加入催化了"学科链—专业链—产业链"的知识生产共同体形成,建立了知识转移视角下的组织新结构与制度新规范。⑦

2.组织渗透性因素

组织渗透性因素主要由企业组织的生产力渗透性因素和高校组织的功能渗透性因素构成。

第一,在企业组织中,生产力渗透性因素主要指影响生产力高低、优

---

① 赵哲,邓丰.高职院校产业学院研究的逻辑解构与突破向度[J].现代教育管理,2020(7):101-107;赵哲,宋丹,徐琪.工科优势高校与企业协同育人模式及深化路径——基于辽宁五所省属高校的调查[J].高等工程教育研究,2018(6):65-70.

② 王战军,张微.新中国成立70年来我国高校学科结构调整——政策变迁的制度逻辑[J].中国高教研究,2019(12):36-41.

③ 张红爱,肖瑛.政府和高校专业结构调整策略及其启示[J].现代大学教育,2006(2):89-92.

④ 岳昌君,邱文琪,朱亚洲.我国高质量人力资源发展现状与趋势展望[J].福建师范大学学报(哲学社会科学版),2020(1):120-132.

⑤ 别敦荣.高等教育普及化背景下行业性高校发展定位[J].中国高教研究,2020(10):1-8.

⑥ 钟秉林,李志河.试析本科院校学科建设与专业建设[J].中国高等教育,2015(22):19-23.

⑦ 胡赤弟,黄志兵.知识形态视角下高校学科—专业—产业链的组织化治理[J].教育研究,2013(1):76-83.

劣的科学技术水平。科学技术既是第一生产力,也是决定社会经济发展的第一生产要素,科学技术进步扮演着推动人类历次产业革命的主要角色。现代企业生产力系统与传统企业生产力系统的最显著区别在于科学技术产生速度、应用水平及贡献率,企业现代生产力系统的渗透性因素主要由基础科学、技术科学和应用科学构成。虽然现代科学技术已经广泛渗透于企业生产经营活动的各个环节,但是企业类型、企业发展阶段、企业聚集规模等企业组织形式的不同,使得影响企业生产力的科学技术水平及其应用能力呈现差异化。

第二,在高校组织中,功能渗透性因素主要指面向自然科学领域与工程科学领域的基础研究和应用研究状况,即以高校科学研究的创新驱动为常态动能,表达高校科学研究活动及其成果对战略性新兴产业发展的持续性渗透作用。高校组织的功能渗透性因素主要包括高校科研成果转化的效率与效益、高校跨学科科研行为、高校面向企业技术需求的科研战略领导、基于质量和效益导向的高校科研评价体系改革。①高校科研成果转化是具有商业化目的的组织正式行为和个人非正式行为。克里斯托夫·格里姆佩(Christoph Grimpe)等提出了大学知识和技术转让中的正式与非正式渠道,其中正式渠道通常涉及专利或合作研究活动的法律合同,而非正式渠道是指个人联系的知识隐性转让。[1] 哈米德·阿拉维(Hamed Alavi)等则进一步强调了非正式机制在大学技术转让过程中的关键作用。[2] ②跨学科行为能够形成大学内部创新资源的聚集效应和互补能力。刘泽渊认为,大学科研活动依赖于多学科集体攻关,需要科学家的协同合作才能完成。[3] 李志峰等认为,跨学科协同研究会成为个体自由探索研究之外的重要研究范式和大学科

① Christoph Grimpe, Katrin Hussinger. Formal and informal knowledge and technology transfer from academia to industry: Complementarity effects and innovation performance [J]. Industry and Innovation,2013(8):683-700.

② Hamed Alavi, Patrycja Habek. Optimizing Outcome in the University-Industry Technology Transfer Projects[J]. Management Systems in Production Engineering,2016,22(2):94-100.

③ 刘泽渊. 现代科学技术与发展导论[M]. 大连:大连理工大学出版社,2003:12.

学研究的必然选择。① ③大学的开放式创新战略及其战略领导是科研成果成功商业化的最主要预测因素之一。② 孙俊华等认为,大学科研资源的总体规模、研究质量、学术声誉和研究导向等影响校企合作网络形成。③ ④高校科研评价改革可最大限度地激活科研职能和创造科研绩效。刘梦星等认为,高校科研评价改革可使分类评价管理及制度体系更加完善、评价主体更多元、评价方法更科学合理、评价内容更注重实际价值。④

3.组织实体基础性因素

组织实体基础性因素主要由企业组织的生产力创新实体性因素和高校组织的创新基础性因素构成。

第一,在企业组织中,生产力实体性因素呈链式结构,主要涉及劳动者、劳动资料和劳动对象。其中劳动者是生产力的创造者和实施者;劳动资料是劳动过程中所运用的物质资料或物质条件,最重要的是生产工具;劳动对象是劳动者在劳动过程中能够加工的一切客观存在的物质资料。由于劳动对象是自然的、客观存在的"非人工"事物,处于生产力实体性因素链式结构的末端,所以研究者们主要揭示了劳动者和劳动资料对企业先进生产力形成与释放的重要先导性作用。因此,企业组织中的生产力实体性因素可以归纳为生产与研发的劳动力投入,科学技术 R&D 经费投入,仪器、器材、装备等生产工具的投入与使用,以及实验室、研发中心、工程中心等重大研究与试验平台建设等。

第二,在高校组织中,创新基础性因素主要指创新过程中的物质资源保障,即高校投入创新活动的人力、财力和物力等创新资源的充沛度

---

① 李志峰,高慧,张忠家.知识生产模式的现代转型与大学科学研究的模式创新[J].教育研究,2014(3):55-63.

② Arbaiah Abdul Razak. Innovation strategies for successful commercialisation in public universities[J]. International Journal of Innovation Science,2017(3):296-314.

③ 孙俊华,陈传明,占侃,等.校企合作网络生成影响因素实证研究——基于江苏高校的数据[J].江苏高教,2018(10):47-52.

④ 刘梦星,张红霞.高校科研评价的问题、走向与改革策略[J].高校教育管理,2021(1):117-124.

与完备性。高校是资源稀缺型组织,资源的有限性和外部依赖性决定其必须将物质资源集中用于协同发展过程,通过"集中力量办大事"的整合机制,充分释放有限资源的合力创新效应。组织的创新基础性因素主要包括科研人力投入、R&D 经费投入、创新基础设施(重点实验室、工程技术中心等)和知识创新载体(大学科技园、大学创新创业孵化基地等)。①人力、财力和物力的资源投入是实现大学组织生产力的根本保证,是大学开展创新合作的重要前提条件,大学科研资源的总体规模、研究质量、学术声誉和研究导向等影响校企合作网络形成。① 易高峰等认为,大学衍生企业发展的明显影响因素是 R&D 成果应用及科技服务经费、大学科技成果专利授权数、科技投入总经费等。② 朱巍等认为,影响高校协同创新的较大因素是 R&D 经费支出及仪器设备支出。③ 蔡翔等认为,研发人力和物资投入共同构成协同创新的双核驱动力量,但研发人力资本驱动作用远大于研发物质资本。④ ②知识创新载体能够形成大学组织的创新"洼地",使大学外的知识资本和技术资本源源不断地向大学集聚。大卫·明奎洛(David Minguillo)等认为,研究园区和科学园是最有可能帮助高等院校进行研究、技术生产以及知识商业化活动的基础设施。⑤

4.组织间制度性因素

组织间制度性因素主要指影响高校与企业协同发展有序结构和良好秩序的政策、法律法规及规章。

在学术领域,国内外研究者也较为一致地认为,在高校与企业协同

---

① 孙俊华,陈传明,占侃,等.校企合作网络生成影响因素实证研究——基于江苏高校的数据[J].江苏高教,2018(10):47−52;戴胜利,李迎,春张伟.技术创新联盟影响因素与路径框架——基于扎根理论的探索性研究[J].科技进步与对策,2019(19):17−25.

② 易高峰,程骄杰,赵文华.我国大学衍生企业发展的影响因素分析[J].清华大学教育研究,2010(4):65−69.

③ 朱巍,张景,安然,等.产学研创新系统耦合协调度及影响因素研究——以湖北省为例[J].情报工程,2020(3):92−104.

④ 蔡翔,赵娟.大学—企业—政府协同创新效率及其影响因素研究[J].软科学,2019(2):56−60.

⑤ David Minguillo,Mike Thelwall. Which are the best innovation support infrastructures for universities? Evidence from R&D output and commercial activities[J]. Scientometrics,2015(1):1057−1081.

发展过程中,需要引入并借助政策调控工具、法律法规保护工具和组织合作章程规范工具,以实现不同组织协同发展的理想状态。阿里·巴哈尼(Ali Bhayani)认为,大学与产业合作的环境建设需要提供具冒险风险的激励措施以及国家有针对性的支持。[①] 琼森·拉尔斯(Jonsson Lars)等认为,对创新组织的支持,需要引入增强学术界与行业互动活动效果的特定政策工具。[②] 穆罕默德·菲亚兹(Muhammad Fiaz)认为,校企联盟及其研发合作的决定性因素主要有 R&D 趋势、R&D 风险和 R&D 促进因素(如国家激励措施)。[③] 冈室博之(Hiroyuki Okamuro)等认为,大学与行业合作是两个不同世界之间的关系,经常会面临严重的冲突,需要引入知识产权政策进行调节。[④] 蒋兴华认为,政府支持以及政府支持下的人事管理制度、协同机制、协同伙伴条件、协同伙伴关系对协同创新绩效均具有显著的正向影响。[⑤] 李明星等认为,政府层面的政策支持与经费支持、区域层面的法律法规完善性与经济发展水平均能够显著提升产学研合作创新绩效。[⑥] 王帮俊等认为,产学研协同创新绩效影响因素中的环境因素主要涉及市场需求水平、科技成果转化水平、知识产权保护和法律法规支持情况等。[⑦]

具体来讲,第一,高校与企业协同发展的政策结构体系是指从中央到地方的同一政策要素纵向联系,以及不同行政部门政策单元之间横向联系所形成的结构体系,主要由基本政策、具体政策和相关政策组成。

① Ali Bhayani. The role of university-industry collaboration in the development of a knowledge economy:Case study of universities in the United Arab Emirates[J]. World Review of Science, Technology and Sustainable Development,2015(2):173-191.

② Jonsson Lars,Baraldi,Larsson Lars-Eric,Baraldi Enrico. A broadened innovation support for mutual benefits:Academic engagement by universities as part of technology transfer[J]. International Journal of Technology Management & Sustainable Development,2015(2):71-91.

③ Muhammad Fiaz. An empirical study of university-industry R&D collaboration in China: Implications for technology in society[J]. Technology in Society,2013(3):191-202.

④ Hiroyuki Okamuro,Junichi Nishimura. Impact of university intellectual property policy on the performance of university-industry research collaboration[J]. The Journal of Technology Transfer,2013(3):273-301.

⑤ 蒋兴华.高校协同创新绩效影响因素研究[J].研究与发展管理,2018(6):138-143.

⑥ 李明星,苏佳璐,胡成,等.跨组织知识转化中的知识增值影响因素研究——基于"互联网+"协同创新[J].科技进步与对策,2019(6):61-69.

⑦ 王帮俊,赵雷英.基于扎根理论的产学研协同创新绩效影响因素分析[J].科技管理研究,2017(11):205-210.

①基本政策是国家推动高校与企业协同发展的宏观性、主导性政策,如产教融合、协同创新、校企合作、产学研合作等,蕴含了决策者的政治诉求和社会价值观,具有层次高、范围广、时间久、权威强和影响大等制度性特征。②具体政策亦称部门政策或方面政策,是针对特定且具体的校企协同发展问题做出的具有明确目标、合理手段、系统路径、主体保障的政策规定,如协同创新中心建设、校企协同育人、高校科技成果转化和校企联盟等,是政府为解决具体问题而给有关部门和组织规定的行动准则。③相关政策具有间接的、隐藏的政策属性,是政策体系中对校企协同发展具有深刻影响的政策内容的统称,从政治、经济、社会、文化等不同政策领域影响和作用于校企协同发展,如政治领域的五大发展理念、经济领域的知识产权制度、文化领域的繁荣哲学社会科学、社会领域的大学生就业等。

第二,法律法规泛指高校与企业协同发展过程中的一切现行有效的、规范性的、带有强制约束力和切实保护力的法律体系、行政法规、司法解释、地方性法律规章、部门规章及其他规范性文件。高校与企业组织协同发展的法律法规主要由行政法规、部门规章、地方性法规和行政规章组成。①行政法规一般以条例、办法、实施细则、规定等形式出现,发布行政法规需要国务院总理签署国务院令,是法律内容具体化的一种主要形式。在高等教育领域中,我国《高等教育法》属于行政法法律,具有行政管理的性质,用于调整政府对高等教育的管理活动以及不平等主体之间的法律关系。②部门规章是国务院所属的各部、委员会根据法律和行政法规制定的规范性文件,主要形式是命令、指示、规定等,如教育部制定的《高等学校章程制定暂行办法》《高等学校本科专业设置规定》《高等学校知识产权保护管理规定》等。可以说,国家机关的行政法规、部门规章的制定及契合实际的修订、更新能够为高校与企业协同发展提供充分必要的法律保障和制度依赖,促使协同发展走向更真实和更高效。③地方性法规和行政规章是指法定的地方国家权力机关依照法定的权限,在不同宪法、法律和行政法规相抵触的前提下,制定和颁布的在本行政区域范围内实施的规范性文件。地方性法规和行政规章体现了地方政府根据本行政区域的具体情况、实际需要的主动作为与创新有为。对高校与企业协同发展而言,在制定地方性法规的过程中,无论是制定执行性的地方性法规,还是在中央尚未立法而先行立法的情况下,都要注意根据本区域的协同创新具体情况和实际需要,有针对性地立法。

5.组织间非制度性因素

组织间非制度性因素主要指与制度相对应的非制度外部环境,一般由地理、价值观、文化氛围、组织间非正式关系等构成。

第一,地理位置的毗邻或邻近成为高校与企业协同发展的先天优势条件。高校与企业之间的协同创新是由各种接近性度量主导的,接近性度量表现为地理意义共存性和自然地理距离。地理邻近能够对高校与企业协同发展的认知、行为、组织、制度和文化产生积极的影响。大量研究表明,特定区域内或一定地理空间界限内的高校与企业更容易发生协同关系,并产生巨大的协同绩效。研究机构与产业之间的地理邻近性对本地创新绩效具有深刻影响。[1] 安东尼奥·梅西尼·佩特鲁佐利(Antonio Messeni Petruzzelli)等认为,大学与企业之间的先天联系和地理距离都与实现更高水平的创新成果正相关。[2] 威廉·阿兰特(William Arant)等认为,大学与行业的伙伴关系和邻近性对创新、知识溢出、创业活动以及区域经济增长和竞争力等具有重要影响。[3] 权基硕(Kwon Ki Seok)等认为,网络、渠道和知识转移的地理邻近性更能刺激非正式知识转移活动。[4] 吴和成等认为,经济邻近性和制度邻近性能

---

① Caroline Paunov,Jose Guimon,Martin Borowiecki,et al. University-industry Collaboration:New Evidence and Policy Options[M]. Paris:OECD Publishing,2019.

② Antonio Messeni Petruzzelli. The impact of technological relatedness, prior ties, and geographical distance on university-industry collaborations:A joint-patent analysis[J]. Technovation,2011(7):309-319.

③ William Arant,Dirk Fornahl,Nils Grashof,et al. University–industry collaborations:The key to radical innovations? [J]. Review of Regional Research,2019(2):119-141.

④ Kwon Ki Seok, Jang Duckhee, Park Han Woo. Network, channel, and geographical proximity of knowledge transfer:The case of university-industry collaboration in South Korea[J]. Asian Journal of Innovation and Policy,2015(2):242-262.

够提升协同创新绩效。①

第二,价值观或价值取向的认知、理解、判断、抉择能够为高校与企业协同发展带来积极的主观能动性导入或正向的先入为主意识。高校学术组织的目标是生产知识和传播知识,而企业经济组织的目标是使用知识并使其产生最大化价值。高校与企业之间的协同发展不仅在研究中而且在教育和职业培训中都容易产生价值冲突,这就需要明确地解决以情感、兴趣和动机为核心的价值取向问题。德·席尔瓦·穆图(De Silva Muthu)等认为,大学与工业界的合作是主观决定因素所起的作用及其对客观协作结果的影响,大学与工业界合作的积极情感评估与其感知收益正相关,即积极的情感评估也可能增加未来合作的可能性。② 赵琪指出,唐纳德(Donald)提出的科研合作益处模型表明,当不同知识领域的专家在一个合作项目上表现出共同的兴趣时,科研成果效益可以达到最大。③ 努鲁·英达蒂(Nurul Indarti)提出了工业界与大学建立联合研究的各种动机,如从大学获得新的想法和知识、改进产品和流程开发、向消费者和供应商提供更好的信息能力以及改进研发活动。④

第三,创新文化是不同组织结构化发展的关键隐性动力,是协同创新所创造和形成的具有特色的、非物质的精神财富,主要由创新信任氛围、创新精神风格等创新环境及其一系列做法组成。如果一个合伙人的文化和道德原则压倒了另一个合伙人的文化和道德原则,那么

① 吴和成,赵培皓.邻近性视角下长三角协同创新绩效影响因素实证研究[J].科技管理研究,2020(7):96-103.

② De Silva Muthu,Rossi Federica,Yip Nick K T,et al. Does affective evaluation matter for the success of university-industry collaborations? A sentiment analysis of university-industry collaborative project reports[J]. Technological Forecasting and Social Change, 2020: 120473-120488.

③ 赵琪.跨界合作提升知识生产力[N].中国社会科学报,2020-09-16.

④ Nurul Indarti, Fathul Wahid. How do Indonesian industries perceive university-industry collaboration? Motivations,benefits and problems[J]. International Journal of Technology Transfer and Commercialisation,2013(1/2/3):157-171.

大学与产业之间的关系就有风险。① 因此,维持不同组织的动态平衡需要塑造高校与企业协同发展创新文化。在产学研协同发展的"三螺旋"模式中,政府注重经济社会发展,大学注重知识生产,企业注重利润获取,它们代表了 3 种不同取向的文化内涵,为了促进协同创新必须理解三者文化的复杂性。已有研究表明,彼此信任、创新网络风格和精神尤其是企业家精神是高校与行业企业协同发展的重要基础。①在组织间的信任氛围方面,信任是涉及交易或交换关系的前提基础。索菲·维勒(Sophie Veilleux)等认为,大学与行业合作项目中注入更强的信任氛围将有助于项目实现并进一步推动创新生态系统、整个经济和整个社会的发展。② 塞达·特梅尔(Serdal Temel)等认为,大学与产业之间的创新合作需要建立信任意识和提高参与度。③ 图拉·莱蒂马基(Tuula Lehtirnäki)等认为,协同创新通常发生在可信任的长期关系中。④ 陈伟等认为,产学研协同创新共享行为关键环节之一就是彼此信任。⑤ ②在组织间创新网络的风格与精神方面,风格精神是创新实施者的独特内容与外显形式的统一。海顿·琼斯(Haydn Jones)认为,创新网络的风格和精神对于其成功发展创新文化以及发展和维护参与者的利益至关重要。⑥ 杰伊·米特拉(Jay Mitra)等认为,企业家精神使得行业企业与大学合作关系变得越来越紧密。⑦

---

① Annetine C Gelijns, Samuel O. Thier. Medical innovation and institutional interdependence: Rethinking university-industry connections [J]. JAMA: The Journal of the American Medical Association, 2002(1):72-77.

② Sophie Veilleux, Johanne Queenton. Accelerating the pace innovation through university-industry collaboration enhancement: in search of mutual benefits and trust building[J]. Journal of International Management Studies, 2015(2):415-458.

③ Serdal Temel, Brian Glassman. Examining university-industry collaboration as a source of innovation in the emerging economy of Turkey[J]. International Journal of Innovation Science, 2013 (1):81-88.

④ Tuula Lehtimäki, Hanna Komulainen, Minna Oinonen, et al. The value of long-term co-innovation relationships: Experiential approach[J]. International Journal of Business Innovation and Research, 2018(1):1-23.

⑤ 陈伟,王秀锋,曲慧,等.产学研协同创新共享行为影响因素研究[J].管理评论,2020(11):92-101.

⑥ Haydn Jones, Sarah Jenkins. Networking for innovation in South Wales[J]. Industry and Higher Education, 1999(1):65-71.

⑦ Jay Mitra, John Edmondson. Entrepreneurship and Knowledge Exchange [M]. Abingdon Oxfordshire: Taylor and Francis, 2015.

第四,组织之间的非正式关系具有扩大高校与企业协同发展的"无差别圈"作用。高校与行业企业协同创新的非正式组织关系是一种松散的、没有正式规定的组织间群体或个体的自发行动机制,能够促进信息及时传递、交流与无障碍沟通。西里波恩·皮塔雅索丰(Siriporn Pittayasophon)等认为,随机的、零散的、琐碎的非正式合作确实会对组织间的协同创新产生重大影响。[①] 哈特纳-蒂芬塔尔(Hartner-Tiefenthaler)等认为,关系不确定性和认识论不确定性这两种形式都与知识创造过程有关,并在协作知识创造情况下充当驱动力。[②] 巴乔(Bagyo)等认为,大学可利用的制度框架的不确定性驱使学者们单独而不是从制度上发展与行业的伙伴关系。[③] 曼努埃尔·费尔南德斯-埃斯奎纳斯(Manuel Fernández-Esquinas)等认为,公司可以在协作研究项目、专利、衍生产品的创建、开展咨询和专业培训等各方面,开展与大学非正式关系的互动。[④]

6.组织间协同运筹性因素

组织间协同运筹性因素主要指校企协同创新场域的组织模式、管理体制和运行机制。

第一,协同创新组织模式是各个主体在协同创新过程中的地位、功能、作用及其创新要素的结构形式。目前,国外大学协同创新已经形成大学科技园、企业孵化器、合作研究中心、契约合作研究、咨询协议、技术入股合作和大学衍生企业等多样化模式。我国大学协同创新模式主要以契约型协同模式(如跨组织合作协议、委托研究合同、项目科研成果转化条款、组织合作章程等)、供需衔接型协同模式(如协同育人、现代产业

① Siriporn Pittayasophon, Patarapong Intarakumnerd, Koichi Sumikura, et al. Firm characteristics and modes of university-industry collaboration[J]. STI Policy Review,2016(1):17-39.

② Hartner-Tiefenthaler, K. Roetzer, G. Bottaro, et al. When relational and epistemological uncertainty act as driving forces in collaborative knowledge creation processes among university students [J]. Thinking Skills and Creativity,2018(28):21-40.

③ Bagyo Y, Moeliodihardjo, Biemo W. Soemardi, Satryo S. Brodjonegoro, et al. University, industry, and government partnership: Its present and future challenges in indonesia[J]. Procedia-Social and Behavioral Sciences,2012(52):307-316.

④ Manuel Fernández-Esquinas, Hugo Pinto, Manuel Pérez Yruela, et al. Tracing the flows of knowledge transfer: Latent dimensions and determinants of university-industry interactions in peripheral innovation systems[J]. Technological Forecasting & Social Change,2016(113):266-279.

学院、大学科技园、协同创新中心、协同创新基地、"校—企"研究院、
"校—地"研究院等)和战略型协同模式(如校企联盟、产学研战略联盟、
创新战略联盟等)为代表。具体来讲,①从建设主体的地位与作用看,可
分为政府推动型、高校主导型、企业主导型、科研院所主导型、多主体联
建型和共建型等模式。[①] ②从跨组织管理看,可分为项目式、共建式、实
体式、联盟式及虚拟式等模式。[②] ③从主体间的联结程度看,可分为技
术转让、委托研究、联合攻关、内部一体化和共建研究实体机构等模
式。[③] ④从多主体的合作研发看,既可以分为战略联盟、专利合作、研发
外包和要素转移等模式[④],也可以分为技术协同、中试协同和生产协同
等模式[⑤]。

　　第二,协同创新管理体制是协同创新管理系统的结构准则和组成
方式,即政府、高校和企业等具有层级关系的主体在协同创新活动中
的各自管理范围、权限职责、利益及相互关系。其核心是协同创新管
理机构的分层设置、各层次管理机构的职权分配以及同层次管理机构
之间的相互协调。具体来讲,①协同创新管理机构的分层设置需要立
足于政府部门和高校协同创新实体两个层面,政府部门设置协同创新
管理机构,能够突破大学与企业的条块分割、各自为战的行政隶属关
系界限,促使政府主动担负起对协同创新的统筹管理、战略规划和绩
效评估的外部主体责任。高校协同创新中心、基地等实体通过建立理
事会、委员会等管理机构,能够充分调动各方创新资源,形成创新资源
的互补和整合效应。②各层次管理机构的职权分配应着眼于权力重
心下移,即政府的协同创新管理机构要做好简政放权,注重战略领导
和质量监控的制度权力建设,为协同创新提供充分的外部保障;政府

　　① 张振海,陈红喜.江苏产学研合作模式选择研究[J].江苏高教,2010(4):48-50.
　　② 王章豹,韩依洲,洪天求.产学研协同创新组织模式及其优劣势分析[J].科技进步与对策,
2015(2):24-29.
　　③ 鲁若愚,张鹏,张红琪.产学研合作创新模式研究——基于广东省部合作创新实践的研究
[J].科学学研究,2012(2):186-193.
　　④ 解学梅,刘丝雨.协同创新模式对协同效应与创新绩效的影响机理[J].管理科学,2015
(2):27-39.
　　⑤ 谢宗晓,林润辉,李康宏,等.协同对象、协同模式与创新绩效——基于国家工程技术研究
中心的实证研究[J].科学学与科学技术管理,2015(1):63-74.

应进一步扩大和落实高校协同创新管理机构的自主管理权,尤其在人事管理权、经费使用权和资源获取权等方面充分放权、赋权。③同层次协同创新管理机构之间需要相互配合及支持,尤其是政府不同部门的协同创新管理机构需要形成政策、制度的供给合力,如发展改革、财政和人社等政府部门通过对协同创新参与企业施行税费减免、经费补贴、岗位扩编、领导考核等优惠与激励政策,充分激活参与协同创新主体的积极性与能动性。

第三,协同创新运行机制是协同创新参与主体如何发挥协同功能和产生协同创新效益的逻辑联系、作用机理、作用过程及其运行方式,是决定创新绩效的核心。简言之,协同创新运行机制是关于如何创新的方法和手段的系统问题,重点在于主体利益分享机制、研发风险分担机制、创新资源共享机制、供需信息交流机制和服务平台建设机制。具体来讲,①利益分享机制是协同创新活动的事前契约或前提条件,主要解决创新主体之间的创新收益合理化分配问题,即分什么和如何分。安卡·德拉吉西(Anca Draghici)等提出了一种用于测试和验证大学与行业合作的绩效评估模型,该模型的成功因素是已确定的利益、合作动机和知识转移渠道,并减少或避免可能干扰此类合作的潜在威胁和障碍。① 埃里·苏普里亚迪(Ery Supriyadi)认为,协同创新的凝聚力建立在对参与者的认识、实现需求的个人利益和机构的利益基础之上。② 张力认为,促进协同创新稳定发展的根本机制在于各主体之间的利益协调。③ ②风险分担机制指的是为了避免研发风险发生的未知性及风险损失的不确定性,需要对协同创新的各种风险潜在要素以事前契约形式,在参与者之间进行责任分配,以此减小协同创新风险发生概率,降低风险发生后造成的损失和风险管理成本。莉兹·富洛普(Liz Fulop)等认为,大学有必要制定

① Anca Draghici, Larisa Ivascu, Adrian Mateescu, et al. A proposed model for measuring performance of the university-industry collaboration in open innovation[J]. International Journal of Management,Knowledge and Learning,2017(1):53 – 76.

② Ery Supriyadi. Local economic development and triple helix:Lesson learned from role of universities in higher education town of Jatinangor, West Java, Indonesia[J]. Procedia-Social and Behavioral Sciences,2012:299 – 306.

③ 张力.产学研协同创新的战略意义和政策走向[J].教育研究,2011(7):18 – 21.

全面的政策,以管理商业化风险以及与行业合作伙伴进行研发合作的风险。[1] 埃里斯曼·多米尼克(Ehrismann Dominic)等认为,组织协同合作需要理解和尊重彼此的组织文化,考虑商业议程的风险平均分担和回报。[2] 李祖超等认为,协同创新参与各方应在合作前建立风险分担机制并完善利益分配标准。[3] ③资源共享机制对协同创新主体所拥有的各类创新资源进行整合,从而摆脱创新资源稀缺性和有限性的束缚,实现创新资源的最大化利用,充分释放集成创新效应。协同创新资源共享机制是为了实现各种物质资源的结构化嵌入,其重点在于建立创新人才的培育机制、流动机制、激励机制和评价机制,以及重大科研仪器设备的共建共享机制。王聪等认为,区域协同创新网络本质上是属地人才聚集所形成的复杂关系的集合。[4] 易高峰等根据战略性新兴产业的特点,提出协同创新应打造"研发平台—科研团队—技术创新"的三重互动机制。[5] 山鸣峰等认为,协同创新应以项目切入为重点,构建共享平台,创新人才激励机制。[6] 国家首批 14 家大学协同创新中心的多案例研究进一步表明,以重大项目为牵引的人才聘用模式和动态管理机制创新,以及人才考评机制改革和跨组织人才队伍结构优化已成为推动协同创新走向更深入和更真实的重要发力点。[7] ④信息交流机制是协同创新主体对彼此诉求的及时传递和无缝对接,借助线上线下相结合的方式及多样途径,帮助协同创新双方进行科学决策,促进大学学术组织与企业经济组织加强横向经济联系、掌握市场动态与调节供需平衡,使得

① Liz Fulop,Paul K. Couchman. Facing up to the risks in commercially focused university-industry R&D partnerships[J]. Higher Education Research & Development,2007(2):163－177.

② Ehrismann Dominic,Patel Dhavalkumar. University-industry collaborations:Models,drivers and cultures[J]. Schweizerische Medizinische Wochenschrift,2015:w14086.

③ 李祖超,梁春晓.协同创新运行机制探析——基于高校创新主体的视角[J].中国高教研究,2012(7):81－84.

④ 王聪,周立群,朱先奇,等.基于人才聚集效应的区域协同创新网络研究[J].科研管理,2017(11):27－37.

⑤ 易高峰,邹晓东.面向战略性新兴产业的产学研用协同创新平台研究[J].高等工程教育研究,2015(2):39－43.

⑥ 山鸣峰,马君.高校协同创新的有效运行机制和驱动力研究[J].复旦教育论坛,2013(4):64－68.

⑦ 李晨,吴伟,韩旭.以体制机制改革激发创新活力——国家首批 14 家协同创新中心案例综述[J].高等工程教育研究,2015(2):34－38.

协同创新在人才培养和科学研究方面更具互联性、互通性、互动性及真实可靠性。刘金存认为,需要在协同创新中建立重大事务的衔接和磋商、重要领域的交流和协商、重点项目的对接与会商等工作机制。[①]⑤公共平台服务机制借助线上线下和互联网+协同创新的新模式,推动实体服务和虚拟服务两种类型平台的培育建设与功能优化。从已有研究成果看,实体服务平台包括技术服务中心、技术转移中心、法律服务公益机构等专业性公共服务机构,虚拟服务平台包括科技管理信息系统平台、产品与技术交易平台、科技企业孵化器平台等多样化的基于互联网的功能性平台。

二、关键影响因素的指标体系建构

(一)关键影响因素的整体性说明

本书基于系统的理论分析,将影响区域内高校与战略性新兴产业协同发展的关键要素分为组织层面因素和组织间层面因素两个维度。其中,组织层面因素主要包括组织准备性因素、组织渗透性因素和组织实体基础性因素。组织间层面因素主要包括组织间制度性因素、组织间非制度性因素和组织间协同运筹性因素。

(1)组织准备性因素主要由企业生产力准备性因素和高校功能准备性因素2项一级指标,以及企业员工培训、企业参与高校人才培养过程、高校人才培养体系、高校创新创业教育、校企产教融合与协同育人、高校学科专业结构等6项二级指标组成。

(2)组织渗透性因素主要由企业生产力渗透性因素和高校功能渗透性因素2项一级指标,以及企业的科学技术研发水平、企业的科学技术应用能力、企业的科学技术需求、高校科研成果转化、高校跨学科科研行为、高校科研战略领导、高校科研评价改革等7项二级指标组成。

---

① 刘金存.共商共决、联动协同:"政校合作"运行机制创新探索[J].江苏高教,2013(1):64-68.

（3）组织实体基础性因素主要由企业生产力创新实体性因素和高校创新基础性因素 2 项一级指标，以及企业生产与研发的劳动力投入、企业的科学技术 R&D 经费投入、企业的先进生产工具投入与使用、企业的重大研究与试验平台建设、高校的科研人力投入、高校的 R&D 经费投入、高校的创新基础设施建设、高校的创新载体建设等 8 项二级指标组成。

（4）组织间制度性因素主要由政策结构体系因素和法律法规体系因素 2 项一级指标，以及国家宏观的基本政策、国家部委的具体政策、其他政策中的相关内容、国家领导机关的统领性行政法规、国家部委的具体性部门规章、地方政府的地方性法规和行政规章等 6 项二级指标组成。

（5）组织间非制度性因素主要由地理邻近因素、价值观因素、创新文化因素、非正式关系因素 4 项一级指标，以及高校与企业在地理空间的位置关系、高校与企业共同存在于新兴经济体中、校企合作情感、校企合作兴趣、校企合作动机、创新信任氛围、创新精神风格、群体与群体间关系、个体与个体间关系等 9 项二级指标组成。

（6）组织间协同运筹性因素主要由协同模式因素、管理体制因素、运行机制因素 3 项一级指标，以及契约型协同模式、供需衔接型协同模式、战略型协同模式、管理机构的分层设置、各层次管理机构的职权分配、同层次管理机构的相互配合、主体利益分享机制、研发风险分担机制、创新资源共享机制、供需信息交流机制、公共平台服务机制 11 项二级指标组成。

（二）关键影响因素的结构框架及具体指标构成

影响区域内高校与战略性新兴产业协同发展的关键因素主要由 15 项一级指标及其相应的 47 项二级指标构成，见表 3-1。

表 3-1　区域内高校与战略性新兴产业协同发展的影响因素指标体系

影响因素构成维度	一级指标	二级指标
组织准备性因素	企业生产力准备性因素	企业员工培训
		企业参与高校人才培养过程
	高校功能准备性因素	高校人才培养体系
		高校创新创业教育
		校企产教融合与协同育人
		高校学科专业结构
组织渗透性因素	企业生产力渗透性因素	企业的科学技术研发水平
		企业的科学技术应用能力
		企业的科学技术需求
	高校功能渗透性因素	高校科研成果转化
		高校跨学科科研行为
		高校科研战略领导
		高校科研评价改革
组织实体基础性因素	企业生产力创新实体性因素	企业生产与研发的劳动力投入
		企业的科学技术 R&D 经费投入
		企业的先进生产工具投入与使用
		企业的重大研究与试验平台建设
	高校创新基础性因素	高校的科研人力投入
		高校的 R&D 经费投入
		高校的创新基础设施建设
		高校的创新载体建设
组织间制度性因素	政策结构体系因素	国家宏观的基本政策
		国家部委的具体政策
		其他政策中的相关内容
	法律法规体系因素	国家领导机关的统领性行政法规
		国家部委的具体性部门规章
		地方政府的地方性法规和行政规章

续表

影响因素构成维度	一级指标	二级指标
组织间非制度性因素	地理邻近因素	高校与企业在地理空间的位置关系
		高校与企业共同存在于新兴经济体
	价值观因素	校企合作情感
		校企合作兴趣
		校企合作动机
	创新文化因素	创新信任氛围
		创新精神风格
	非正式关系因素	群体与群体间关系
		个体与个体间关系
组织间协同运筹性因素	协同模式因素	契约型协同模式
		供需衔接型协同模式
		战略型协同模式
	管理体制因素	管理机构的分层设置
		各层次管理机构的职权分配
		同层次管理机构的相互配合
	运行机制因素	主体利益分享机制
		研发风险分担机制
		创新资源共享机制
		供需信息交流机制
		公共平台服务机制

第二节　关键影响因素的合理性分析

一、研究方法

(一)德尔菲法

德尔菲法(Delphi method)是一种适用范围广的预测和评价方法,

即根据研究问题,选择相关学科领域的专家,用征询意见等形式向专家咨询,以获得研究问题相关信息的方法。[①] 实施专家咨询的目的是对初步构建的影响因素指标体系及其具体条目进行优化、筛选,对不合理或有争议的指标进行适当调整,科学剔除非重要指标,增补缺漏必要指标。

1.专家选择标准

一是从事高等教育相关领域研究;二是具有 8 年以上教学管理工作经验;三是对战略性新兴产业发展较为了解;四是对本研究感兴趣,并且愿意配合专家咨询。

2.专家咨询的具体工作

一是删减、增加、修改指标体系,专家根据专业知识与经验对各指标进行评分并给出相应的增加、删减或修改意见;二是对指标体系进行修改,并再次发放给专家,进行第二轮征询,直到专家对所有指标意见基本统一;三是请专家依次对各项指标的重要性两两比较评分。

(二)层次分析法

层次分析法(AHP)是一种多目标决策分析方法,结合了定性与定量分析。主要步骤是将一个目标分解为多个子目标,再下分若干要素,比较两个指标之间的相对重要性并对其进行判断,构造判断矩阵,然后得出权重。具体步骤如下。

1.计算单项指标重要程度

单项指标重要程度,即专家评分的算术平均数,是构建判断矩阵的依据。评分标准参照萨蒂(Saaty)的 9 级分制模糊评价标准,见表 3-2。

表 3-2　评分标准

标度 a_{ij}	含义
1	两个因素一样重要
3	因素 i 比 j 稍微重要
5	因素 i 比 j 重要

---

① 卢小宾.信息分析概论[M].北京:电子工业出版社,2014:134-136.

标度 a_{ij}	含义
7	因素 i 比 j 重要得多
9	因素 i 与 j 相比极为重要
2,4	(1,3;2,5)判断中间值
6,8	(5,7;7,9)判断中间值
倒数	$a_{ji} = 1/a_{ij}$

2.构建判断矩阵计算单项指标权重

单项因素指标的权重是底层指标相对于总目标权重值的中间值。单项指标评分均值代表重要程度。本书构建了指标间的判断矩阵,然后计算指标的权重。由于单项指标权重的计算涉及大量的矩阵,为了计算的准确性,本书中的单项指标权重计算均借助 yaahp 软件,判断矩阵及权重见表 3-3。其中,指标用 $A_1,A_2,\cdots,A_n$ 表示,单项指标相对重要程度用 $P_1,P_2,\cdots,P_n$ 表示。需要注意的是,在构造判断矩阵计算各权重时,需进行一致性检验,判断专家打分是否合理:若一致性比率(CR)小于 0.1),认为判断矩阵计算出的权重值是合理的;否则,需要对判断矩阵中各项取值进行修正。

表 3-3　判断矩阵及指标权重

指标	A_1	A_2	$\cdots$	A_n	指标权重 W
A_1	1	P_{12}	$\cdots$	P_{1n}	$\cdots$
A_2	$1/P_{12}$	1	$\cdots$	P_{2n}	$\cdots$
$\vdots$	$\vdots$	$\vdots$	$\vdots$	$\vdots$	$\vdots$
A_n	$1/P_{1n}$	$1/P_{2n}$	$\cdots$	1	$\cdots$

3.计算指标相对权重

指标相对权重是层次分析模型中的底层指标相对于总目标的最终权重,计算方法为一层单项指标权重值与二层单项指标权重相乘,可以表示为

$$W_{ij} = W_i \times W_j \qquad (1)$$

其中，W_{ij} 代表指标相对权重，表示 i 指标的下层 j 指标的相对权重。W_i 为上层单项指标的权重；W_j 为下层单项指标的权重。

二、研究设计

（一）专家构成情况

参加问卷咨询的专家共计 31 人，主要来自"双一流"大学、行业特色型大学、地方院校以及教育科研机构。其中，"双一流"大学包括武汉大学、华中科技大学、哈尔滨工程大学、吉林大学、大连理工大学、郑州大学、大连海事大学和辽宁大学 8 所高校。行业特色型大学主要包括中国医科大学、大连医科大学、沈阳药科大学、沈阳工业大学、沈阳农业大学、沈阳建筑大学、沈阳航空航天大学、沈阳化工大学、辽宁石油化工大学、大连交通大学、大连工业大学和辽宁科技学院 12 所高校。地方院校主要包括广西师范大学、山西师范大学、沈阳师范大学、大连大学、洛阳师范学院 5 所高校。教育科研机构主要是辽宁教育学院。

专家具体结构：年龄范围为 33—55 岁；工作年限为 8~34 年；硕士10 名（32.26%），博士 21 名（67.74%）；中级职称 4 名（12.90%），副高级职称 19 名（61.29%），正高级职称 8 名（25.81%）；学科领域为医学 4 名（12.90%），教育学 23 名（74.19%），管理学 11 名（35.48%），经济学 1名（3.23%），详见表 3-4。

表 3-4 专家构成情况

项目	分类	例数	百分比/%
年龄	33—39 岁	10	32.26
	40—49 岁	15	48.39
	50—55 岁	6	19.35
工作年限	8~14 年	14	45.16
	15~24 年	8	25.81
	25~34 年	9	29.03

续表

项目	分类	例数	百分比/％
学历	硕士	10	32.26
	博士	21	67.74
职称	中级	4	12.90
	副高级	19	61.29
	正高级	8	25.81
学科领域	医学	4	12.90
	教育学	23	74.19
	管理学	11	35.48
	经济学	1	3.23

（二）专家咨询问卷设计

专家咨询问卷包括 3 个部分。第一部分为致专家信，简要介绍研究内容、目的与方法。第二部分为专家基本情况，收集专家基本资料，包括性别、年龄、学历、职称、工作年限等。第三部分为专家评分表，专家需要对各指标的重要程度、熟悉程度、判断依据进行评价，重要程度采用 Likert 5 级评分法，如果专家对某项指标评分越高，则表示专家认为该指标在关键影响因素指标体系中越重要，"1"表示"非常不重要"，"5"表示"非常重要"。此外，在熟悉程度中，"1"表示"很不熟悉"，"5"表示"很熟悉"；在判断依据中，"1"表示"影响较小"，"3"表示"影响大"（见表 3-5）。问卷设置意见修改处，供专家对指标提出修改意见或建议。

表 3-5　熟悉程度及专家判断依据赋值

赋值指标	级别	赋值
熟悉程度	很熟悉	0.9
	熟悉	0.7
	比较熟悉	0.5
	一般熟悉	0.4
	很不熟悉	0.3

续表

赋值指标	级别	赋值
	实践经验影响大	0.5
	实践经验影响中等	0.4
	实践经验影响小	0.3
	理论分析影响大	0.3
	理论分析影响中等	0.2
判断依据	理论分析影响小	0.1
	个人直觉影响大	0.1
	个人直觉影响中等	0.1
	个人直觉影响小	0.1
	对国内外同行的了解影响大	0.1
	对国内外同行的了解影响中等	0.1
	对国内外同行的了解影响小	0.1

（三）指标入选标准

指标入选标准为：重要程度均值不小于 4.0，变异系数（CV）不大于 0.25，满分率大于 20％。若这 3 个标准同时不满足则予以剔除；若有一个或两个不符合，则结合专家修改意见来取舍。若有专家提出增设指标，则按照已确定的评分方式进入下一轮专家咨询。所有指标和条目的增删、修订均在课题组督导与共同商议的前提下进行。

（四）评价参数

专家积极系数：反映专家对参与研究的意愿和支持度。问卷的有效回收率可反映专家的积极性。其数值大小表示专家对课题的关注程度，一般来说，如果达到 70％以上，说明专家的积极性很好。

专家的权威程度：用专家权威系数（C_r）表示，C_r 与判断系数（C_a）和熟悉程度系数（C_s）有关，

$$C_r = (C_a + C_s)/2 \qquad (2)$$

专家意见的集中程度：用专家对各项指标的重要程度评分的均值、标准差和满分频率表示。重要程度评分的算术平均数和满分频率越大，同时标

准差越小,则说明该指标越重要,即咨询专家对该指标的意见越集中。

专家意见协调程度:用变异系数(CV)和 Kendall 协调系数(W)表示。变异系数的范围代表专家对指标重要程度评分的整体波动情况,反映所有专家对指标重要性评分的波动程度,值越小,说明专家意见越一致。W 表示专家对于指标的重要程度评分的统一性,数值范围应该为 0～1,值越大,表示协调程度越好。

三、研究过程

本书共进行 3 轮专家咨询,参与人数分别为 17、20 和 20。第一轮和第二轮专家咨询的目的是确定影响区域内高校与战略性新兴产业协同发展的关键因素,第三轮专家咨询的目的是赋予各项关键影响因素权重。其中,在第一轮专家咨询中,向专家介绍研究内容与目的、填表要求、问卷回收时间等,并告知我们的邮箱、电话等联系方式,以便与专家及时沟通。请专家通过咨询问卷评估各级指标的重要性,并根据自身专长及知识经验提出对评估指标的补充或删改意见。问卷回收前,主动联系并提醒专家问卷回收时间,协调问卷回收地点,征得专家同意后收取问卷。对于收回的问卷,对数据进行整理,就专家反馈结果开展课题组研讨会。在意见一致后,对原有问卷进行修订。第二轮专家咨询内容与第一轮基本一致,但在其基础上增加了第一轮专家咨询的分析结果,将整理完成的第二轮专家咨询问卷再次发放、回收后,对咨询结果进行整理分析,最终确定区域内高校与战略性新兴产业协同发展的关键影响因素指标体系。每轮专家咨询的时间间隔为 1～2 周。在电话沟通专家是否愿意参与的前提下,通过电子邮件发放电子版问卷。

四、研究结果及讨论

(一)专家咨询结果及有效性分析

1.专家积极性

3 轮专家咨询问卷有效回收率分别为 76.47%(13/17)、85.00%(17/20)和 85.00%(17/20),均大于 70%,说明专家对此项研究的积极性较高。

2.专家权威程度

2轮专家咨询的权威系数均大于0.70。一般认为，$C_r \geqslant 0.7$ 为可接受，$C_r \geqslant 0.8$ 则表示专家对咨询的内容把握大.由此可见,本书选取的专家权威程度较高,有效地保障了咨询内容的科学性与可靠性,见表3-6。

表3-6　专家权威程度

专家咨询	判断系数 C_a	熟悉程度 C_s	权威系数 C_r
第一轮	0.901	0.765	0.833
第二轮	0.860	0.629	0.745

3.专家意见的集中程度

在第一轮专家咨询中：一级指标的重要程度评分均值为4.000～4.615,标准差为0.660～1.044,满分频率为0.077～0.385；二级指标的重要程度评分均值为3.538～4.846,标准差为0.258～1.246,满分频率为0.077～0.538。在第二轮专家咨询中：一级指标的重要程度评分均值为4.000～4.765,标准差为0.437～1.033之间,满分频率在0.353～0.824；二级指标的重要程度评分均值为4.000～4.824,标准差为0.470～1.015,满分频率为0.353～0.882。

4.专家意见的协调程度

在第一轮专家咨询中,一级指标变异系数0.148～0.250,二级指标变异系数0.077～0.284；在第二轮专家咨询中,一级指标的变异系数为0.125～0.244,二级指标变异系数为0.100～0.243。两轮专家咨询的 W 值,经过显著性检验,结果均有统计学意义（$p \leqslant 0.05$）,见表3-7。

表3-7　两轮专家咨询的协调程度及检验结果

专家咨询	W	χ^2	df	p
第一轮	0.143	113.390	61	0.000
第二轮	0.106	107.978	60	0.000

（二）关键影响因素指标体系的筛选及修订情况

1.第一轮专家咨询结果及关键影响因素条目增减情况

在第一轮专家咨询中,一级指标的重要程度评分均值均大于4.0,

变异系数均小于 0.25,结合专家意见未删除一级指标。二级指标的重要程度评分均值为 3.538～4.846,变异系数的范围为 0.077～0.284。在二级指标评分中,变异系数大于 0.25 的指标有"其他政策中的相关内容",其变异系数为 0.257;重要程度评分均值小于 4 的指标有"校企合作情感",其重要程度评分均值为 3.923;重要程度评分均值小于 4 且变异系数大于 0.25 的指标有"高校与企业共同存在于新兴经济体""个体与个体间关系"。根据指标筛选的纳入标准及信效度检验结果,经过专家咨询结果反馈与文字性建议,决定将"地理邻近因素"1 项一级指标和"高校与企业共同存在于新兴经济体中""个体与个体间关系"2 项二级指标删除,保留专家建议删除的"其他政策中的相关内容"与"校企合作情感"2 项二级指标,并且将一级指标"地理邻近因素"下的二级指标"高校与企业在地理空间的位置关系"并入一级指标"非正式关系因素"下的二级指标。同时,在"协同模式因素"一级指标下增加"实体型协同模式"二级指标。综上所述,结合专家咨询意见,参照问卷参数数据,第一轮专家咨询最终删减一级指标 1 项,删减二级指标 2 项,调整二级指标 1 项,增加二级指标 1 项。

2.第二轮专家咨询结果及关键影响因素条目的再次增减情况

第二轮专家咨询后,一级指标与二级指标均未进行删减与增设。第二轮专家咨询中一级、二级指标的重要程度评分均值均大于 4,变异系数均低于 0.25,满分率均高于 20%,结合专家意见未删减一级指标与二级指标。整合第一轮与第二轮专家意见后,形成区域内高校与战略性新兴产业协同发展的关键影响因素指标体系,共有 14 项一级指标,46 项二级指标。

(三)关键影响因素指标体系的模型建构

1.模型建构

根据 2 轮专家咨询所确定的最终指标体系,运用 yaahp 软件绘制区域内高校与战略性新兴产业协同发展的关键影响因素分层模型(见图 3-1)。

企业成产力准备性因素
- 企业员工培训
- 企业参与高校人才培养过程

高校功能准备性因素
- 高校人才培养体系
- 高校创新创业教育
- 校企产教融合与协同育人
- 高校学科专业结构

企业生产力渗透性因素
- 企业的科学技术研发水平
- 企业的科学技术应用能力
- 企业的科学技术需求

高校功能渗透性因素
- 高校科研成果转化
- 企业生产力创新实体性因素
- 高校科研战略领导
- 高校科研评价改革

企业生产力创新实体性因素
- 企业生产与研发的劳动力投入
- 企业的科学技术R&D经费投入
- 企业的先进生产工具投入与使用
- 企业的重大研究与试验平台建设

高校创新基础性因素
- 高校的科研人力投入
- 高校的R&D经费投入
- 高校的创新基础设施建设
- 高校的创新载体建设

政策结构体系因素
- 国家宏观的基本政策
- 国家部委的具体政策
- 其他政策中的相关内容

法律法规体系因素
- 国家领导机关的统领性行政法规
- 国家部委的具体性部门规章
- 地方政府的地方性法规和行政规章

价值观因素
- 校企合作情感
- 校企合作兴趣
- 校企合作动机

创新文化因素
- 创新信任氛围
- 创新精神风格

非正式关系因素
- 高校与企业在地理空间的位置关系
- 群体与群体间关系

协同模式因素
- 契约型协同模式
- 供需衔接型协同模式
- 实体型协同模式
- 战略型协同模式

管理体制因素
- 管理机构的分层设置
- 各层次管理机构的职权分配
- 同层次管理机构的相互配合

运行机制因素
- 主体利益分享机制
- 研发风险承担机制
- 创新资源共享机制
- 供需信息交流机制
- 公共平台服务机制

（区域内高校与战略性新兴产业协同发展的关键影响因素分析）

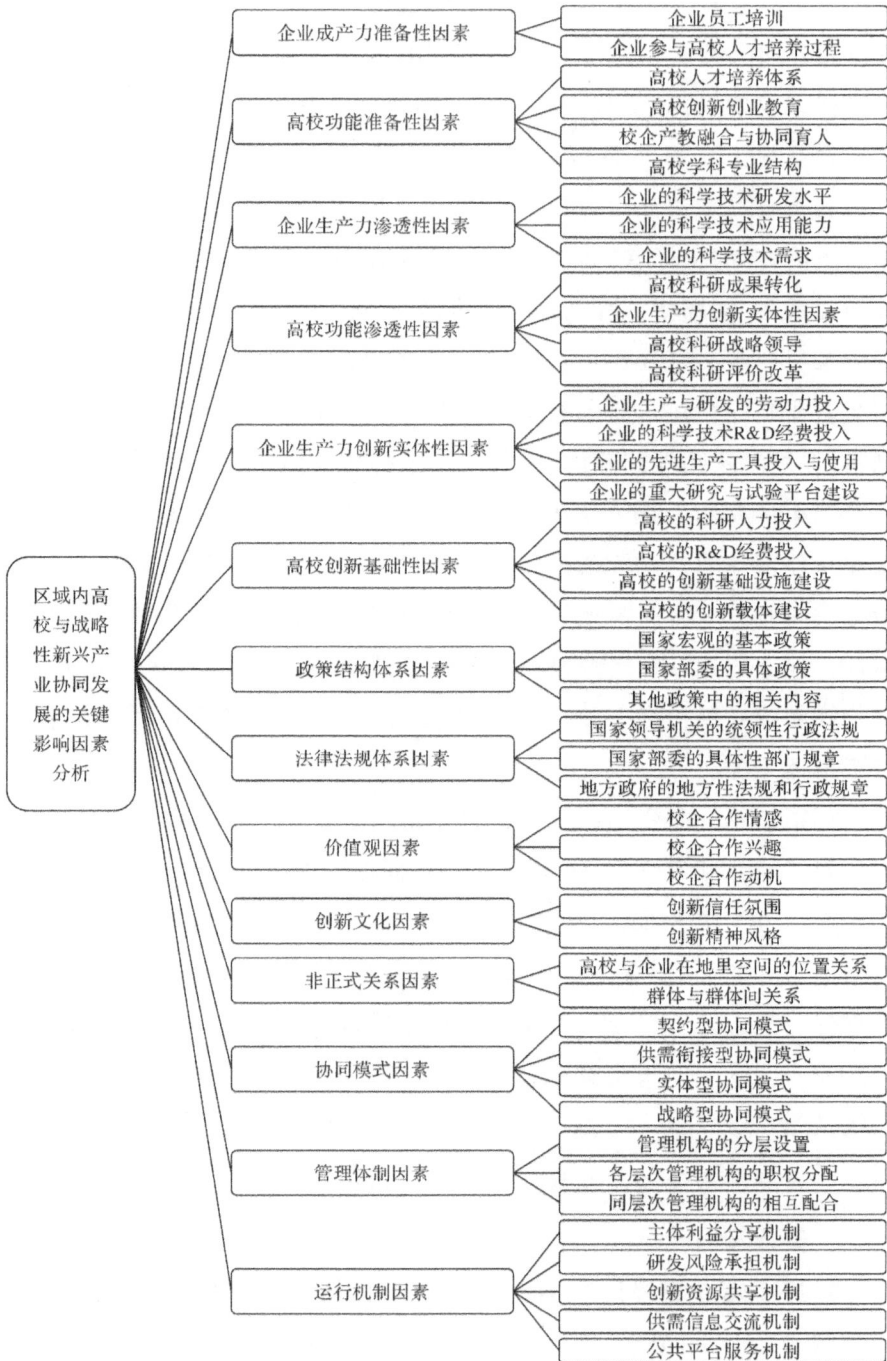

图 3-1　区域内高校与战略性新兴产业协同发展的关键影响因素的初始模型

2. 指标权重计算

将关键影响因素的指标依次编为 $A_i(i=1,2,\cdots,n)$，A_i 的下层指标编为 $a_{ij}(i,j=1,2,\cdots,n)$。例如，一级指标"企业生产力准备性因素"用 A_1 表示，其二级指标"企业员工培训"用 a_{11} 表示，"企业参与高校人才培养过程"用 a_{12} 表示。收回相对重要性的调查问卷之后，运用 yaahp 软件，在已构建的区域内高校与战略性新兴产业协同发展的关键影响因素模型中导入专家返回的问卷，计算权重，并检验一致性，若未满足 CR 小于 0.1，则通过软件进行修正，结果见表 3-8—表 3-22。

表 3-8　关键影响因素的一级指标组间判断矩阵及权重

一级指标	A_1	A_2	A_3	A_4	A_5	A_6	A_7	A_8	A_9	A_{10}	A_{11}	A_{12}	A_{13}	A_{14}	W_i
A_1	1.0000	0.4314	0.4608	0.6765	0.2990	0.4706	0.3627	0.3296	0.3431	0.3431	1.6095	0.2598	0.2745	0.2059	0.0262
A_2	2.3182	1.0000	0.6765	0.3088	0.5882	0.7647	0.3092	0.5588	0.7684	0.6765	1.5294	0.3333	0.2598	0.3824	0.0379
A_3	2.1702	1.4783	1.0000	1.7114	0.5000	2.9412	0.9118	1.0588	0.8529	0.6765	2.4706	0.3186	0.4412	0.3529	0.0608
A_4	1.4783	3.2381	0.5843	1.0000	1.2941	1.5882	0.7647	0.8824	0.7353	0.8529	2.4706	0.4510	0.3235	0.3333	0.0586
A_5	3.3443	1.7000	2.0000	0.7727	1.0000	1.9412	0.3922	0.9118	2.1176	2.4118	2.9412	0.4706	0.9412	0.5294	0.0804
A_6	2.1250	1.3077	0.3400	0.6296	0.5152	1.0000	0.4216	0.5882	0.5882	0.5588	1.5294	0.2843	0.3284	0.6765	0.0409
A_7	2.7568	3.2344	1.0968	1.3077	2.5500	2.3721	1.0000	2.1124	1.1765	2.2941	3.2941	0.7059	1.2411	0.7059	0.1030
A_8	3.0336	1.7895	0.9444	1.1333	1.0968	1.7000	0.4734	1.0000	0.8235	0.7064	2.8824	1.0000	1.4118	1.1765	0.0771
A_9	2.9143	1.3014	1.1724	1.3600	0.4722	1.7000	0.8500	1.2143	1.0000	1.5294	3.1176	0.3627	0.4216	0.3922	0.0643
A_{10}	2.9143	1.4783	1.4783	1.1724	0.4146	1.7895	0.4359	1.4157	0.6538	1.0000	1.5904	0.6765	1.3529	1.2941	0.0736
A_{11}	0.6213	0.6538	0.4048	0.4048	0.3400	0.6538	0.3036	0.3469	0.3208	0.6288	1.0000	0.2794	0.2500	0.2647	0.0260
A_{12}	3.8491	3.0000	3.1385	2.2174	2.1250	3.5172	1.4167	1.0000	2.7568	1.4783	3.5789	1.0000	0.8235	0.4118	0.1142
A_{13}	3.6429	3.8491	2.2667	3.0909	1.0625	3.0448	0.8057	0.7083	2.3721	0.7391	4.0000	1.2143	1.0000	0.3284	0.1006
A_{14}	4.8571	2.6154	2.8333	3.0000	1.8889	1.4783	1.4167	0.8500	2.5500	0.7727	3.7778	2.4286	3.0448	1.0000	0.1364

注：一致性检验 CR=0.0450<0.1，可接受。

表 3-9　企业生产力准备性因素组内判断矩阵

A_1	a_{11}	a_{12}	W_j
a_{11}	1.0000	0.2441	0.1962
a_{12}	4.0964	1.0000	0.8038
a_{13}	1.0000	0.2441	0.1962

注：一致性检验 CR＝0.0000＜0.1，可接受。

表 3-10　高校功能准备性因素判断矩阵

A_2	a_{21}	a_{22}	a_{23}	a_{24}	W_j
a_{21}	1.0000	2.4221	0.4383	0.4946	0.1856
a_{22}	0.4129	1.0000	0.3041	0.3044	0.0967
a_{23}	2.2815	3.2879	1.0000	1.6258	0.4081
a_{24}	2.0220	3.2849	0.6151	1.0000	0.3095

注：一致性检验 CR＝0.0190＜0.1，可接受。

表 3-11　企业生产力渗透性因素组内判断矩阵

A_3	a_{31}	a_{32}	a_{33}	W_j
a_{31}	1.0000	1.8301	1.2832	0.4323
a_{32}	0.5464	1.0000	0.8542	0.2523
a_{33}	0.7793	1.1706	1.0000	0.3154

注：一致性检验 CR＝0.0040＜0.1，可接受。

表 3-12　高校功能渗透性因素组内判断矩阵

A_4	a_{41}	a_{42}	a_{43}	a_{44}	W_j
a_{41}	1.0000	2.6342	0.8193	0.4852	0.2274
a_{42}	0.3796	1.0000	0.3838	0.3126	0.1040
a_{43}	1.2205	2.6058	1.0000	0.6500	0.2676
a_{44}	2.0609	3.1986	1.5386	1.0000	0.4011

注：一致性检验 CR＝0.0090＜0.1，可接受。

表 3-13　企业生产力创新实体性因素组内判断矩阵

A_5	a_{51}	a_{52}	a_{53}	a_{54}	W_j
a_{51}	1.0000	0.2658	0.7304	0.2538	0.0972
a_{52}	3.7619	1.0000	3.5756	1.3388	0.4248
a_{53}	1.3691	0.2797	1.0000	0.3306	0.1226
a_{54}	3.9398	0.7469	3.0247	1.0000	0.3555

注：一致性检验 CR＝0.0050＜0.1,可接受。

表 3-14　高校创新基础性因素组内判断矩阵

A_6	a_{61}	a_{62}	a_{63}	a_{64}	W_j
a_{61}	1.0000	0.8570	1.1078	1.1275	0.2530
a_{62}	1.1668	1.0000	1.1666	1.2451	0.2840
a_{63}	0.9027	0.8572	1.0000	0.8186	0.2223
a_{64}	0.8869	0.8031	1.2216	1.0000	0.2407

注：一致性检验 CR＝0.0030＜0.1,可接受。

表 3-15　政策结构体系因素组内判断矩阵

A_7	a_{71}	a_{72}	a_{73}	W_j
a_{71}	1.0000	1.0737	2.4406	0.4325
a_{72}	0.9314	1.0000	1.8964	0.3792
a_{73}	0.4097	0.5273	1.0000	0.1883

注：一致性检验 CR＝0.0040＜0.1,可接受。

表 3-16　法律法规体系因素组内判断矩阵

A_8	a_{81}	a_{82}	a_{83}	W_j
a_{81}	1.0000	1.5152	0.6944	0.3248
a_{82}	0.6600	1.0000	0.4980	0.2203
a_{83}	1.4400	2.0082	1.0000	0.4549

注：一致性检验 CR＝0.0010＜0.1,可接受。

表 3-17　价值观因素组内因素判断矩阵

A_9	a_{91}	a_{92}	a_{93}	W_j
a_{91}	1.0000	1.0586	0.1918	0.1383
a_{92}	0.9447	1.0000	0.1724	0.1285
a_{93}	5.2150	5.7998	1.0000	0.7332

注：一致性检验 CR＝0.0003＜0.1,可接受。

表 3-18　创新文化因素组内因素判断矩阵

A_{10}	a_{101}	a_{102}	W_j
a_{101}	1.0000	4.4706	0.8172
a_{102}	0.2237	1.0000	0.1828

注：一致性检验 CR＝0.0000＜0.1,可接受。

表 3-19　非正式关系因素组内因素判断矩阵

A_{11}	a_{111}	a_{112}	W_j
a_{111}	1.0000	0.2549	0.2031
a_{112}	3.9231	1.0000	0.7969

注：一致性检验 CR＝0.0000＜0.1,可接受。

表 3-20　协同模式因素组内判断矩阵

A_{121}	a_{121}	a_{122}	a_{123}	a_{124}	W_j
a_{121}	1.0000	0.5023	0.2979	0.5544	0.1198
a_{122}	1.9907	1.0000	0.4139	1.0175	0.2137
a_{123}	3.3570	2.4158	1.0000	2.0737	0.4524
a_{124}	1.8038	0.9828	0.4822	1.0000	0.2140

注：一致性检验 CR＝0.0040＜0.1,可接受。

表 3-21　管理体制因素组内因素判断矩阵

A_{13}	a_{131}	a_{132}	a_{133}	W_j
a_{131}	1.0000	1.0072	0.6617	0.2791
a_{132}	0.9928	1.0000	0.4603	0.2461
a_{133}	1.5112	2.1727	1.0000	0.4748

注：一致性检验 CR＝0.0135＜0.1,可接受。

表 3-22 运行机制因素组内判断矩阵

A_{141}	a_{141}	a_{142}	a_{143}	a_{144}	a_{145}	W_j
a_{141}	1.0000	1.3369	0.9702	1.2344	1.7178	0.2391
a_{142}	0.7480	1.0000	0.8169	0.8786	0.9159	0.1702
a_{143}	1.0307	1.2241	1.0000	1.9902	1.6409	0.2610
a_{144}	0.8101	1.1382	0.5025	1.0000	0.9907	0.1680
a_{144}	0.5821	1.0918	0.6094	1.0094	1.0000	0.1618

注:一致性检验 CR＝0.0090＜0.1,可接受。

通过 yaahp 软件导出单层指标权重后,得到一级指标的排序权重
(见表 3-23)。运用式(2)计算二级指标相对权重 W_{ij}(见表 3-24)。结果
表明,在一级指标体系中,运行机制、协同模式、政策结构体系是区域内
高校与战略性新兴产业协同发展最为关键的 3 个影响因素,而非正式关
系是影响最小的因素。在二级指标体系中,创新信任氛围、实体型协同
模式、同层次管理机构的相互配合、校企合作动机、国家宏观的基本政策
是区域内高校与战略性新兴产业协同发展的最为关键的 5 个影响因素,
而高校创新创业教育是影响最小的因素。

表 3-23 一级指标的权重排序

一级指标	W_j
A_{14}运行机制因素	0.1364
A_{12}协同模式因素	0.1142
A_7政策结构体系因素	0.1030
A_{13}管理体制因素	0.1006
A_5企业生产力创新实体性因素	0.0804
A_8法律法规体系因素	0.0771
A_{10}创新文化因素	0.0736
A_9价值观因素	0.0643
A_3企业生产力渗透性因素	0.0608
A_4高校功能渗透性因素	0.0586

续表

一级指标	W_j
A_6 高校创新基础性因素	0.0409
A_2 高校功能准备性因素	0.0379
A_1 企业生产力准备性因素	0.0262
A_{11} 非正式关系因素	0.0260

表 3-24　二级指标的权重排序

二级指标	W_{ij}
创新信任氛围	0.0601
实体型协同模式	0.0517
同层次管理机构的相互配合	0.0478
校企合作动机	0.0472
国家宏观的基本政策	0.0445
国家部委的具体政策	0.0391
创新资源共享机制	0.0356
地方政府的地方性法规和行政规章	0.0351
企业的科学技术 R&D 经费投入	0.0341
主体利益分享机制	0.0326
企业的重大研究与试验平台建设	0.0286
管理机构的分层设置	0.0281
企业的科学技术研发水平	0.0263
国家领导机关的统领性行政法规	0.0250
各层次管理机构的职权分配	0.0248
战略型协同模式	0.0244
供需衔接型协同模式	0.0244
高校科研评价改革	0.0235
研发风险分担机制	0.0232
供需信息交流机制	0.0229
公共平台服务机制	0.0221
企业参与高校人才培养过程	0.0210

二级指标	W_{ij}
群体与群体间关系	0.0207
其他政策中的相关内容	0.0194
企业的科学技术需求	0.0192
国家部委的具体性部门规章	0.0170
高校科研战略领导	0.0157
校企产教融合与协同育人	0.0155
企业的科学技术应用能力	0.0153
契约型协同模式	0.0137
创新精神风格	0.0134
高校科研成果转化	0.0133
高校学科专业结构	0.0117
高校的 R&D 经费投入	0.0116
高校的科研人力投入	0.0103
企业的先进生产工具投入与使用	0.0099
高校的创新载体建设	0.0098
高校的创新基础设施建设	0.0091
校企合作情感	0.0089
校企合作兴趣	0.0083
企业生产与研发的劳动力投入	0.0078
高校人才培养体系	0.0070
高校跨学科科研行为	0.0061
高校与企业在地理空间的位置关系	0.0053
企业员工培训	0.0051
高校创新创业教育	0.0037

（四）影响因素指标体系构建的科学性与合理性讨论

本书在关键影响因素的指标体系构建过程中,首先,开展文献研究,通过检索 CNKI、维普、万方、Elsevier、Science Direct 等文献数据库,大量收集区域内高校与战略性新兴产业协同发展的关键影响因素的学术文献和图书资料,同时结合国内已经出台的产学研协同创新、校企合作、产教融合等政策文件,为提出理论层面的指标体系奠定坚实的研究基础。其次,运用德尔菲法进行关键影响因素指标体系的咨询与构建,并将导向性、科学性、系统性、全面性和可操作性原则贯穿于指标构建的全过程。在德尔菲法的使用过程中,专家的数量与质量对研究结果的科学性和有效性十分重要。因此,本书选取了 31 位来自教育学、管理学、医学等不同学科领域的科研经验丰富的专家学者,共进行两轮专家咨询。从两轮专家积极系数和权威系数可看出,专家对本书的研究有较高的参与积极性,权威程度较高,这保证了咨询结果的科学性和可靠性。其中,第一轮专家咨询后,从评价参数与专家文字性意见对指标体系进行修改,结果具有一定的可观性。第二轮专家咨询后,从评价参数可以看出第二轮专家意见集中程度高于第一轮,专家意见协调系数均具有统计学意义,表明专家意见已经趋于一致,所构建的指标具有一定的科学性和可靠性。最后,在形成关键影响因素整体指标框架的基础上,进行了第三轮专家咨询,通过对比关键影响因素的科学性与可行性,得到各项因素的权重。

研究结果表明,在区域内高校与战略性新兴产业协同发展的关键影响因素(14 项一级指标)相对重要性排序中,运行机制、协同模式、政策结构体系和管理体制是影响协同发展的 4 个相对重要因素($W_j > 0.1$)。而在 46 项二级指标相对重要性排序中,创新信任氛围、实体型协同模式、同层次管理机构的相互配合、校企合作动机、国家宏观的基本政策、国家部委的具体政策、创新资源共享机制、地方政府的地方性法规和行政规章、企业的科学技术 R&D 经费投入和主体利益分享机制是影响协同发展的 10 个相对重要因素($W_{ij} > 003$)。由此可见,仅企业的科学技术 R&D 经费投入属于组织基础性因素,其余相对重要的影响因素均为组织间的制度性因素、非制度性因素和协同运筹性因素。

第三节　关键影响因素的实证分析

一、研究设计

(一)问卷设计

本书使用自编问卷。问卷是在收集整理大量国内外文献的基础上，依据专家咨询的指标体系，并结合研究具体问题设计而成。具体步骤为：第一步，通过检索查阅有关高校与战略性新兴产业协同发展的学术文献，将相关文献已论证的影响因素进行归纳，形成基本的指标体系及其框架结构。第二步，通过德尔菲法进行两轮专家咨询，对基本的指标体系进行删减、修订，最终得到达成一致的结果，形成区域内高校与战略性新兴产业协同发展指标体系及其理论模型。第三步，根据得到的区域内高校与战略性新兴产业协同发展指标体系，设计问卷初稿，拟定题项，形成初始调查问卷。第四步，选择合适的被访谈者进行小规模试测，并征询关于问卷内容、题项逻辑、语言表达等合理性意见，进一步修订完善问卷中题项的语言及描述。第五步，综合反馈意见和建议，形成最终问卷。调查问卷设计过程见图 3-2。

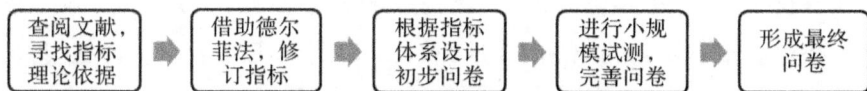

查阅文献，寻找指标理论依据　➡　借助德尔菲法，修订指标　➡　根据指标体系设计初步问卷　➡　进行小规模试测，完善问卷　➡　形成最终问卷

图 3-2　调查问卷设计过程

(二)问卷结构

"区域内高校与战略性新兴产业协同发展影响因素"调查问卷由三部分构成。第一部分是前言，简要介绍研究内容、目的与方法；第二部分是基本信息，主要搜集被试者的基本信息，包括性别、学历、职称等。第三部分是具体的题项，需要调查对象对指标的重要程度进行判断。问卷题项采用 Likert 5 级评分法，如果对某项指标评分越高，则表示该指标在构建高校与战略性新兴产业协同发展指标体系中越重要："1"表示"非

常不重要","5"表示"非常重要"。

二、研究过程

(一)样本选择

从研究目的及研究内容出发,本书主要选择高等学校教师作为调查对象,从而尽量保证问卷信息的有效性。教师作为高校与战略性新兴产业交流的主体力量,切实参与企业合作项目、知识成果转移等,这些实践经历使得他们对高校与战略性新兴产业协同发展研究具有丰富且真实的经验,拥有足够的信息和具备足够的知识回答问卷中的相关问题。

(二)数据收集过程

在确定样本和被调查对象的选择原则后,向大连理工大学、东北大学、辽宁大学、大连海事大学、中国医科大学、沈阳工业大学、沈阳化工大学、沈阳建筑大学、沈阳农业大学、沈阳药科大学、沈阳师范大学、大连交通大学、大连工业大学、大连医科大学、大连民族大学、大连大学、辽宁石油化工大学、辽宁师范大学、辽宁科技学院、锦州医科大学、辽宁教育学院,以及上海交通大学、同济大学、华中科技大学、吉林大学、郑州大学、石河子大学、南方医科大学、山西师范大学、汕头大学、齐齐哈尔医学院、洛阳师范学院、浙江科技学院、河西学院等近 40 所高校和科学研究机构发放了调查问卷。问卷工作于 2021 年 4 月 23 日开始,2021 年 5 月 8 日截止。通过"问卷星"分两个阶段发放电子问卷,第一阶段发放 200 份,第二阶段发放 150 份,总计 350 份问卷,回收有效问卷 341 份,问卷有效率为 97.43%。

三、描述性统计分析

在进行实证分析之前,对所获得的样本数据进行整体描述,包括对性别、学历、职称、单位类型、所在学科、企业兼职挂职、开展企业职工培训和讲座次数、为企业提供管理咨询服务、向企业转化科研成果及累计收益、向行业企业开展省级及以上基础研究的课题数量、向行业企业开展省级及以上原始创新的课题数量、承担企业横向课题数量、获得省级及以上科技创新成果奖的数量、承担省级及以上的协同创新相关社科课题的数量、获得省级及以上协同创新相关学术成果奖（人文社科）的数量进行统计分析，以说明样本的整体构成及其他相关信息。

（一）问卷基本信息

1. 性别分布状况

男性占 56.01％，女性占 43.99％（见图 3-3）。

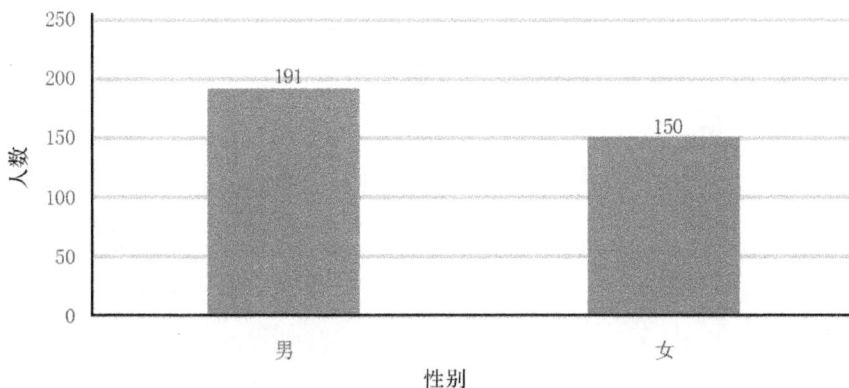

图 3-3　性别分布状况

2. 学历分布状况

博士 165 人，硕士 123 人，本科 53 人，分别占被调查总人数的 48.39％、36.07％、15.54％（见图 3-4）。

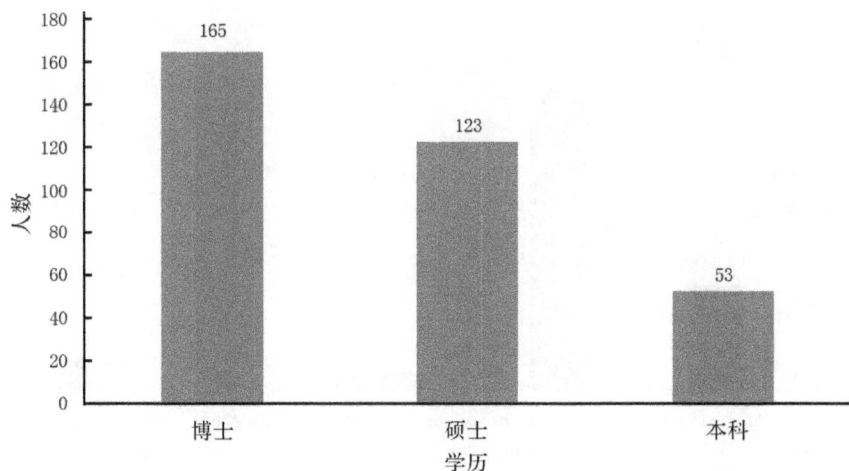

图 3-4　学历分布状况

3. 职称分布状况

正高级 58 人，副高级 92 人，中级 67 人，初级 26 人，无职称（行政人员）98 人，分别占被调查总人数的 17.01％、26.98％、19.65％、7.62％、28.74％（见图 3-5）。

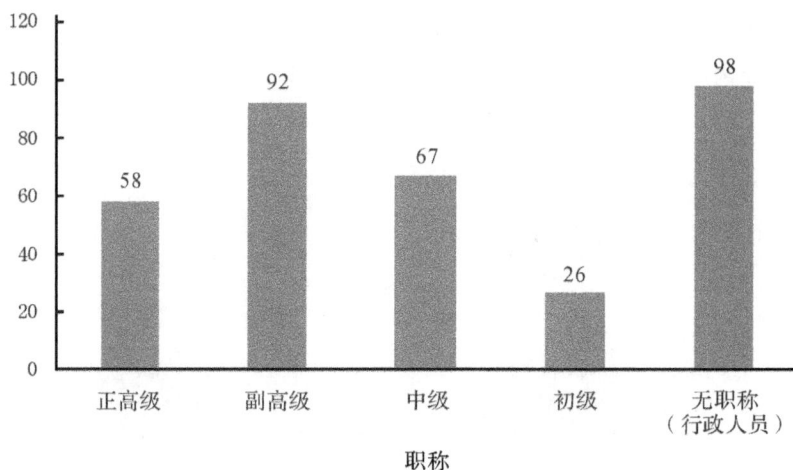

图 3-5 职称分布状况

4. 所在单位类型分布状况

来自部属本科院校 81 人，占 23.75％；省属本科院校 231 人，占 67.74％；市属本科院校 15 人，占 4.40％；科研院校 8 人，占 2.35％；其他 6 人，占 1.76％，分别来自科研单位、民办院校、医院（见图 3-6）。

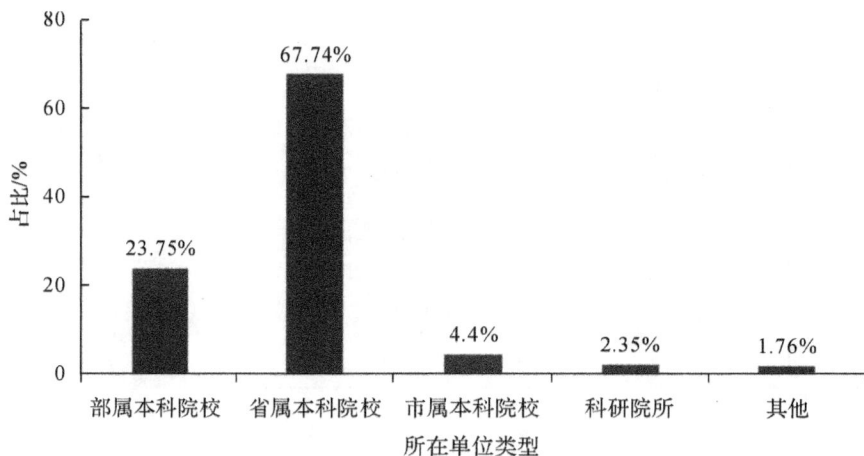

图 3-6 所在单位类型分布状况

5.学科分布状况

哲学 5 人，占 1.47%；经济学 5 人，占 1.47%；法学 4 人，占 1.17%；教育学 39 人，占 11.44%；理学 40 人，占 11.73%；工学 182 人，占 53.37%；农学 2 人，占 0.59%；医学 26 人，占 7.62%；管理学 34 人，占 9.97%；其他 4 人，占 1.17%。对学科分布二维象限的雷达图（见图 3-7），工学教师的参与度较高。

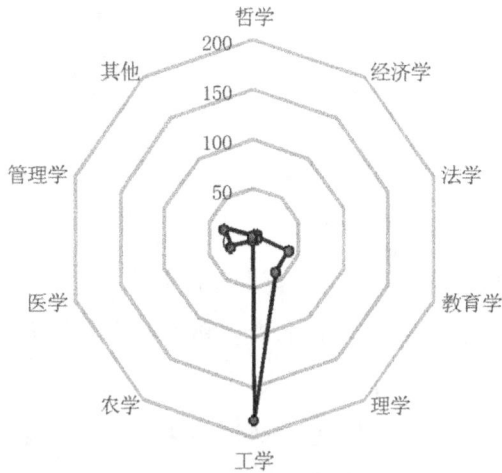

图 3-7　学科分布状况

6.企业博士后流动站学习经历

具有企业博士后流动站学习经历的调查对象为 33 人，占 9.68%；不具有企业博士后流动站学习经历的调查对象为 308 人，占 90.32%（见图 3-8）。

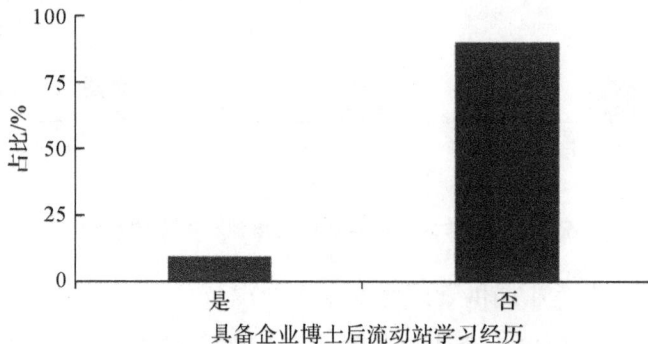

图 3-8　企业博士后流动站学习经历

7. 企业兼职挂职的工作经历

具有企业兼职、挂职工作经历的调查对象为 51 人,占 14.96％;不具有企业兼职、挂职工作经历的调查对象为 290 人,占 85.04％(见图 3-9)。

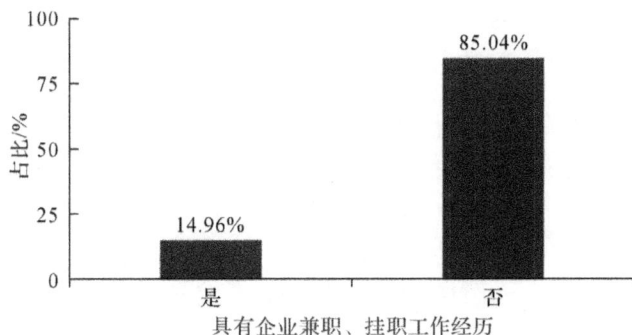

图 3-9　企业兼职、挂职工作经历

8.5 年内开展企业职工培训和讲座的次数

调查对象 5 年内开展企业职工培训和讲座次数为 5 次及以上的有 36 人,占 10.56％;次数为 4 次的有 13 人,占 3.81％;次数为 3 次的有 16 人,占 4.69％;次数为 2 次的有 20 人,占 5.86％;次数为 1 次的有 39 人,占 11.44％;5 年内未开展企业职工培训和讲座的有 217 人,占 63.64％(见图 3-10)。

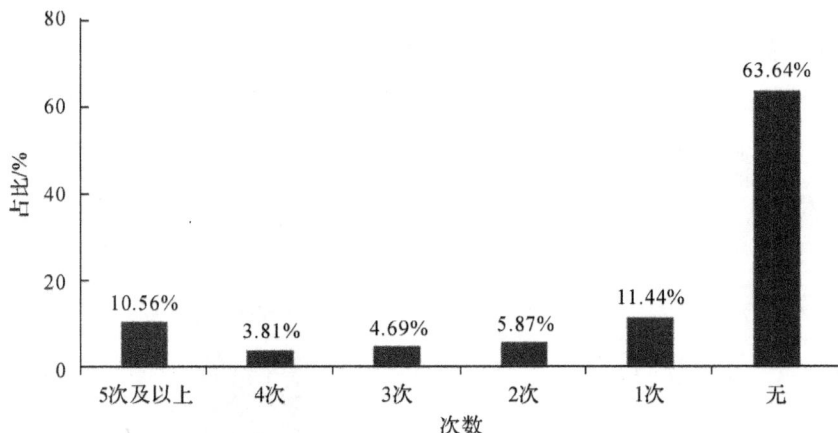

图 3-10　5 年内开展企业职工培训和讲座的次数

9.5 年内为企业提供管理咨询服务的次数。

调查对象 5 年内为企业提供管理咨询服务的次数为 5 次及以上的

有 46 人,占 13.49%;次数为 4 次的有 15 人,占 4.40%;次数为 3 次的
有 8 人,占 2.35%;次数为 2 次的有 20 人,占 5.86%;次数为 1 次的有
30 人,占 8.80%;5 年内未开展企业职工培训和讲座的有 222 人,占
65.10%(见图 3-11)。

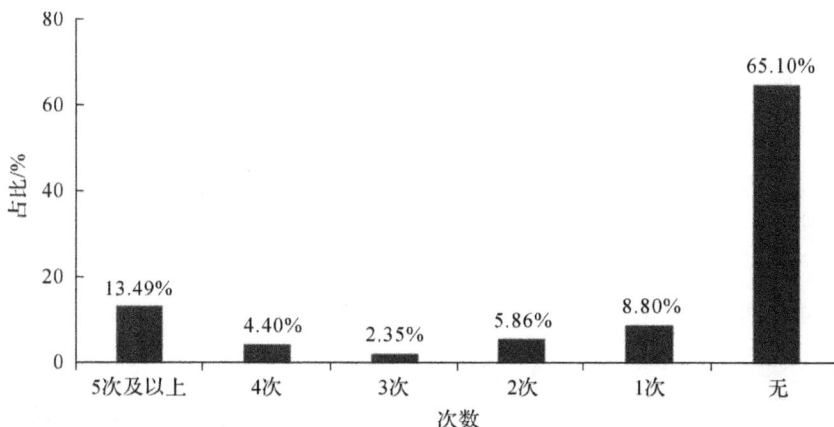

图 3-11　5 年内为企业提供管理咨询服务的次数

10.5 年内向企业转化科研成果的数量

调查对象 5 年内向企业转化科研成果的数量为 5 项及以上的有 21
人,占 6.16%;数量为 4 项的有 6 人,占 1.76%;数量为 3 项的有 8 人,占
2.35%;数量为 2 项的有 18 人,占 5.28%;数量为 1 项的有 32 人,占 9.38%;
5 年内没有向企业转化科研成果的有 256 人,占 75.07%(见图 3-12)。

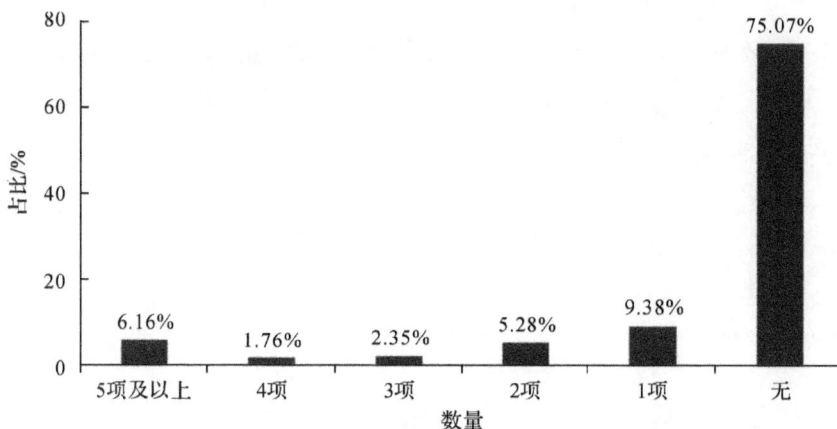

图 3-12　5 年内向企业转化科研成果的数量

11.5年内向企业转化科研成果的累计收益

调查对象5年内向企业转化科研成果的累计收益为1000万元及以上的有8人,占2.35%;100万~1000万元的有13人,占3.81%;10万~100万元的有29人,占8.50%;1万~10万元的有24人,占7.04%;1万元以下的有19人,占5.57%;5年内没有向企业转化科研成果有248人,占72.73%(见图3-13)。

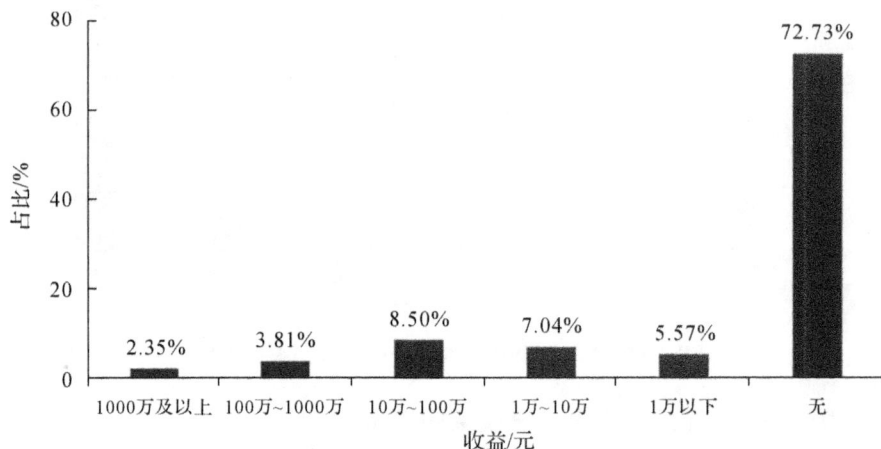

图3-13　5年内向企业转化科研成果的累计收益(学校到账)

12.5年内面向行业企业开展省级及以上基础研究的课题数量

调查对象5年内面向行业企业开展省级及以上基础研究的课题数量为5项及以上的有23人,占6.74%;数量为4项的有7人,占2.05%;数量为3项的有14人,占4.11%;数量为2项的有31人,占9.09%;数量为1项的有50人,占14.66%;5年内没有面向行业企业开展省级及以上基础研究的课题的有216人,占63.34%(见图3-14)。

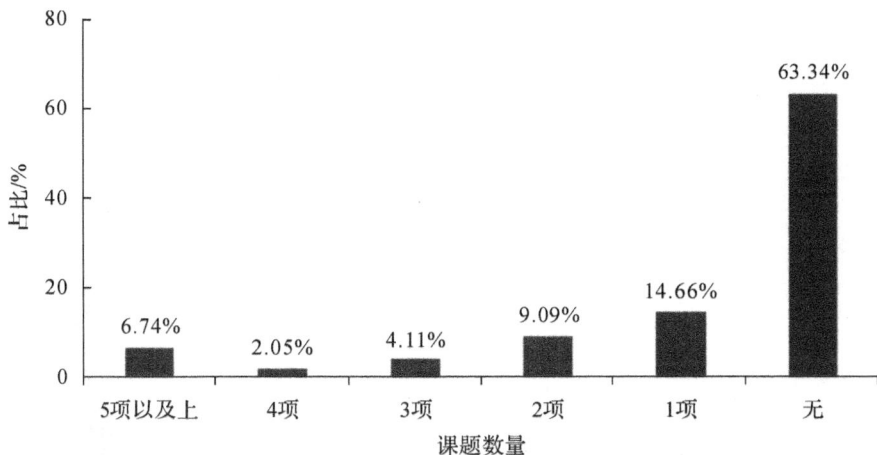

图 3-14 5 年内面向行业企业开展省级及以上基础研究的课题数量

13. 5 年内面向行业企业开展省级及以上原始创新的课题数量

调查对象 5 年内面向行业企业开展省级及以上原始创新的课题数量为 5 项及以上的有 18 人，占 5.28％；数量为 4 项的有 10 人，占 2.93％；数量为 3 项的有 15 人，占 4.40％；数量为 2 项的有 23 人，占 6.74％；数量为 1 项的有 34 人，占 9.97％；5 年内没有面向行业企业开展省级及以上原始创新课题的有 241 人，占 70.67％（见图 3-15）。

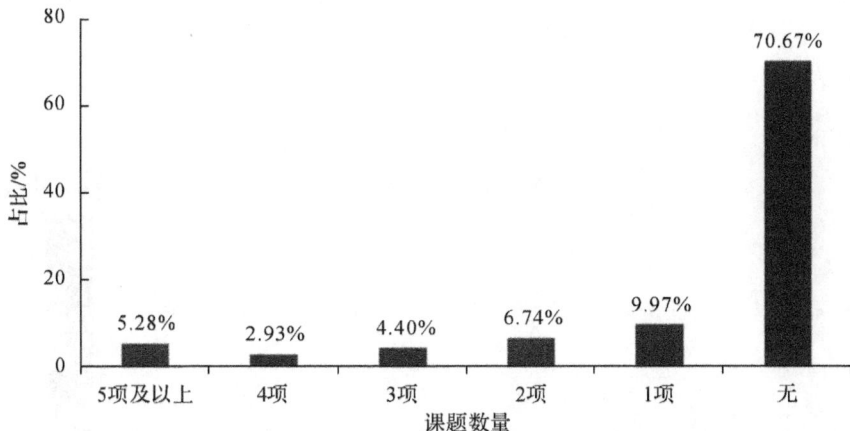

图 3-15 5 年内面向行业企业开展省级及以上原始创新的课题数量

14. 5 年内承担企业横向课题的数量

调查对象 5 年内承担企业横向课题的数量为 5 项及以上的有 25 人，

占 7.33％;数量为 4 项的有 7 人,占 2.05％;数量为 3 项的有 16 人,占 4.69％;数量为 2 项的有 28 人,占 8.21％;数量为 1 项的有 36 人,占 10.56％;5 年内没有承担企业横向课题的有 229 人,占 67.16％(见图 3-16)。

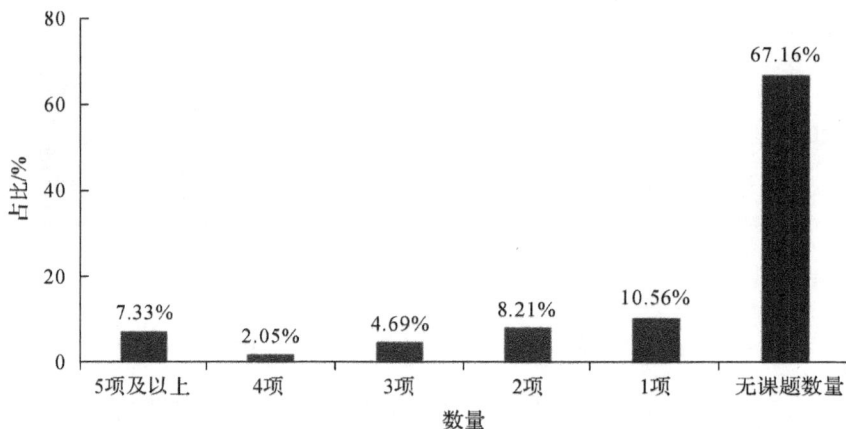

图 3-16　5 年内承担企业横向课题的数量

15.5 年内获得省级及以上科技创新成果奖的数量

调查对象 5 年内获得省级及以上科技创新成果奖的数量为 5 项及以上的有 9 人,占 2.64％;数量为 4 项的有 8 人,占 2.35％;数量为 3 项的有 5 人,占 1.47％;数量为 2 项的有 18 人,占 5.28％;数量为 1 项的有 33 人,占 9.68％;5 年内没有获得省级及以上科技创新成果奖的有 268 人,占 78.59％(见图 3-17)。

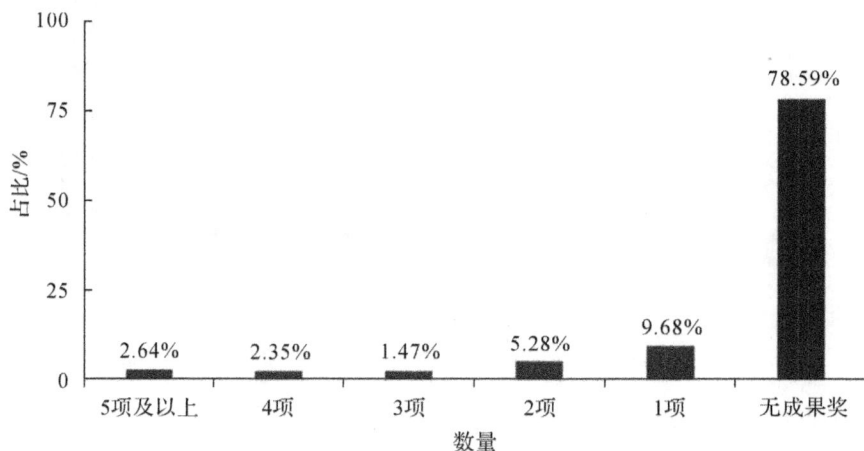

图 3-17　5 年内获得省级及以上科技创新成果奖的数量

16.5 年内承担省级及以上的协同创新相关社科课题的数量

调查对象 5 年内承担省级及以上的协同创新相关社科课题数量为 5 项及以上的有 8 人,占 2.35%;数量为 4 项的有 7 人,占 2.05%;数量为 3 项的有 8 人,占 2.35%;数量为 2 项的有 17 人,占 4.99%;数量为 1 项的有 26 人,占 7.62%;5 年内没有承担省级及以上的协同创新相关社科课题的有 275 人,占 80.65%(见图 3-18)。

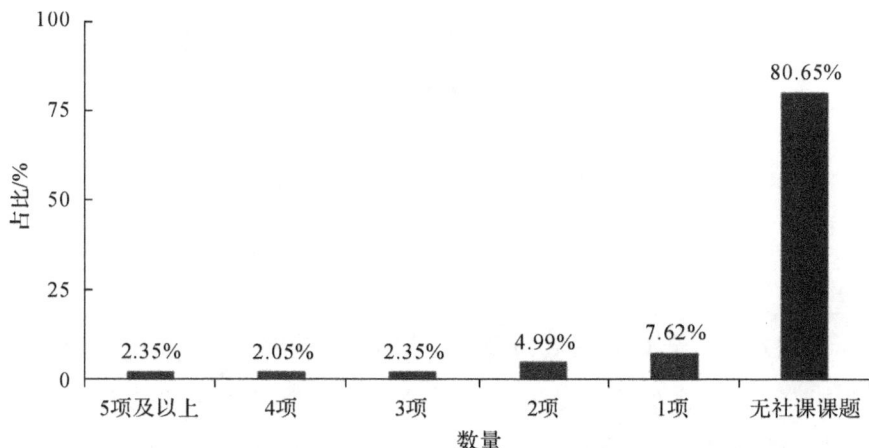

图 3-18 5 年内承担省级及以上的协同创新相关社科课题的数量

17.5 年内向市级及以上政府提交协同创新相关领域资政建议的数量

调查对象 5 年内向市级及以上政府提交协同创新相关领域资政建议的数量为 5 项及以上的有 10 人,占 2.93%;数量为 4 项的有 7 人,占 2.05%;数量为 3 项的有 7 人,占 2.05%;数量为 2 项的有 15 人,占 4.4%;数量为 1 项的有 36 人,占 10.56%;5 年内没有向市级及以上政府提交协同创新相关领域资政建议的有 266 人,占 78.01%(见图 3-19)。

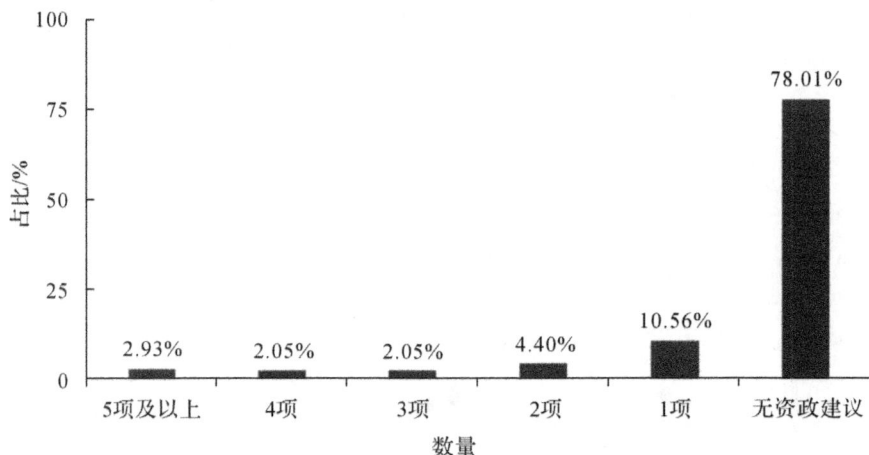

图 3-19 5 年内向市级及以上政府提交协同创新相关领域资政建议的数量

18.5 年内获得省级及以上协同创新相关学术成果奖（人文社科）的数量

调查对象 5 年内获得省级及以上协同创新相关学术成果奖（人文社科）的数量为 5 项及以上的有 9 人，占 2.64％；数量为 4 项的有 7 人，占 2.05％；数量为 3 项的有 6 人，占 1.76％；数量为 2 项的有 12 人，占 3.52％；数量为 1 项的有 23 人，占 6.74％；5 年内没有获得省级及以上协同创新相关学术成果奖（人文社科）的有 284 人，占 83.28％（见图 3-20）。

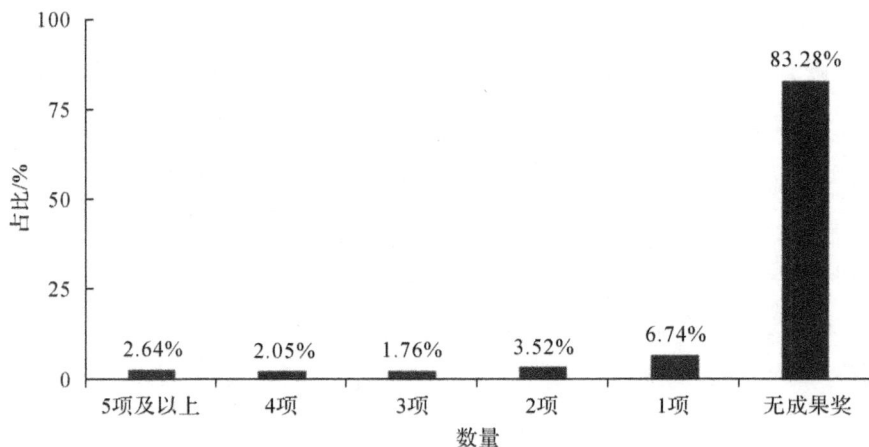

图 3-20 5 年内获得省级及以上协同创新相关学术成果奖（人文社科）的数量

（二）样本基本信息统计

本次问卷调查共得到 341 份有效问卷：56.01％为男性，43.99％为女性；博士研究生的比例为 48.39％，硕士研究生的比例为 36.07％；职称中占比最高的是无职称的行政人员（28.74％），副高级次之（26.98％）；67.74％的样本来自省属本科院校；53.37％样本来自工学学科。同时，样本基本信息的描述性统计（见表 3-25 和表 3-26）未发现异常数据。

表 3-25　样本基本信息的描述性统计

名称	选项	频数	百分比/％	累积百分比/％
性别	男	191	56.01	56.01
	女	150	43.99	100
学历	博士	165	48.39	48.39
	硕士	123	36.07	84.46
	本科	53	15.54	100
职称	正高级	58	17.01	17.01
	副高级	92	26.98	43.99
	中级	67	19.65	63.64
	初级	26	7.62	71.26
	无职称（行政人员）	98	28.74	100
单位类型	部属本科院校	81	23.75	23.75
	省属本科院校	231	67.74	91.50
	市属本科院校	15	4.40	95.89
	科研院所	8	2.35	98.24
	其他	6	1.76	100

续表

名称	选项	频数	百分比/%	累积百分比/%
所在学科	哲学	5	1.47	1.47
	经济学	5	1.47	2.93
	法学	4	1.17	4.11
	教育学	39	11.44	15.54
	理学	40	11.73	27.27
	工学	182	53.37	80.65
	农学	2	0.59	81.23
	医学	26	7.62	88.86
	管理学	34	9.97	98.83
	其他	4	1.17	100
是否具有企业博士后流动站的学习经历	是	33	9.68	9.68
	否	308	90.32	100
是否具有企业兼职挂职的工作经历	是	51	14.96	14.96
	否	290	85.04	100
5年内开展企业职工培训和讲座的次数	5次及以上	36	10.56	10.56
	4次	13	3.81	14.37
	3次	16	4.69	19.06
	2次	20	5.87	24.93
	1次	39	11.44	36.36
	无	217	63.64	100
5年内为企业提供管理咨询服务的次数	5次及以上	46	13.49	13.49
	4次	15	4.40	17.89
	3次	8	2.35	20.23
	2次	20	5.87	26.10
	1次	30	8.80	34.90
	无	222	65.10	100

续表

名称	选项	频数	百分比/%	累积百分比/%
5年内向企业转化科研成果的数量	5项及以上	21	6.16	6.16
	4项	6	1.76	7.92
	3项	8	2.35	10.26
	2项	18	5.28	15.54
	1项	32	9.38	24.93
	无	256	75.07	100
5年内向企业转化科研成果的累计收益金额(学校到账)	1000万元及以上	8	2.35	2.35
	100万~1000万元	13	3.81	6.16
	10万~100万元	29	8.50	14.66
	1万~10万元	24	7.04	21.70
	1万元以下	19	5.57	27.27
	无	248	72.73	100
5年内面向行业企业开展省级及以上基础研究的课题数量	5项及以上	23	6.74	6.74
	4项	7	2.05	8.80
	3项	14	4.11	12.90
	2项	31	9.09	21.99
	1项	50	14.66	36.66
	无	216	63.34	100
5年内面向行业企业开展省级及以上原始创新的课题数量	5项及以上	18	5.28	5.28
	4项	10	2.93	8.21
	3项	15	4.40	12.61
	2项	23	6.74	19.35
	1项	34	9.97	29.33
	无	241	70.67	100

续表

名称	选项	频数	百分比/%	累积百分比/%
5年内承担企业横向课题的数量	5 项及以上	25	7.33	7.33
	4 项	7	2.05	9.38
	3 项	16	4.69	14.08
	2 项	28	8.21	22.29
	1 项	36	10.56	32.84
	无	229	67.16	100
5年内获得省级及以上科技创新成果奖的数量	5 项及以上	9	2.64	2.64
	4 项	8	2.35	4.99
	3 项	5	1.47	6.45
	2 项	18	5.28	11.73
	1 项	33	9.68	21.41
	无	268	78.59	100
5年内承担省级及以上的协同创新相关社科课题的数量	5 项及以上	8	2.35	2.35
	4 项	7	2.05	4.40
	3 项	8	2.35	6.74
	2 项	17	4.99	11.73
	1 项	26	7.62	19.35
	无	275	80.65	100
5年内向市级及以上政府提交协同创新相关领域资政建议的数量	5 项及以上	10	2.93	2.93
	4 项	7	2.05	4.99
	3 项	7	2.05	7.04
	2 项	15	4.40	11.44
	1 项	36	10.56	21.99
	无	266	78.01	100

续表

名称	选项	频数	百分比/%	累积百分比/%
5年内获得省级及以上协同创新相关学术成果奖（人文社科）的数量	5项及以上	9	2.64	2.64
	4项	7	2.05	4.69
	3项	6	1.76	6.45
	2项	12	3.52	9.97
	1项	23	6.74	16.72
	无	284	83.28	100

表 3-26　样本基本信息的基础指标

名称	样本量	最小值	最大值	平均值	标准差	中位数
性别	341	1	2	1.440	0.497	1
学历	341	1	3	1.672	0.730	2
职称	341	1	5	3.041	1.477	3
单位类型	341	1	5	1.906	0.726	2
所在学科	341	1	10	5.991	1.639	6
是否具有企业博士后流动站的学习经历	341	1	2	1.903	0.296	2
是否具有企业兼职挂职的工作经历	341	1	2	1.850	0.357	2
5年内开展企业职工培训和讲座的次数	341	1	6	4.947	1.709	6
5年内为企业提供管理咨询服务的次数	341	1	6	4.874	1.831	6
5年内向企业转化科研成果的数量	341	1	6	5.352	1.387	6
5年内向企业转化科研成果的累计收益金额（学校到账）	341	1	6	5.279	1.336	6
5年内面向行业企业开展省级及以上基础研究的课题数量	341	1	6	5.129	1.464	6

续表

名称	样本量	最小值	最大值	平均值	标准差	中位数
5年内面向行业企业开展省级及以上原始创新的课题数量	341	1	6	5.252	1.415	6
5年内承担企业横向课题的数量	341	1	6	5.141	1.512	6
5年内获得省级及以上科技创新成果奖的数量	341	1	6	5.528	1.121	6
5年内承担省级及以上的协同创新相关社科课题的数量	341	1	6	5.554	1.098	6
5年内向市级及以上政府提交协同创新相关领域资政建议的数量	341	1	6	5.516	1.139	6
5年内获得省级及以上协同创新相关学术成果奖(人文社科)的数量	341	1	6	5.595	1.093	6

　　高校与战略性新兴产业协同发展的关键影响因素各指标描述性统计结果见表3-27和表3-28。由表3-27可知,各指标的重要程度评分均值都超过4,众数都为5,样本对指标的评分集中于4和5,说明样本差异较小,评价结果的一致性较好。

表 3-27　高校与战略性新兴产业协同发展各指标初步描述性统计

编号	指标	样本量	众数	最小值	最大值	均值	标准差
1	企业邀请高校人员对员工进行培训	341	5	1	5	4.32	0.874
2	企业参与高校人才培养全过程	341	5	1	5	4.43	0.803
3	高校人才培养体系	341	5	1	5	4.41	0.779
4	高校创新创业教育	341	5	1	5	4.34	0.848

续表

编号	指标	样本量	众数	最小值	最大值	均值	标准差
5	校企产教融合及协同育人	341	5	1	5	4.45	0.790
6	高校学科专业结构	341	5	1	5	4.38	0.797
7	企业科学技术研发水平	341	5	1	5	4.39	0.821
8	企业科学技术应用能力	341	5	1	5	4.36	0.816
9	企业科学技术需求业	341	5	1	5	4.44	0.789
10	高校科研成果转化	341	5	1	5	4.45	0.798
11	高校跨学科科研行为	341	5	1	5	4.36	0.821
12	高校科研战略领导	341	5	1	5	4.33	0.843
13	高校科研评价改革	341	5	1	5	4.29	0.892
14	企业生产与研发的劳动力投入	341	5	1	5	4.33	0.831
15	企业科学技术 R&D 经费投入	341	5	1	5	4.43	0.773
16	企业先进生产工具投入与使用	341	5	1	5	4.29	0.834
17	企业重大研究与试验平台建设	341	5	1	5	4.38	0.812
18	高校科研人力投入的重要程度	341	5	1	5	4.38	0.790
19	您认为高校 R&D 经费投入	341	5	1	5	4.40	0.793
20	高校创新基础设施建设（重点实验室、工程技术中心等）	341	5	1	5	4.41	0.795
21	高校创新载体建设（大学科技园、创新创业孵化中心等）	341	5	1	5	4.30	0.891
22	国家宏观基本政策（协同创新、创新驱动、校企合作等）	341	5	1	5	4.48	0.784

续表

编号	指标	样本量	众数	最小值	最大值	均值	标准差
23	国家部委的具体政策（教育部、科技部等）	341	5	1	5	4.47	0.810
24	国家其他政策中的相关内容（创新创业、大学生就业等）	341	5	1	5	4.32	0.869
25	国家领导机关的统领性行政法规（行政、司法等）	341	5	1	5	4.35	0.864
26	国家部委的具体性部门规章（教育部等）	341	5	1	5	4.35	0.832
27	地方政府的地方性法规和行政规章	341	5	1	5	4.37	0.842
28	校企合作情感	341	5	1	5	4.29	0.879
29	校企合作兴趣	341	5	1	5	4.32	0.840
30	校企合作动机	341	5	1	5	4.36	0.798
31	校企协同创新信任氛围	341	5	1	5	4.36	0.820
32	校企协同创新精神风格（意识、兴趣、胆量、决心等）	341	5	1	5	4.33	0.843
33	校企在地理空间的位置关系	341	5	1	5	4.31	0.867
34	高校学术群体（院系、学科、专业）与企业技术群体间（生产、研发等部门）的互动关系	341	5	1	5	4.38	0.824
35	契约型校企协同模式（协议、合同、条款等）	341	5	1	5	4.35	0.843
36	供需衔接型校企协同模式（产业学院、大学科技园等）	341	5	1	5	4.33	0.839
37	实体型校企协同模式（协同创新中心、校企研究院等）	341	5	1	5	4.37	0.818

编号	指标	样本量	众数	最小值	最大值	均值	标准差
38	战略型校企协同模式（校企联盟等）	341	5	1	5	4.30	0.854
39	校企协同创新管理机构的分层设置（政府与高校层面）	341	5	1	5	4.28	0.895
40	校企协同创新的各级管理机构职权分配	341	5	1	5	4.27	0.870
41	政府不同部门相互配合支持校企协同创新	341	5	1	5	4.34	0.866
42	校企协同创新的主体利益分享机制	341	5	1	5	4.39	0.810
43	校企协同创新的研发风险分担机制	341	5	1	5	4.37	0.781
44	校企协同创新的资源共建共享机制	341	5	1	5	4.41	0.783
45	校企协同创新的供需信息交流机制	341	5	1	5	4.39	0.806
46	校企协同创新的政府公共平台服务机制	341	5	1	5	4.38	0.809

表 3-28　高校与战略性新兴产业协同发展各指标频次分布

编号	指标	统计类别	评分				
			1	2	3	4	5
1	企业邀请高校人员对员工进行培训	频次	6	6	39	113	177
		百分比/%	1.8	1.8	11.4	33.1	51.9
2	企业参与高校人才培养全过程	频次	5	1	35	103	197
		百分比/%	1.47	0.29	10.26	30.21	57.77
3	高校人才培养体系	频次	4	4	26	122	185
		百分比/%	1.2	1.2	7.6	35.8	54.3
4	高校创新创业教育	频次	5	6	36	116	178
		百分比/%	1.5	1.8	10.6	34.0	52.2

续表

编号	指标	统计类别	评分				
			1	2	3	4	5
5	校企产教融合及协同育人	频次	5	2	28	107	199
		百分比/%	1.5	0.6	8.2	31.4	58.4
6	高校学科专业结构	频次	4	3	35	117	182
		百分比/%	1.2	0.9	10.3	34.3	53.4
7	企业科学技术研发水平	频次	5	5	29	114	188
		百分比/%	1.5	1.5	8.5	33.4	55.1
8	企业科学技术应用能力	频次	5	4	32	122	178
		百分比/%	1.5	1.2	9.4	35.8	52.2
9	企业科学技术需求业	频次	6	1	25	115	194
		百分比/%	1.8	0.3	7.3	33.7	56.9
10	高校科研成果转化	频次	5	4	24	106	202
		百分比/%	1.5	1.2	7.0	31.1	59.2
11	高校跨学科科研行为	频次	5	3	36	116	181
		百分比/%	1.5	0.9	10.6	34.0	53.1
12	高校科研战略领导	频次	5	2	47	108	179
		百分比/%	1.5	0.6	13.8	31.7	52.5
13	高校科研评价改革	频次	5	9	43	108	176
		百分比/%	1.5	2.6	12.6	31.7	51.6
14	企业生产与研发的劳动力投入	频次	4	4	44	114	175
		百分比/%	1.2	1.2	12.9	33.4	51.3
15	企业科学技术 R&D 经费投入	频次	4	1	33	111	192
		百分比/%	1.2	0.3	9.7	32.6	56.3
16	企业先进生产工具投入与使用	频次	5	4	41	128	163
		百分比/%	1.5	1.2	12.0	37.5	47.8
17	企业重大研究与试验平台建设	频次	5	3	33	118	182
		百分比/%	1.5	0.9	9.7	34.6	53.4

续表

编号	指标	统计类别	评分				
			1	2	3	4	5
18	高校科研人力投入的重要程度	频次	4	3	33	120	181
		百分比/%	1.2	0.9	9.7	35.2	53.1
19	您认为高校 R& D 经费投入	频次	5	2	30	119	185
		百分比/%	1.5	0.6	8.8	34.9	54.3
20	高校创新基础设施建设（重点实验室、工程技术中心等）	频次	5	2	30	114	190
		百分比/%	1.5	0.6	8.8	33.4	55.7
21	高校创新载体建设（大学科技园、创新创业孵化中心等）	频次	7	5	42	111	176
		百分比/%	2.1	1.5	12.3	32.6	51.6
22	国家宏观基本政策（协同创新、创新驱动、校企合作等）	频次	6	0	26	100	209
		百分比/%	1.8	0	7.6	29.3	61.3
23	国家部委的具体政策（教育部、科技部等）	频次	6	4	21	103	207
		百分比/%	1.8	1.2	6.2	30.2	60.7
24	国家其他政策中的相关内容（创新创业、大学生就业等）	频次	7	3	40	114	177
		百分比/%	2.1	0.9	11.7	33.4	51.9
25	国家领导机关的统领性行政法规（行政、司法等）	频次	7	6	28	118	182
		百分比/%	2.1	1.8	8.2	34.6	53.4
26	国家部委的具体性部门规章（教育部等）	频次	5	5	34	119	178
		百分比/%	1.5	1.5	10.0	34.9	52.2
27	地方政府的地方性法规和行政规章	频次	6	4	33	114	184
		百分比/%	1.8	1.2	9.7	33.4	54.0
28	校企合作情感	频次	5	9	39	116	172
		百分比/%	1.5	2.6	11.4	34.0	50.4

续表

编号	指标	统计类别	评分				
			1	2	3	4	5
29	校企合作兴趣	频次	5	4	41	118	173
		百分比/%	1.5	1.2	12.0	34.6	50.7
30	校企合作动机	频次	5	3	30	129	174
		百分比/%	1.5	0.9	8.8	37.8	51.0
31	校企协同创新信任氛围	频次	5	3	36	117	180
		百分比/%	1.5	0.9	10.6	34.3	52.8
32	校企协同创新精神风格（意识、兴趣、胆量、决心等）	频次	5	4	41	114	177
		百分比/%	1.5	1.2	12.0	33.4	51.9
33	校企在地理空间的位置关系	频次	5	8	37	116	175
		百分比/%	1.5	2.3	10.9	34.0	51.3
34	高校学术群体（院系、学科、专业）与企业技术群体间（生产、研发等部门）的互动关系	频次	5	3	36	109	188
		百分比/%	1.5	0.9	10.6	32.0	55.1
35	契约型校企协同模式（协议、合同、条款等）	频次	4	6	40	108	183
		百分比/%	1.2	1.8	11.7	31.7	53.7
36	供需衔接型校企协同模式（产业学院、大学科技园等）	频次	6	5	31	127	172
		百分比/%	1.8	1.5	9.1	37.2	50.4
37	实体型校企协同模式（协同创新中心、校企研究院等）	频次	5	4	32	119	181
		百分比/%	1.5	1.2	9.4	34.9	53.1
38	战略型校企协同模式（校企联盟等）	频次	6	5	37	125	168
		百分比/%	1.8	1.5	10.9	36.7	49.3

续表

编号	指标	统计类别	评分				
			1	2	3	4	5
39	校企协同创新管理机构的分层设置（政府与高校层面）	频次	7	6	42	117	169
		百分比/%	2.1	1.8	12.3	34.3	49.6
40	校企协同创新的各级管理机构职权分配	频次	6	4	47	119	165
		百分比/%	1.8	1.2	13.8	34.9	48.4
41	政府不同部门相互配合支持校企协同创新	频次	6	5	38	109	183
		百分比/%	1.8	1.5	11.1	32.0	53.7
42	校企协同创新的主体利益分享机制	频次	6	3	26	124	182
		百分比/%	1.8	0.9	7.6	36.4	53.4
43	校企协同创新的研发风险分担机制	频次	5	2	28	133	173
		百分比/%	1.5	0.6	8.2	39.0	50.7
44	校企协同创新的资源共建共享机制	频次	5	2	27	122	185
		百分比/%	1.5	0.6	7.9	35.8	54.3
45	校企协同创新的供需信息交流机制	频次	4	4	34	112	187
		百分比/%	1.2	1.2	10.0	32.8	54.8
46	校企协同创新的政府公共平台服务机制	频次	5	3	32	118	183
		百分比/%	1.5	0.9	9.4	34.6	53.7

四、差异性分析

本书采用方差分析方法探究职称、单位、学科等对运行机制因素、管理体制因素、协同模式因素、非正式关系因素、创新文化因素、价值观因素、法律法规体系因素、政策结构体系因素、高校创新基础性因素、企业生产力创新实体性因素、高校功能渗透性因素、企业生产力渗透性因素、高校功能准备性因素、企业生产力准备性因素共 14 项一级指标的差异性。

（一）职称差异

职称对运行机制因素、协同模式因素、非正式关系因素、创新文化因素、价值观因素、法律法规体系因素、政策结构体系因素、高校创新基础性因素、企业生产力创新实体性因素、高校功能渗透性因素、企业生产力渗透性因素、高校功能准备性因素、企业生产力准备性因素等 13 项一级指标未表现出显著性（$p>0.05$），均表现出一致性。另外，职称样本对管理体制因素呈现显著性差异（$p<0.05$），见表 3-29。

表 3-29　职称对各指标的方差分析结果

一级指标	平均值±标准差					F	p
	正高级 （$n=58$）	副高级 （$n=92$）	中级 （$n=67$）	初级 （$n=26$）	行政人员 （无职称） （$n=98$）		
运行机制因素	4.28±0.84	4.38±0.57	4.35±0.85	4.31±0.77	4.50±0.72	0.986	0.415
管理体制因素	4.01±0.99	4.27±0.75	4.30±0.85	4.40±0.67	4.46±0.76	2.969	0.020*
协同模式因素	4.19±0.86	4.29±0.67	4.31±0.85	4.38±0.73	4.48±0.74	1.463	0.213
非正式关系因素	4.17±0.89	4.36±0.67	4.32±0.85	4.38±0.73	4.45±0.80	1.200	0.311
创新文化因素	4.22±0.95	4.30±0.70	4.35±0.84	4.35±0.82	4.46±0.78	0.893	0.468
价值观因素	4.21±0.92	4.26±0.66	4.30±0.84	4.29±0.82	4.48±0.76	1.451	0.217
法律法规体系因素	4.24±0.89	4.30±0.72	4.31±0.89	4.35±0.80	4.51±0.75	1.368	0.245
政策结构体系因素	4.35±0.79	4.41±0.68	4.35±0.92	4.42±0.70	4.54±0.74	0.835	0.504
高校创新基础性因素	4.24±0.83	4.36±0.59	4.37±0.82	4.41±0.72	4.46±0.77	0.860	0.488
企业生产力创新实体性因素	4.22±0.82	4.32±0.61	4.31±0.87	4.40±0.68	4.49±0.71	1.423	0.226

续表

一级指标	平均值±标准差					F	p
	正高级 ($n=58$)	副高级 ($n=92$)	中级 ($n=67$)	初级 ($n=26$)	行政人员 （无职称） ($n=98$)		
高校功能渗透性因素	4.19±0.86	4.33±0.64	4.37±0.85	4.41±0.67	4.47±0.75	1.416	0.228
企业生产力渗透性因素	4.24±0.84	4.41±0.67	4.38±0.88	4.44±0.66	4.48±0.72	0.952	0.434
高校功能准备性因素	4.29±0.82	4.38±0.55	4.38±0.83	4.44±0.62	4.46±0.75	0.548	0.701
企业生产力准备性因素	4.27±0.88	4.36±0.65	4.27±0.93	4.50±0.60	4.48±0.76	1.195	0.313

注：* 表示 $p < 0.050$。

职称与管理体制因素在 0.05 水平上呈显著性差异（$F=2.969$，$p=0.020$），具有较明显差异的组别其评分均值对比结果：中级＞正高级；初级＞正高级；无职称（行政人员）＞正高级（见图 3-21）。

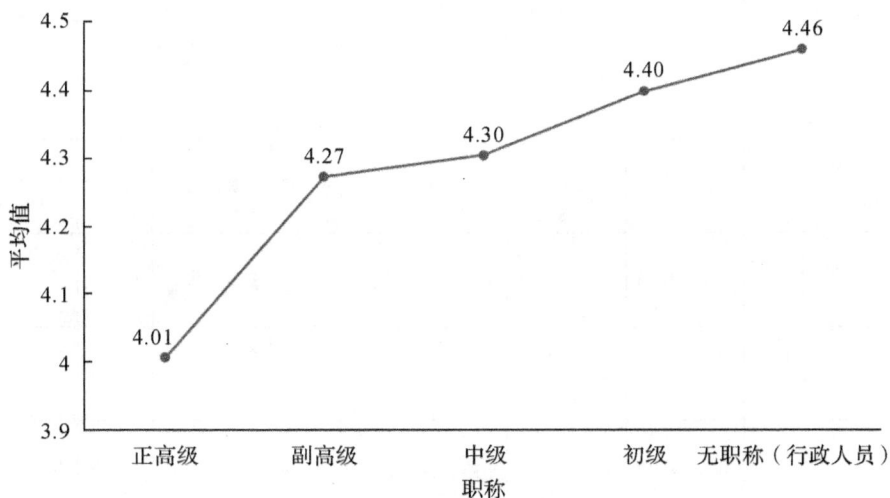

图 3-21 职称与管理体制因素的方差分析结果

(二)单位类型差异

单位类型对 14 项一级指标均未表现出显著性($p>0.05$),意味着单位类型样本对 14 项一级指标均表现出一致性,没有显著性差异(见表 3-30)。

表 3-30　单位类型对各指标的方差分析结果

一级指标	平均值±标准差					F	p
	部属本科院校 ($n=81$)	省属本科院校 ($n=231$)	市属本科院校 ($n=15$)	科研院所 ($n=8$)	其他 (请注明) ($n=6$)		
运行机制因素	4.32±0.75	4.43±0.71	4.25±1.15	4.35±0.45	4.20±0.51	0.539	0.707
管理体制因素	4.17±0.89	4.35±0.78	4.18±1.15	4.13±0.59	4.28±0.44	0.95	0.435
协同模式因素	4.23±0.82	4.40±0.73	4.18±1.16	4.13±0.52	4.29±0.46	1.041	0.386
非正式关系因素	4.23±0.84	4.42±0.73	4.20±1.16	3.81±1.03	4.25±0.42	1.995	0.095
创新文化因素	4.30±0.87	4.38±0.77	4.30±1.16	4.00±0.60	4.33±0.52	0.551	0.698
价值观因素	4.28±0.83	4.36±0.75	4.16±1.19	4.04±0.74	4.28±0.44	0.656	0.623
法律法规体系因素	4.34±0.80	4.38±0.78	4.04±1.28	4.46±0.53	4.28±0.44	0.685	0.603
政策结构体系因素	4.40±0.75	4.46±0.76	4.16±1.19	4.33±0.59	4.39±0.44	0.606	0.658
高校创新基础性因素	4.31±0.79	4.41±0.71	4.22±1.15	4.28±0.41	4.25±0.42	0.557	0.694
企业生产力创新实体性因素	4.36±0.72	4.37±0.73	4.17±1.16	4.16±0.61	4.29±0.40	0.424	0.792
高校功能渗透性因素	4.34±0.78	4.39±0.73	4.25±1.15	4.00±0.52	4.42±0.49	0.609	0.656
企业生产力渗透性因素	4.42±0.70	4.41±0.76	4.22±1.15	4.04±0.55	4.50±0.55	0.695	0.596

续表

一级指标	平均值±标准差					F	p
	部属本科院校 (n=81)	省属本科院校 (n=231)	市属本科院校 (n=15)	科研院所 (n=8)	其他 (请注明) (n=6)		
高校功能准备性因素	4.33±0.76	4.43±0.69	4.22±1.15	4.22±0.47	4.38±0.49	0.634	0.638
企业生产力准备性因素	4.29±0.74	4.42±0.78	4.20±1.15	4.25±0.60	4.33±0.52	0.629	0.642

(三)学科差异

学科对创新文化因素、价值观因素、高校创新基础性因素、企业生产力渗透性因素、企业生产力准备性因素等 5 项一级指标没有表现出显著性($p>0.05$)。学科对运行机制因素、管理体制因素、协同模式因素、非正式关系因素、法律法规体系因素、政策结构体系因素、企业生产力创新实体性因素、高校功能渗透性因素、高校功能准备性因素共 9 项一级指标表现出显著性($p<0.05$),意味着不同学科样本对于这 9 项因素有显著性差异(见表 3-31)。

表 3-31 学科对各指标的方差分析结果

一级指标	平均值±标准差										F	p
	哲学 (n=5)	经济学 (n=5)	法学 (n=4)	教育学 (n=39)	理学 (n=40)	工学 (n=182)	农学 (n=2)	医学 (n=26)	管理学 (n=34)	其他 (n=4)		
运行机制因素	3.44± 1.51	4.76± 0.36	4.25± 0.70	4.33± 0.54	4.20± 0.83	4.47± 0.75	4.40± 0.57	4.49± 0.44	4.21± 0.73	4.55± 0.41	2.014	0.037*
管理体制因素	2.93± 2.01	4.40± 0.68	4.00± 0.82	4.10± 0.64	4.11± 0.85	4.45± 0.81	4.00± 0.00	4.31± 0.56	4.19± 0.77	3.92± 0.83	3.149	0.001**
协同模式因素	3.60± 1.67	4.35± 0.42	4.19± 0.63	4.09± 0.52	4.19± 0.83	4.46± 0.80	4.00± 0.00	4.39± 0.52	4.22± 0.73	4.69± 0.38	1.924	0.048*
非正式关系因素	3.80± 1.79	4.50± 0.35	4.00± 0.82	4.17± 0.73	4.24± 0.82	4.49± 0.78	4.00± 0.00	4.37± 0.54	4.01± 0.77	4.63± 0.75	2.173	0.024*
创新文化因素	3.80± 1.79	4.40± 0.65	4.50± 0.58	4.23± 0.63	4.14± 0.87	4.44± 0.83	4.00± 0.00	4.46± 0.55	4.15± 0.79	4.75± 0.29	1.407	0.184

续表

一级指标	平均值±标准差										F	p
	哲学(n=5)	经济学(n=5)	法学(n=4)	教育学(n=39)	理学(n=40)	工学(n=182)	农学(n=2)	医学(n=26)	管理学(n=34)	其他(n=4)		
价值观因素	3.87±1.76	4.60±0.43	4.33±0.47	4.30±0.66	4.12±0.87	4.43±0.80	4.00±0.00	4.29±0.61	4.12±0.71	4.17±0.88	1.231	0.275
法律法规体系因素	3.73±1.83	4.47±0.61	4.67±0.47	4.30±0.55	4.03±0.92	4.51±0.78	4.00±0.00	4.49±0.55	4.09±0.74	3.42±1.26	3.232	0.001**
政策结构体系因素	3.87±1.76	4.53±0.51	4.75±0.50	4.39±0.49	4.17±0.82	4.53±0.78	4.00±0.00	4.60±0.46	4.27±0.69	3.17±1.37	2.92	0.002**
高校创新基础性因素	3.80±1.79	4.50±0.40	4.50±0.58	4.27±0.47	4.17±0.81	4.47±0.76	4.38±0.53	4.47±0.44	4.18±0.78	4.38±0.72	1.455	0.163
企业生产力创新实体性因素	3.80±1.79	4.30±0.60	3.94±0.83	4.17±0.56	4.11±0.83	4.48±0.76	4.38±0.53	4.46±0.43	4.21±0.55	4.38±0.72	2.111	0.028*
高校功能渗透性因素	3.80±1.79	4.60±0.38	4.44±0.43	4.19±0.49	4.12±0.80	4.49±0.80	4.63±0.53	4.38±0.46	4.16±0.68	4.50±0.84	1.962	0.043*
企业生产力渗透性因素	3.87±1.76	4.53±0.51	4.50±0.58	4.27±0.54	4.12±0.87	4.50±0.80	4.50±0.24	4.47±0.47	4.28±0.56	4.50±0.64	1.534	0.134
高校功能准备性因素	3.80±1.79	4.60±0.45	4.38±0.60	4.25±0.46	4.10±0.80	4.51±0.75	4.88±0.18	4.53±0.43	4.18±0.61	4.56±0.52	2.474	0.010**
企业生产力准备性因素	4.00±1.73	4.60±0.42	4.13±0.85	4.14±0.61	4.17±0.81	4.48±0.84	4.25±0.35	4.50±0.53	4.24±0.57	4.38±0.75	1.479	0.154

注:* 表示 $p<0.05$,** 表示 $p<0.01$。

所在学科与运行机制因素在 0.05 水平上呈显著性关异($F=2.014, p=0.037$),具有较明显差异的组别其评分均值对比结果:经济学>哲学;教育学>哲学;理学>哲学;工学>哲学;医学>哲学;管理学>哲学;其他>哲学;工学>理学(见图 3-22)。

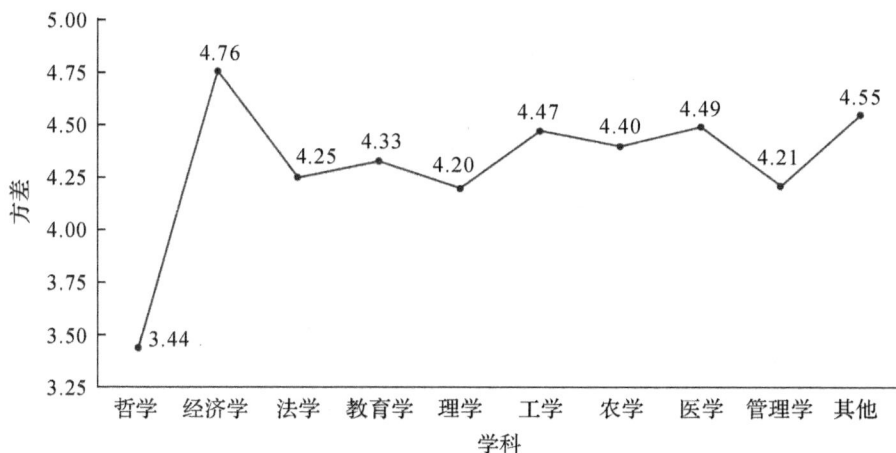

图 3-22　所在学科与运行机制因素的方差分析对比

所在学科与管理体制因素在 0.01 水平上呈显著性差异（$F=$ 3.149，$p=0.001$），具有较明显差异的组别其评分均值对比结果：经济学＞哲学；法学＞哲学；教育学＞哲学；理学＞哲学；工学＞哲学；医学＞哲学；管理学＞哲学；工学＞教育学；工学＞理学（见图 3-23）。

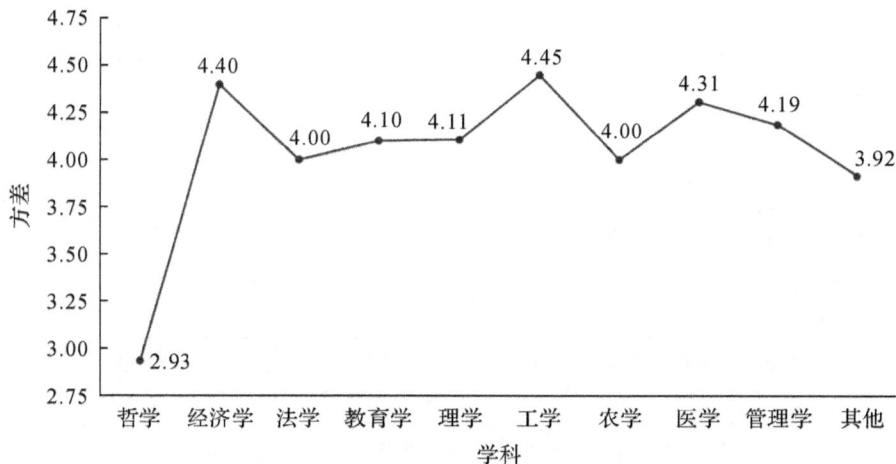

图 3-23　所在学科与管理体制因素的方差分析对比

所在学科与协同模式因素在 0.05 水平上呈显著性差异（$F=1.924$，$p=0.048$），具有较明显差异的组别其评分均值对比结果：工学＞哲学；医学＞哲学；其他＞哲学；工学＞教育学；工学＞理学（见图 3-24）。

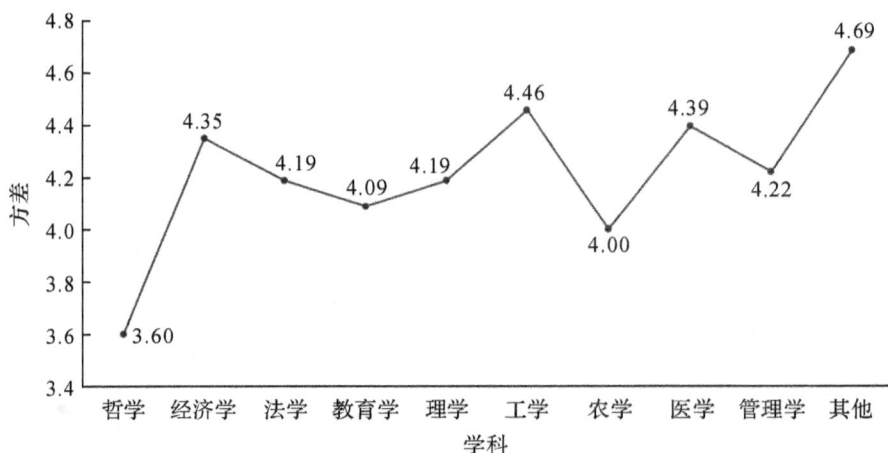

图 3-24 所在学科与协同模式因素的方差分析对比

所在学科与非正式关系因素在 0.05 水平上呈显著性差异（$F=2.173, p=0.024$），具有较明显差异的组别其评分均值对比结果：工学＞教育学；工学＞管理学（见图 3-25）。

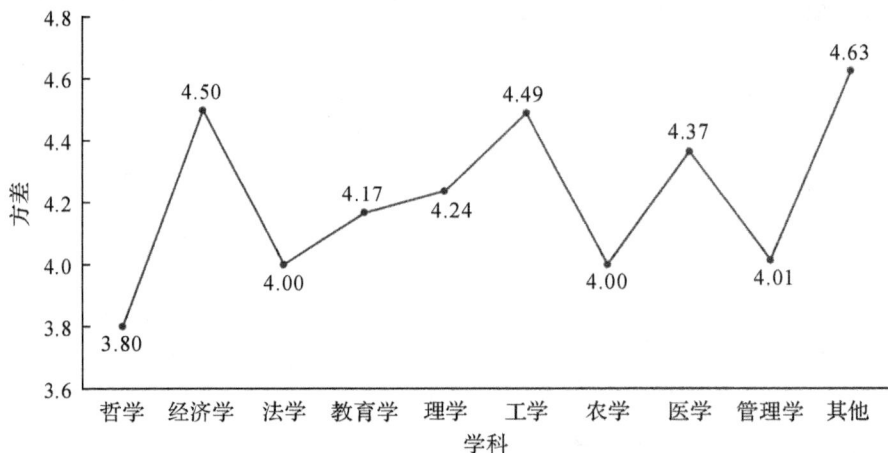

图 3-25 所在学科与非正式关系因素的方差分析对比

所在学科与法律法规体系因素在 0.01 水平上呈显著性差异（$F=3.232, p=0.001$），具有较明显差异的组别其评分均值对比结果：工学＞哲学；医学＞哲学；经济学＞其他；法学＞其他；教育学＞其他；工学＞理学；医学＞理学；工学＞管理学；工学＞其他；医学＞其他（见图 3-26）。

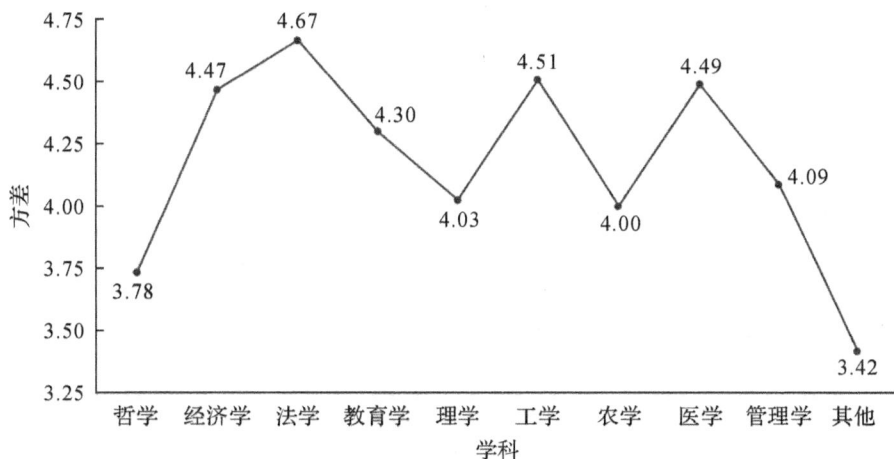

图 3-26　所在学科与法律法规因素的方差分析对比

所在学科与政策结构体系因素在 0.01 水平上呈显著性差异（$F=$ 2.920, $p=0.002$），具有较明显差异的组别其评分均值对比结果：医学 ＞哲学；经济学＞其他；法学＞其他；教育学＞其他；工学＞理学；医学＞ 理学；理学＞其他；工学＞其他；医学＞其他；管理学＞其他（见图 3-27）。

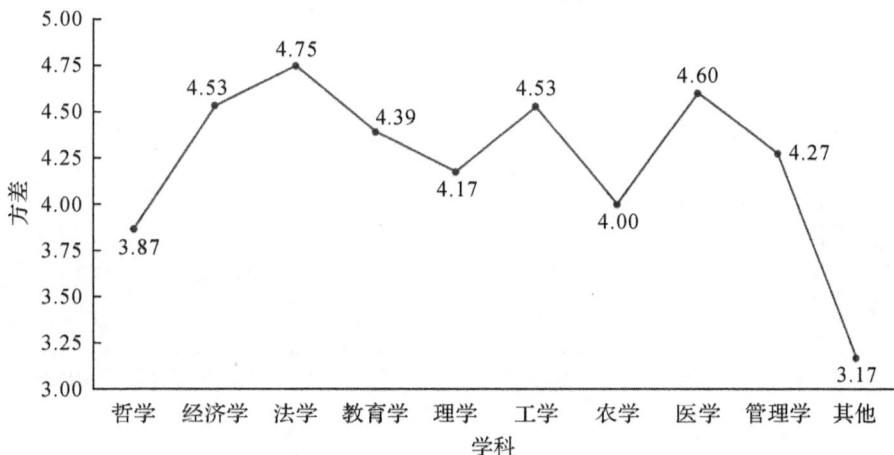

图 3-27　所在学科与政策结构体系因素的方差分析对比

所在学科与企业生产力创新实体性因素在 0.05 水平上呈显著性差 异（$F=2.111$, $p=0.028$），具有较明显差异的组别其评分均值对比结 果：工学＞哲学；工学＞教育学；工学＞理学；工学＞管理学（见图 3-28）。

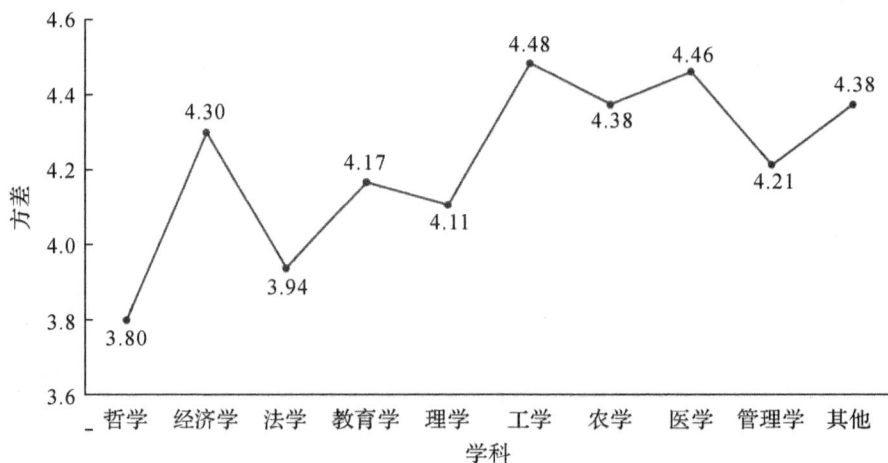

图 3-28　所在学科与企业生产力创新实体性因素的方差分析对比

所在学科与高校功能渗透性因素在 0.05 水平上呈显著性差异（$F=1.962, p=0.043$），具有较明显差异的组别其评分均值对比结果：工学＞哲学；工学＞教育学；工学＞理学；工学＞管理学（见图 3-29）。

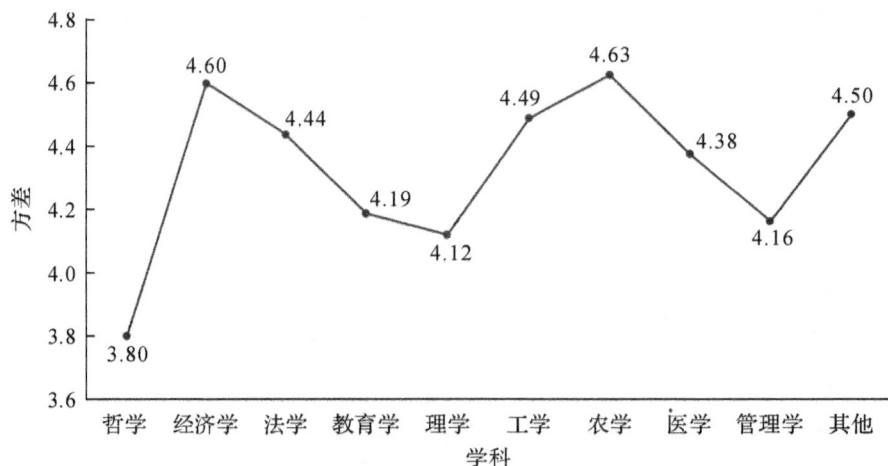

图 3-29　所在学科与高校功能渗透性因素的方差分析对比

所在学科与高校功能准备性因素在 0.01 水平上呈显著性差异（$F=2.474, p=0.010$），具有较明显差异的组别其评分均值对比结果：工学＞哲学；医学＞哲学；工学＞教育学；工学＞理学；医学＞理学；工学＞管理学（见图 3-30）。

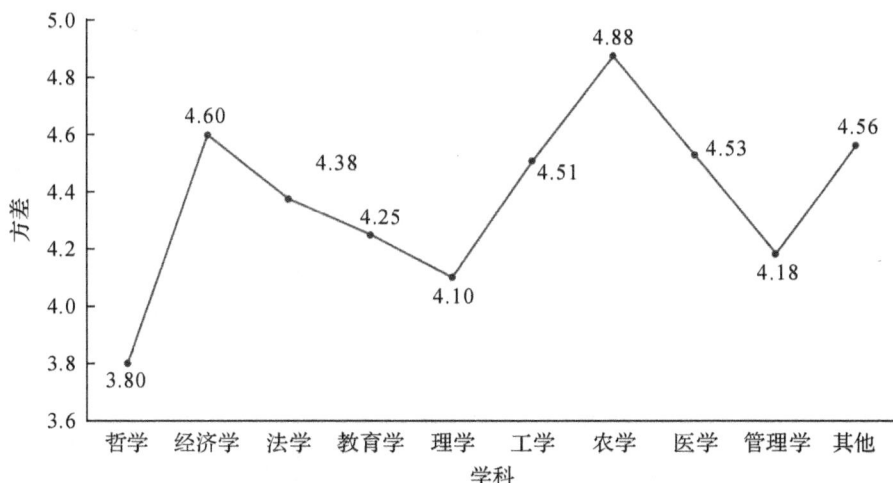

图 3-30　所在学科与高校功能准备性因素的方差分析对比

五、信度分析与效度检验

(一)信度分析

信度是指问卷或量表等测验结果的一致性、稳定性及可靠性,信度越高,表明可观测变量的方差对潜变量的解释程度越高,说明测量所得结果具有较好的内部一致性。本书采用 SPSS 25.0 对问卷信度进行检验,利用克朗巴哈系数(Cronbach α)衡量样本数据的内部一致性。对每个变量所对应的问卷题项,计算题项—整体相关系数(CITC)与 Cronbach α。Cronbach α 高于 0.8,说明信度高;0.7~0.8,说明信度较好;0.6~0.7,说明信度可接受;小于 0.6,说明信度不佳。CITC 低于 0.3,可考虑将该项删除。如果项已删除的 α 明显高于 Cronbach α,此时可考虑将该项删除后进行重新分析。

问卷信度系数为 0.991,大于 0.9,说明研究数据信度质量很高。由表 3-32 可知,任意题项被删除后,项已删除的 α 并不会明显增大,因此题项不应该被删除。分析项的 CITC 均大于 0.4,说明分析项之间具有良好的相关关系,同时也说明信度良好。

表 3-32　各维度题项信度分析结果

维度	题项	CITC	项已删除的 α	Cronbach α
企业生产力准备性因素	1	0.746	—	0.853
	2	0.746	—	
高校功能准备性因素	3	0.797	0.902	0.920
	4	0.813	0.898	
	5	0.859	0.881	
	6	0.796	0.903	
企业生产力渗透性因素	7	0.862	0.902	0.933
	8	0.872	0.894	
	9	0.852	0.911	
高校功能渗透性因素	10	0.816	0.907	0.926
	11	0.869	0.890	
	12	0.833	0.901	
	13	0.797	0.915	
企业生产力创新实体性因素	14	0.824	0.919	0.933
	15	0.848	0.912	
	16	0.865	0.906	
	17	0.837	0.915	
高校创新基础性因素	18	0.851	0.902	0.929
	19	0.839	0.906	
	20	0.856	0.901	
	21	0.799	0.922	
政策结构体系因素	22	0.878	0.880	0.929
	23	0.859	0.893	
	24	0.831	0.919	
法律法规体系因素	25	0.888	0.909	0.942
	26	0.884	0.912	
	27	0.866	0.925	

续表

维度	题项	CITC	项已删除的 α	Cronbach α
价值观因素	28	0.836	0.915	0.929
	29	0.884	0.874	
	30	0.850	0.903	
创新文化因素	31	0.878	—	0.935
	32	0.878	—	
非正式关系因素	33	0.745	—	0.853
	34	0.745	—	
协同模式因素	35	0.866	0.912	0.937
	36	0.863	0.913	
	37	0.874	0.910	
	38	0.797	0.934	
管理体制因素	39	0.874	0.883	0.930
	40	0.879	0.879	
	41	0.815	0.929	
运行机制因素	42	0.852	0.952	0.957
	43	0.891	0.945	
	44	0.915	0.941	
	45	0.876	0.948	
	46	0.866	0.949	

　　折半信度是将题项均分为两部分，分别计算其 Cronbach α 以及相关系数，进而估计整体的信度。确认选择等长或不等长的 Spearman-Brown 折半信度系数进行折半信度分析，同时结合 Guttman Split-Half 系数综合分析信度水平。Cronbach α、Spearman-Brown 折半信度系数、Guttman Split-Half 系数的判断标准通常相同：如果高于 0.8，则说明信度高；如果为 0.7～0.8，则说明信度较好；如果为 0.6～0.7，则说明信度可接受；如果小于 0.6，则说明信度不佳。本书中，分析项的数量相等，因此应该使用等长折半系数 Spearman-Brown 折半信度系数进行信度质量判断。由表 3-33 可知，Spearman-Brown 折半信度系数和 Guttman

Split-Half 系数均为 0.969,大于 0.9,说明研究数据信度质量较高。

表 3-33　折半信度结果

Cronbach α				前半部分和后半部分间的相关系数	Spearman-Brown 折半信度系数		Guttman Split-Half 系数
前半部分		后半部分			等长	不等长	
值	项数	值	项数				
0.983	23	0.984	23	0.94	0.969	0.969	0.969

(二)效度检验

1. 内容效度

区域内高校与战略性新兴产业协同发展指标体系是建立在文献研究基础上,经过专家咨询、问卷预发放等阶段,最终修改而形成的。该指标体系概括了相关领域的研究成果,并嵌入了区域内高校与战略性新兴产业协同发展的实际情境要素,以确保在一定程度上具有内容效度。经计算,内容效度指数全体一致的 S-CVI/UA 范围为 0.817~0.913,大于 0.8,反映专家们一致认为相关的情况,说明问卷整体内容效度良好。

2. 结构效度

因子分析探索定量数据可以浓缩为几个方面(因子),每个方面(因子)和题项具有对应关系。如果 KMO 大于 0.8,说明非常适合进行因子分析;如果 KMO 为 0.7~0.8,说明比较适合进行因子分析;如果 KMO 为 0.6~0.7,说明可以进行因子分析;如果 KMO 小于 0.6,说明不适合进行因子分析。如果 Bartlett 检验对应 p 值小于 0.05,则说明适合进行因子分析。

使用因子分析进行信息浓缩研究,首先要分析研究数据是否适合进行因子分析。由表 3-34 可知,KMO 为 0.977,大于 0.6,满足因子分析的前提,意味着数据可用于因子分析研究;数据通过了 Bartlett 球形度检验($p<0.05$),说明适合进行因子分析。

表 3-34　影响因素指标体系的 KMO 和 Bartlett 球体检验

KMO		0.977
Bartlett 球形度检验	χ^2	21949.779
	df	1035
	p	0.000

本书使用最大方差旋转方法（varimax）进行旋转，以便找出因子和研究项的对应关系。选择固定提取 14 个公共因子（见表 3-35），所有研究题项对应的共同度均大于 0.4，意味着研究题项与因子之间有较强的关联性，因子可以有效地提取信息。保留旋转后因子载荷值大于等于 0.4 的结果，选取特征值大于 1 的因子，共得到 13 个有效因子，各题项较好地负载至其预期测量的公共因子上，但是与预想的情况不完全一致，因此对模型进行修正。由于公共因子 12 与公共因子 13 只包含 1 个题项，且课题组通过商议认为，两者包含的题项可以合并，最终决定将公共因子 12 与公共因子 13 合并。将公共因子 1 命名为价值观因素，公共因子 2 命名为政策法律因素，公共因子 3 命名为管理体制因素，公共因子 4 命名为校企供需衔接因素，公共因子 5 命名为运行机制因素，公共因子 6 命名为企业生产力创新实体性因素，公共因子 7 命名为企业准备性因素，公共因子 8 命名为高校功能渗透性因素，公共因子 9 命名为协同模式因素，公共因子 10 命名为高校创新基础性因素，公共因子 11 命名为高校创新投入因素，公共因子 12 命名为高校创新创业教育因素。

表 3-35　高校与战略性新兴产业协同发展的关键影响因素指标体系因子分析结果

题项	旋转后的成分矩阵														共同度
	1	2	3	4	5	6	7	8	9	10	11	12	13	14	
29	0.717														0.918
30	0.707														0.885
31	0.677														0.924
28	0.666														0.878

续表

题项	旋转后的成分矩阵														共同度
	1	2	3	4	5	6	7	8	9	10	11	12	13	14	
32	0.603														0.890
34	0.534														0.889
26		0.711													0.925
25		0.682													0.916
23		0.649													0.869
24		0.631													0.908
27		0.610													0.908
22		0.601													0.885
13		0.400													0.847
38			0.715												0.909
40			0.702												0.923
39			0.699												0.903
41			0.595												0.887
42			0.505												0.873
35			0.419												0.904
9				0.646											0.885
7				0.637											0.908
8				0.637											0.898
6				0.562											0.850
5				0.422											0.878
10				0.411											0.839
45					0.670										0.906
44					0.629										0.908
46					0.598										0.902

续表

题项	旋转后的成分矩阵														共同度
	1	2	3	4	5	6	7	8	9	10	11	12	13	14	
43					0.500										0.898
15						0.626									0.898
16						0.583									0.878
17						0.432									0.871
14						0.422									0.879
1							0.730								0.928
2							0.568								0.881
3							0.464								0.869
12								0.671							0.915
11								0.433							0.870
36									0.460						0.903
37									0.400						0.866
21										0.559					0.923
20										0.404					0.882
19											0.449				0.895
18											0.400				0.870
4												0.542			0.885
33													0.617		0.930

因子分析旋转后的方差解释率分别为 13.404%、12.898%、11.869%、10.625%、8.653%、6.245%、6.101%、5.288%、2.954%、2.698%、2.681%、2.506%、2.375%、0.954%，旋转后的累积方差解释率为 89.252%。因子的特征根累积解释了总体方差的 89.252%（见表 3-36），因子分析结果可以接受。

表 3-36　指标体系因子分析方差解释

成分	初始特征值			旋转载荷平方和		
	总计	方差解释率/%	累积方差解释率/%	总计	方差解释率/%	累积方差解释率/%
1	33.018	71.779	71.779	6.166	13.404	13.404
2	1.236	2.687	74.466	5.933	12.898	26.302
3	1.012	2.199	76.666	5.460	11.869	38.171
4	0.844	1.836	78.502	4.888	10.625	48.796
5	0.720	1.565	80.066	3.980	8.653	57.449
6	0.656	1.426	81.492	2.873	6.245	63.694
7	0.585	1.271	82.764	2.806	6.101	69.795
8	0.554	1.205	83.969	2.432	5.288	75.083
9	0.505	1.099	85.067	1.359	2.954	78.037
10	0.427	0.928	85.995	1.241	2.698	80.735
11	0.403	0.877	86.872	1.233	2.681	83.416
12	0.399	0.868	87.740	1.153	2.506	85.922
13	0.352	0.765	88.504	1.093	2.375	88.298
14	0.344	0.748	89.252	0.439	0.954	89.252
15	0.333	0.724	89.976			
16	0.313	0.680	90.656			
17	0.290	0.631	91.286			
18	0.261	0.566	91.852			
19	0.256	0.556	92.409			
20	0.237	0.515	92.923			
21	0.229	0.498	93.421			
22	0.219	0.476	93.897			
23	0.201	0.437	94.334			
24	0.187	0.406	94.740			

成分	初始特征值			旋转载荷平方和		
	总计	方差解释率/%	累积方差解释率/%	总计	方差解释率/%	累积方差解释率/%
25	0.176	0.382	95.121			
26	0.171	0.372	95.494			
27	0.161	0.350	95.844			
28	0.152	0.331	96.175			
29	0.145	0.315	96.490			
30	0.141	0.308	96.798			
31	0.135	0.293	97.091			
32	0.130	0.283	97.374			
33	0.123	0.268	97.642			
34	0.119	0.258	97.900			
35	0.112	0.242	98.142			
36	0.108	0.235	98.377			
37	0.102	0.222	98.600			
38	0.098	0.213	98.813			
39	0.089	0.193	99.006			
40	0.083	0.181	99.188			
41	0.079	0.172	99.360			
42	0.068	0.148	99.508			
43	0.067	0.146	99.654			
44	0.062	0.135	99.789			
45	0.055	0.119	99.908			
46	0.042	0.092	100			

3. 验证性因子分析

本书针对 12 个因子及其 46 个分析项进行验证性因子分析(CFA)。有效样本量为 341,超出分析项数量的 5 倍,基本符合进行 CFA 的条件。通过因子载荷(factor loading)系数、平均提取方差(AVE)和组合信度(CR)判断收敛效度。

因子载荷系数展示因素(潜变量)与分析项(显变量/测量项)之间的相关关系:如果某分析项与因子呈现显著性,且标准载荷系数大于 0.7,则说明二者具有较强的相关关系;如果某分析项与因子没有呈现出显著性,或标准载荷系数较小(如小于 0.4),则说明二者间关系弱,可考虑移除该项。由表 3-37 可知,标准载荷系数均大于 0.8,且呈现显著性,说明有较好的测量关系。

表 3-37　因子载荷系数

因子 (潜变量)	测量项 (显变量)	非标准 载荷系数 (Coef.)	标准误 (Std. Error)	z (CR)	p	标准载荷系数 (Std. Estimate)
价值观因素	28	1.000	—	—	—	0.869
	29	1.000	0.040	24.803	0.000	0.908
	30	0.947	0.038	24.683	0.000	0.906
	31	1.027	0.037	28.009	0.000	0.956
	32	1.008	0.040	25.110	0.000	0.913
	34	0.956	0.041	23.515	0.000	0.886
政策法律因素	13	1.000	—	—	—	0.834
	22	0.937	0.043	21.624	0.000	0.889
	23	0.951	0.045	20.974	0.000	0.874
	24	1.031	0.048	21.351	0.000	0.883
	25	1.044	0.047	22.058	0.000	0.899
	26	1.019	0.045	22.620	0.000	0.911
	27	0.998	0.047	21.287	0.000	0.881

因子 （潜变量）	测量项 （显变量）	非标准 载荷系数 （Coef.）	标准误 (Std. Error)	z (CR)	p	标准载荷系数 (Std. Estimate)
管理体制因素	35	1.000	—	—	—	0.880
	42	0.957	0.041	23.557	0.000	0.877
	38	1.026	0.042	24.436	0.000	0.892
	39	1.092	0.043	25.316	0.000	0.905
	40	1.070	0.041	25.815	0.000	0.913
	41	1.016	0.044	23.201	0.000	0.871
校企供需衔接 因素	5	1.000	—	—	—	0.882
	6	1.020	0.041	24.652	0.000	0.892
	7	1.044	0.043	24.278	0.000	0.886
	8	1.050	0.042	24.953	0.000	0.897
	9	1.012	0.041	24.769	0.000	0.894
	10	1.013	0.042	24.218	0.000	0.885
运行机制因素	43	1.000	—	—	—	0.918
	44	1.021	0.033	31.189	0.000	0.935
	45	1.014	0.036	27.854	0.000	0.902
	46	1.009	0.037	27.265	0.000	0.895
企业生产力创 新实体性因素	14	1.000	—	—	—	0.877
	15	0.929	0.040	23.113	0.000	0.875
	16	1.014	0.043	23.704	0.000	0.885
	17	0.994	0.041	24.097	0.000	0.892
企业准备性因素	1	1.000	—	—	—	0.818
	2	1.003	0.049	20.348	0.000	0.893
	3	0.962	0.048	20.009	0.000	0.883
高校功能渗透 性因素	11	1.000	—	—	—	0.926
	12	0.952	0.039	24.239	0.000	0.858
协同模式因素	36	1.000	—	—	—	0.902
	37	0.991	0.036	27.410	0.000	0.918
高校创新基础 性因素	20	1.000	—	—	—	0.903
	21	1.088	0.045	24.102	0.000	0.876

续表

因子 (潜变量)	测量项 (显变量)	非标准 载荷系数 (Coef.)	标准误 (Std. Error)	z (CR)	p	标准载荷系数 (Std. Estimate)
高校创新投入 因素	18	1.000	—	—	—	0.913
	19	1.006	0.036	28.347	0.000	0.916
创新创业教育 因素	4	1.000	—	—	—	0.801
	33	1.001	0.058	17.217	0.000	0.784

若 AVE 大于 0.5 且 CR 大于 0.7,则说明聚合效度较高;如果 AVE 或 CR 较小,可考虑移除某因子后重新分析聚合效度。由表 3-38 可知, 12 个公共因子对应的 AVE 均大于 0.5,且 CR 均大于 0.7,说明本次分析数据具有良好的聚合(收敛)效度。

表 3-38　模型 AVE 和 CR 指标结果

因子	AVE	CR
价值观因素	0.821	0.965
政策法律因素	0.776	0.960
管理体制因素	0.793	0.958
校企供需衔接因素	0.791	0.958
运行机制因素	0.832	0.952
企业生产力创新实体性因素	0.779	0.934
企业准备性因素	0.743	0.897
高校功能渗透性因素	0.796	0.886
协同模式因素	0.828	0.906
高校创新基础性因素	0.789	0.882
高校创新投入因素	0.836	0.911
高校创新创业教育因素	0.628	0.772

六、研究结果及讨论

(一)初始模型

本书采用 SPSS 25.0 软件进行统计分析。运用均值、标准差、最小值、最大值、众数和频次分布对各指标进行初步描述性统计分析,可以看出各指标的重要程度评分均值均超过 4,众数均为 5,样本对指标的评分集中于 4 和 5,说明样本组织差异较小,评价结果的一致性较好。

信度分析包括内部信度与折半信度,内部信度用 CITC 与 Cronbach α 代表,折半信度用 Cronbach α、Spearman-Brown 折半信度系数、Guttman Split-Half 系数表示。问卷信度系数为 0.991,大于 0.9,任意题项被删除后,信度系数并不会有明显的增大,分析项的 CITC 均大于 0.4,Spearman-Brown 折半信度系数为 0.969,Guttman Split-Half 系数为 0.969,说明信度较高。

效度包括内容效度、结构效度与聚合效度。由于专家人数较多,内容效度使用全体一致的 S-CVI/UA 表示,其范围为 0.817~0.913,大于 0.8,反映了专家们一致认为相关的情况,说明问卷整体内容效度良好。结构效度采用探索性因子分析,固定提取 14 个公共因子,所有分析项对应的共同度均大于 0.4,分析项和因子之间有较强的关联性,题项较好地负载于预期测量的公共因子之上,但是与预想的情况不完全一致,因此需要对模型进行修正。聚合效度通过因子载荷系数、AVE 和 CR 判断,标准载荷系数均大于 0.8,且呈现出显著性,AVE 全部大于 0.5,CR 均大于 0.7,本次分析数据具有良好的聚合(收敛)效度。

(二)修正后的模型

通过信效度以及验证性因子的检验,得到模型拟合指标可以验证模型的适配度,拟合指数均在可接受范围内,表示模型适配度良好(见表 3-39)。

表 3-39　模型拟合指标

常用指标	χ^2	df	p	卡方自由度比 (χ^2/df)	GFI	RMSEA	RMR	CFI	NFI	NNFI
判断标准	—	—	>0.05	<3	>0.9	<0.10	<0.05	>0.9	>0.9	>0.9
值	3068.284	923	0.000	3.324	0.733	0.083	0.021	0.903	0.867	0.891

其他指标	TLI	AGFI	IFI	PGFI	PNFI	SRMR	RMSEA 90% CI
判断标准	>0.9	>0.9	>0.9	>0.9	>0.9	<0.1	—
值	0.891	0.687	0.903	0.626	0.773	0.031	0.074~0.087

但是,由于结构效度结果与预想的情况不完全一致,本书在原始模型的基础上进行了删减、修改与合并,修正后的模型如图 3-31 所示。具体修正情况下:

将原始模型中一级指标非正式关系因素中的二级指标群体与群体间关系,一级指标创新文化因素中的二级指标创新信任氛围、创新精神风格,纳入一级指标价值观因素。

删除一级指标法律法规体系因素,将该一级指标中的二级指标国家领导机关的统领性行政法规、国家部委的具体性部门规章、地方政府的地方性法规和行政规章归为一级指标政策结构体系因素,并将该一级指标命名修改为政策法律因素。将原始模型中一级指标高校功能渗透性因素的二级指标高校科研评价改革纳入政策法律因素。

将一级指标协同模式因素中的二级指标契约型协同模式、战略型协同模式,一级指标运行机制因素中的二级指标主体利益分享机制,移入一级指标管理体制因素。

将一级指标高校功能准备性因素中的二级指标校企产教融合与协同育人、高校学科专业结构,一级指标高校功能渗透性因素中的二级指标高校科研成果转化纳入一级指标企业生产力渗透性因素,并将该指标重新命名为校企供需衔接因素。

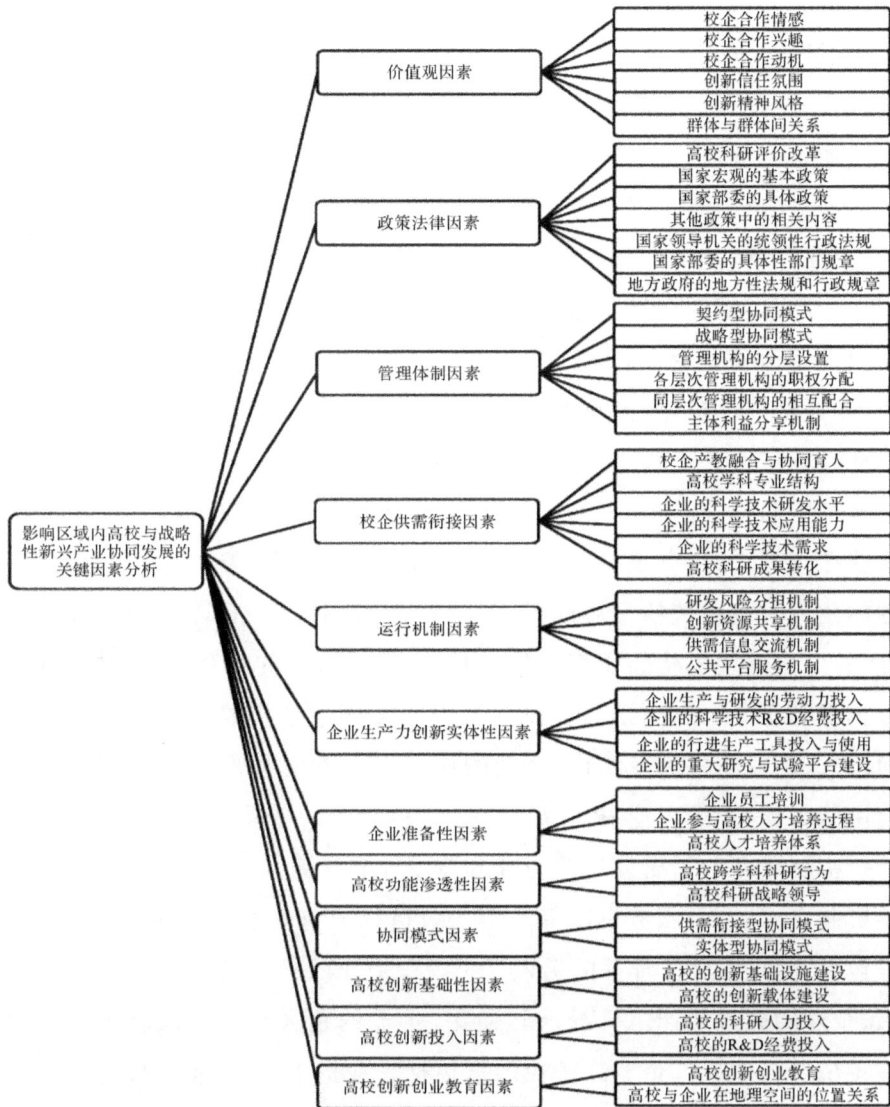

图 3-31　区域内高校与战略性新兴产业协同发展的影响因素的修正模型

　　将一级指标高校功能准备性因素中的二级指标高校人才培养体系，移入一级指标企业生产力准备性因素，并将该指标重新命名为企业准备性因素。

　　将一级指标高校创新基础性因素中的二级指标高校的科研人力投入、高校的 R&D 经费投入，合并为新的一级指标高校创新投入因素。

　　将一级指标高校功能准备性因素中的二级指标高校创新创业教育，一级指标非正式关系因素中的二级指标高校与企业在地理空间的位置关系合并，并将其一级指标命名为高校创新创业教育因素。

　　最终，一级指标共12个，分别为价值观因素、政策法律因素、管理体制因素、校企供需衔接因素、运行机制因素、企业生产力创新实体性因素、企业准备性因素、高校功能渗透性因素、协同模式因素、高校创新基础性因素、高校创新投入因素、高校创新创业教育因素。具体来看，价值观因素包括校企合作情感、校企合作兴趣、校企合作动机、创新信任氛围、创新精神风格、群体与群体间关系等6个二级指标。政策法律因素包括高校科研评价改革、国家宏观的基本政策、国家部委的具体政策、其他政策中的相关内容、国家领导机关的统领性行政法规、国家部委的具体性部门规章、地方政府的地方性法规和行政规章等7个二级指标。管理体制因素包括契约型协同模式、战略型协同模式、管理机构的分层设置、各层次管理机构的职权分配、同层次管理机构的相互配合、主体利益分享机制等6个二级指标。校企供需衔接因素包括校企产教融合与协同育人、高校学科专业结构、企业的科学技术研发水平、企业的科学技术应用能力、企业的科学技术需求、高校科研成果转化等6个二级指标。运行机制因素包括研发风险分担机制、创新资源共享机制、供需信息交流机制、公共平台服务机制等4个二级指标。企业生产力创新实体性因素包括企业生产与研发的劳动力投入、企业的科学技术 R&D 经费投入、企业的先进生产工具投入与使用、企业的重大研究与试验平台建设等4个二级指标。企业准备性因素包括企业员工培训、企业参与高校人才培养过程、高校人才培养体系等3个二级指标。高校功能渗透性因素包括高校跨学科科研行为、高校科研战略领导等2个二级指标。协同模式因素包括供需衔接型协同模式、实体型协同模式等2个二级指标。高校创新基础性因素包括高校的创新基础设施建设、高校的创新载体建设等2个二级指标。高校创新投入因素包括高校的科研人力投入、高校的 R&D 经费投入等2个二级指标。高校创新创业教育因素包括高校创新创业教育、高校与企业在地理空间的位置关系等2个二级指标。

第四章
区域内高校与战略性新兴产业协同发展的比较研究

第一节 高校与战略性新兴产业协同发展的国际比较

一、成为战略性新兴产业的动力来源：大学知识生产及转化应用的引擎作用

大学在战略性新兴产业形成与发展过程中的驱动作用非比寻常。德里克·博克（Derek Bok）曾提及，在所有因素中，正是知识改变了哈佛大学和其他大学的面貌。从第二次世界大战开始，随着战后继续发展的电子学和生物工艺学的进步、各行各业的精通业务、政策分析的运用和现代医学的革命，我们更加清楚地认识到知识、专门知识和新的发明是社会进步的关键因素。大学依托重点研究机构和优势特色学科等创新资源，通过知识的外溢效应和知识转化成果的扩散发挥引领支撑作用，成为撬动区域新经济发展的重要支点。

第一，大学及其重点研究机构已经成为衍生、发展高新技术产业及

吸引高新技术产业规模化聚集的重要"磁石"。高新技术产业集群内或附近的大学和研究机构特别是研究型大学越强、越多,这个产业集群的科技创业活动就越活跃,技术创新的能力和思维就越强。第二次世界大战以来,麻省理工学院成为美国军事科技领域和微电子技术革命的主要研究中心之一,汇集了全美顶尖的科技工程师和产业技术工人,成为波士顿地区军用科技向民用领域的经济转型"先锋"。20世纪60年代,德国维尔纳·桑巴特(Werner Sombart)提出了"生长轴"理论,认为连接各中心的重要交通干线如铁路、公路、航道等的建设,使产业和人口沿交通干线集聚,从而形成产业集聚带。

大学正是进行知识创新的实体中心,它能为建立在其附近的战略性新兴产业集群源源不断地提供知识创新的成果、高新技术人才以及创业家,它是战略性新兴产业集群内企业技术创新的重要源泉。美国128号公路沿线两侧聚集了数以千计的从事高技术研究与生产的机构和公司,而这些高新技术企业的雏形则是从大学实验室分化出来的离子公司、高电压公司等。其中,以生物技术为中心的肯德尔园区已聚集了近百家生物技术公司,它们大多数与麻省理工学院和哈佛大学密切相关。斯坦福大学于1951年成立的微电子研究和生产基地,是世界第一个以大学为依托的科学园区,而以斯坦福大学、加州大学伯克利分校、圣塔克拉大学为主的高等教育集聚式布局则构建了庞大的区域创新网络,最终缔造了硅谷帝国。

英国和德国仿效美国,在研究型大学周围建立牛津科学园和慕尼黑科技园等世界著名的高新技术产业园区,极大地推动了电子信息产业集群的发展壮大,打造了引领本国战略性新兴产业经济发展的新增长极。英国罗素集团的大学越来越多地专注以研究为导向的活动,通常与大公司和非商业组织合作。[①] 威尔士加的夫市的创新网络成功建立在加的夫大学提供行业立即关注的事件,以及指导行业解决其问题

---

① Mabel Sánchez-Barrioluengo, Elvira Uyarra, Fumi Kitagawa. Understanding the evolution of the entrepreneurial university: The case of English higher education institutions[J]. Higher Education Quarterly,2019(4):469-495.

的基础上。^①这正如德里克·博克（Derek Bok）所言："我们不知道一个没有大学的城市会更富有还是更贫穷，因为谁也无法预知一个没有像大学这样的机构存在的社区会是怎样的情况。但是，我们相信，相对来说，很少有其他方式可以像大学那样给一个城市带来如此大的经济效益。"

第二，大学一流学科及学科群与战略性新兴产业之间具有紧密的关联性和耦合性。建设世界一流学科是世界一流大学回应战略性新兴产业发展需求和期待的必然选择，更是推动大学与战略性新兴产业协同发展的必要前提和持续行动基础。英国剑桥科学园发展依托于剑桥大学世界一流的工程、技术与计算机科学学科。大学与企业之间的合作是德国公司进行根本性创新的关键条件，汇集西门子、博世、奔驰、蒂森克虏伯、大众等世界巨头的德国高端装备制造产业集群，离不开慕尼黑工业大学的工程科学学科、德累斯顿工业大学的微电子专业、亚琛工业大学的机械制造学科和电气工程学科、不来梅大学的工业工程学科以及卡尔斯鲁厄大学的计算机信息学科及其学科群的强力支撑。美国斯坦福大学电子学科群的形成和发展探索了一条大学优势学科群与电子信息产业协同发展的成功道路，可以说，没有斯坦福大学的电子学科群，就没有硅谷。^②加州大学伯克利分校的原子工程学科群为美国核工业产业集群的世界霸主地位奠定了坚实基础。卡耐基·梅隆大学抓住计算机技术与科学发展的重大历史机遇，确定了计算机信息学科为该校优先发展领域，在计算机、机器人、软件工程、管理信息技术等项目研究上取得了飞速发展，使该校在计算机、科学、信息科学领域的学科实力享誉全球，极大地推动了美国以软件产业、航空航天产业为代表的高新技术产业集群的发展。

① Haydn Jones,Sarah Jenkins. Networking for innovation in South Wales[J]. Industry and Higher Education,1999(1):65-71.
② 王义遒.建设世界一流大学究竟靠什么[J].高等教育研究,2011(1):1-4.

二、面向战略性新兴产业的自我革新:传统大学转型及创业型大学兴起

20 世纪中后期,大学外部社会经济环境的急剧变化迫切要求大学做出恰当的应答。互联网全球化的普及使得去中心化意识越来越流行,社会个性化和多元化需求也越来越丰富,随之出现了越来越多的小型公司和组织。但是,大学与环境的关系表现出在环境的需求和大学反应的能力之间越来越深刻的不对称特征,这种不平衡现象导致大学不能满足环境需求的问题,全世界的大学已经进入一个看不到尽头的令人感到混乱的时期[①],也有人称高等教育进入了"冰河的时代"[②]。纯粹的研究型大学和大学的"象牙塔"纯粹学术越来越无法满足社会对各种各样人才的需求,校园中内的研究型知识与社会技能开始出现脱节。因此,传统大学的转型已经进入一些欧洲大学的议事日程。

第一,创业型大学的兴起缘由及其成功典范。随着传统产业的更新升级以及战略性新兴产业的迅猛发展,激烈的国际市场外部竞争环境和科技创新动力,以及大学内部治理结构的改革正在促成大学服务范式的重新评估与建构,并改变了大学与战略性新兴产业协同发展过程中的教学、科研、社会服务的职能运转机制。这种运转机制的主要表现是为大学的知识生产、教学、科研注入了各种社会环境新因素,包括更多的、更直接的商业化研究活动,利用科研成果为经济增长做出贡献,课程多样化以及为创业活动提供适宜气氛等。[③] 这就推动了以英格兰沃里克大学、苏格兰斯特拉斯克莱德大学、荷兰特文特大学、芬兰约恩苏大学和瑞典恰尔默斯技术大学为代表的欧洲创业型大学的诞生与发展。欧洲有3000 个强大的产业集群,而创业型大学是迄今为止最成功的模式,自1990 年以来,产业集群和企业大学作为发展当地经济的工具变得越来

① 克拉克.建立创业型大学:组织上转型的途径[M].王承绪,译.北京:人民教育出版社,2003:1.
② 克尔.高等教育不能回避历史[M].王承绪,译.杭州:浙江教育出版社,2001:260.
③ 斯米勒.促进创业的大学:高等教育在美国的技术商业化和经济发展中的作用[J].国际社会科学杂志(中文版),1994(1):5-15.

越受欢迎。[①] 伯顿·克拉克(Burton Clark)把大学这种依靠创业行动驱使自身转型的新模式定义为创业型大学。创业型是许多社会系统的一个特征,即具有积极进取特征、富有创业精神的大学,这是大学及其内部系科、科研中心、学部和学院的共性。这个概念还有"事业"的含义,即在需要很多特殊活动和精力的建校工作中的执着努力。这种大学具有5个要素:一是强有力的核心;二是拓宽的发展外围;三是多元化的资助基地;四是激活的学术心脏地带;五是整合的创业文化氛围。[②] 这些大学自力更生地寻找生存空间,创新竞争手段,在组织特性上做出实质性的转变,努力成为保持自身特性、变化灵活和具有强大竞争力的社会机构。例如,英国沃里克大学制造工程学院是欧洲最大规模的制造工程教学、科研、工业发展及顾问中心,制造工程学院与劳斯莱斯、宝马等著名企业有良好的合作关系。此外,沃里克大学抓住英国政府建立国家健康服务体系、为社会公共卫生事业服务的机遇,兴办了新的医学院,成为第一个与政府合作的为国家健康服务的大学。英国媒体曾援引法国所做的一项调查,说明沃里克大学是英国成功地将学术和企业结合的先行者。

第二,创业型大学引发了世界范围的高等教育改革与创新发展。创业型大学在世界范围的第一波浪潮发生在像麻省理工学院和斯坦福大学这样的美国一流研究型大学,它们定义了大学创业范围的专利政策,制定了技术转让政策,建立了大学与产业的伙伴关系,并创立了新公司。麻省理工学院和斯坦福大学的"知识的资本化"与"资本的凝结"创业型发展案例,为推动基于知识的区域发展模式提供了先进经验,该模式在美国和全球范围内产生了越来越广泛的影响。第二波浪潮发生在欧洲,"象牙塔"式大学将自身转变为支持学术企业家的创业机构。种种迹象表明,欧美创业型大学已经成长为知识溢出和知识商业化的重要泵站,

---

① Ineza Gagnidze. From clusters to entrepreneurial universities and vice versa: Ways of developing the local economy: A systemic approach [J]. International Journal of Markets and Business Systems, 2018(2):181-196.

② 伯顿·克拉克.建立创业型大学:组织上转型的途径[M].王承绪,译.北京:人民教育出版社,2003:4-6.

它们刺激了区域创新网络中创新要素的频繁交互活动。同时,政府也给予它们更多的支持和指导,以拓展创业型大学在区域创新网络中的嵌入机会和知识转化渠道,推动它们与其他创新实体的无障碍链接。欧美创业型大学的办学理念与实践探索逐渐受到世界各国的瞩目和仿效,以"学术创业""技术转让""创业""大学衍生品"和"创新"等为热点词和关键词的创业型大学建设正在如火如荼地开展。葡萄牙工业产权支助办事处的技术转让办事处在促进专利申请和技术转让方面,对葡萄牙创业型大学产生了积极影响。[①] 俄罗斯高等经济学院已成为重要的社会经济应用研究和分析的工作中心,其成功的关键因素之一是大力推行创业型大学模式,积极参与新兴主流市场的竞争。芬兰的阿尔托大学创业型转变的动力源自学校基层,即充分调动师生的积极性,广泛开展各类创新创业活动;卡莱利亚应用技术大学和波兹南工业大学在创业型建设过程中,建立了具有真正多元文化性质的融合型教育与业务合作模式,并以创业结果为导向,将大学与所在地区和企业紧密地联系起来。[②] 新西兰奥克兰大学的创业型之路则来自以大学技术转移办公室为核心的自上而下的创业教育发展模式。[③] 日本的东京大学经历了从反行业大学合作文化到领先的创业型大学的重大转变,引入了学术和商业双文化体系,在传统学术角色的履行与创新驱动之间取得了平衡。[④] 南非的大学通过与行业尤其是当地的行业或研究所进行更多的合作,成为专利和技术转让方面的创业型大学。[⑤] 特立尼达和多巴哥的大学向创业型大学

① Carla Mascarenhas, Carla S. E. Marques, Anderson R. Galvão, et al. Analyzing technology transfer offices' influence for entrepreneurial universities in Portugal[J]. Management Decision, 2019(12):3473-3491.

② Ewa Badzińska, Liisa Timonen Ferreiran. Exploring the university-based entrepreneurial activities in international collaboration: Development cases of HEIs[J]. Journal of Intercultural Management, 2020(2):1-30.

③ 张彦通,刘文杰. 创业型大学发展模式比较研究——以阿尔托大学和奥克兰大学为例[J]. 高校教育管理,2017(5):46-52.

④ Tohru Yoshioka-Kobayashi. Institutional factors for academic entrepreneurship in publicly owned universities in Japan: Transition from a conservative anti-industry university collaboration culture to a leading entrepreneurial university[J]. Science, Technology and Society, 2019(3):423-445.

⑤ Swapan Kumar Patra, Mammo Muchie. Research and innovation in South African universities: From the triple helix's perspective[J]. Scientometrics, 2018(1):51-76.

过渡的主要方法是纳入设计与提供创业教育计划,建立由大学领导的企业孵化器以加强大学的核心要素。[①]

三、完善战略性新兴产业的供给体系:大学组织的复杂性增强与系统性重构

为了应对后工业时代的影响和知识经济的挑战,世界一流大学的组织及内部治理结构得到了很大的扩充和调整,其通过在现有的院系中开办新专业、建立新学院、设立新研究中心、成立跨学科单位、开展产学研合作项目、开发科技园等途径,谋求更综合化、更具有包容性的学术组织新属性。

第一,大学直接承担起孵化企业的新角色或由大学研究人员、教师、学生等创办微小企业,为行业发展注入新的生命力。英国牛津大学 Isis 科技创新中心是牛津大学全资拥有的公司,也是世界上最顶尖的技术转移机构,该公司全面负责牛津大学所有的知识产权和技术转移、创业拆分、创业投资等事宜。爱丁堡大学研究创新中心是苏格兰生命科学产业产学结合的典范,作为爱丁堡大学下属的全资子公司,研究创新中心实行完全商业化运作。韩国浦项科技大学在浦项制铁公司和政府机构的支持下,一直寻求提高其研究的商业价值,并建立了行政支持系统、企业孵化中心以及风险投资机制。[②]

第二,大学依托传统办学优势,增设科研服务新型机构。美国加州理工学院喷气动力实验室和约翰·霍普金斯应用物理实验室等具有独立性的研究机构改变了大规模学术研究的属性。欧美国家许多大学均建立了以研究机构为中心的战略,给予全校教师和管理人员更大的压力,促使内部单位增强责任感。[③] 英国的南安普敦大学设立企业与创新

　　① Haven Allahar,Ron Sookram. Emergence of university-centred entrepreneurial ecosystems in the Caribbean[J]. Industry and Higher Education,2019(4):246-259.

　　② 阿特巴赫,萨尔米. 世界一流大学:发展中国家和转型国家的法学案例研究[M]. 王庆辉,王琪,周小颖,译. 上海:上海交通大学出版社,2011:86.

　　③ 阿特巴赫,彼得森. 新世纪高等教育——全球化挑战与创新理念[M]. 陈艺波,别敦荣,译. 青岛:中国海洋大学出版社,2009:142-143.

服务中心,鼓励和支持校园内的企业活动,如学生职业教育和商业培训、产业咨询、专利技术的知识产权转化等;爱丁堡大学成立研究创新中心,帮助研究机构或企业评估研究成果,申请专利和许可生产。法国在大学增设成果转化服务中心,负责与大学公开科研成果转化相关的所有服务、科研合同管理、专利和许可证转让等业务,如巴黎第六大学的企业关系和技术转化管理处是学校最重要的机构之一,其任务是建立学校实验室与企业的伙伴关系,帮助科研人员创办企业。新加坡国立大学是最早设立技术许可和产业联络办公室的大学之一,该办公室以北美顶尖大学模式为基础,逐步建立了一个管理发明创造和技术商业化的系统。①

第三,大学集中校内创新资源,搭建创新平台,持续形成面向工业企业的研发新势力。德国洪堡大学安道尔舍夫校区的本质是重构学校的院系,将实用性的学科和研究机构集中起来,通过与周边企业的直接对话,将知识成果进行更直接的转化,最大限度地发挥协同效应。美国的威斯康星大学麦迪逊分校建立了信息技术处,将几个小部门统筹起来形成全校性的新机构,切实对教学设备进行重组,并加强服务功能。

四、满足战略性新兴产业的迫切需求:产学研合作的再聚焦与深化拓展

随着人力资源因素和产学研互动程度在区域战略性新兴产业经济增长过程中决定性作用的增强,大学人才培养能力和质量的提升以及主动寻求最佳企业作为合作伙伴,已成为大学与战略性新兴产业协同发展的重要命题。

第一,战略性新兴产业的发展离不开大学的人才资源输送,不同层次大学所提供的术业专攻、训练有素的高级战略性劳动力,为所在区域

---

① 阿特巴赫,萨尔米.世界一流大学:发展中国家和转型国家的法学案例研究[M].王庆辉,王琪,周小颖,译.上海:上海交通大学出版社,2011:118.

战略性新兴产业的兴起奠定了坚实基础。大学人才培养与新兴产业的协同发展已经超越传统意义的、面向生产一线的基础技能型劳动力供给服务,并逐渐以大学的高端研发型、创新型、应用型和创新创业型等人才供给的多样化和层次化为主要特征。国际经验表明,培养高素质的优秀人才是世界一流大学的共同特征,大学对人才培养的定位清晰准确,能够有针对性地组织高质量的教育教学活动。例如:牛津大学、剑桥大学侧重于培养引领未来社会发展的政治、经济精英;麻省理工学院重视培养工程技术英才;斯坦福大学主张教育要使学生为个人的成功和生活中的实际工作做好准备,强调要培养有用的人,要掌握未来职业所需的实用技能,鼓励学生创业。[①] 因此,人才培养既是大学的核心任务,也是大学与战略性新兴产业协同发展中最具活力的交叉地带。加拿大高校产学研合作模式集中体现在高校、学生、企业三方的合作,尤其重视产学研合作中"学"的位置,使高等教育的人才培养职能在合作中得到真正的体现,这是区别于其他模式的最显著之处。德国高校产学研合作人才培养教育模式是通过典型的双元制教育完成的,教学活动在企业与高校之间交替进行,双方共同培养术业专攻的行业企业急需的应用型人才。西班牙萨拉戈萨大学与西门子家电集团之间建立长期的合作框架,用以改善学生教育,寻求更积极的学习方法,并从教育活动中获得人力资本收益。[②] 日本政府加强产学研联合的有效途径是鼓励大学通过各类培训为企业培养人才,并支持日本企业为大学培养教师、培训学生提供实践场所。

第二,大学通过与行业企业的"干中学""用中学""学中用"的循环互动,产生协同共赢效应,形成产学研紧密联系的互动合作体系,不断传播先进技术成果,扩大区域高等教育的知识产出规模,通过人员间的大量交往传递知识、共同学习、提升区域创新能力、加速战略性新兴产业生产

---

① 别敦荣,张征.世界一流大学教育理念的特点与启示[J].高等工程教育研究,2010(6):56-57.

② Óscar Lucia, José M Burdio, Jesús Acero, et al. Educational opportunities based on the university-industry synergies in an open innovation framework[J]. European Journal of Engineering Education, 2012(1):15-28.

力演进。以亚洲国家为例,随着多数亚洲国家后工业时代的经济基础向实体化转变,其更多地依赖信息技术革命和知识创新服务体系多样化,大学对新兴产业经济的引领与支撑将对国家发展愈发重要,大学与行业、企业之间的关系愈加紧密。日本政府积极鼓励大学教师脱产到国内大学、研究所、大公司进行"内地留学",不断提高大学教师服务产业企业实际需求的能力和水平。新加坡、韩国、马来西亚等国家也以不同的方式发展能服务于其新的经济实践的大学组织。① 沙特阿拉伯主张研究型大学与私营企业之间建立牢固合作关系,将学术创新与产业资源相结合,以产业技术问题和企业需求为重点进行研发,同时培养能够实现国家技术和经济目标的大量高素质劳动力。② 印度软件产业的成功离不开学术界、工业界与政府之间的新思想和新制度的"三螺旋"模式及相互交叉。印度尼西亚的大学、产业与政府的伙伴关系主要表现为服务和培训、专利、协作研发、网络活动、教育与行业合作、孵化器、中小企业支持和科学园等活动形式。

第二节　高校与战略性新兴产业协同发展的国内比较:以国家自主创新示范区为例

一、注重供给侧发力:深入推动高等教育供给侧结构性改革

第一,面向区域经济社会发展和战略性新兴产业发展双重需求的高校人才培养体系日益完善,凸显了统筹兼顾规模扩大与质量提升的积极效应。一是国家自主创新示范区内的高校人才培养层次结构已经呈现出以研究生为重点、以本科生为基础、以专科生为补充的高位上移态势。北京、天津和上海的高校人才培养重心最高,主要以研究生培养

---

① 何云开. 论中国特色通识教育的构建[J]. 教师教育研究,2010(9):22-26.

② Khorsheed,Al-Fawzan. Fostering university-industry collaboration in Saudi Arabia through technology innovation centers[J]. Innovation,2014(2):224-237.

和本科生培养为主。而山东和广东两个高等教育大省近年来则兼顾了研究生、高职专科两个层次人才规模的同步扩大，如广东省高职院校实行"文化素质＋职业技能"考试制度框架，逐步建立应用型本科院校面向高职院校选拔培养机制。这种现象表明，区域经济社会发展与战略性新兴产业发展壮大对高层次研究型人才和高水平技能型人才的需求愈加强烈，这种需求导向的根本性动力直接催化了高等教育传统的两端尖细、中部略宽的纺锤形结构，向前端和后端相对平衡上移的菱形结构转变。二是国家自主创新示范区内的高校大力实施"六卓越一拔尖"系列人才培养计划，支撑区域内战略性新兴产业发展的高素质人才精准供给能力不断增强。北京、上海、浙江、江苏等省份深入实施卓越人才系列教育培养计划、基础学科拔尖学生教育培养计划和创新创业人才教育培养计划，为区域内战略性新兴产业发展输送了从技术研发领域到生产应用领域的大批量、多层次、多样化的人力资源。湖北省通过实施拔尖创新人才培育计划、战略性新兴产业和支柱产业人才培养计划和大学生创业创新示范基地建设计划，为战略性新兴行业和地方经济建设培养高素质应用型专门人才。同时，国家自主创新示范区所在各省份均改进高校教学内容和方式，深化高校"研—本—专"人才培养模式改革，建立政府、高校、科研院所、行业企业协同育人机制；强化高校创新创业教育，健全促进高校毕业生就业创业机制；推进信息技术与教育教学深度融合，如江苏、浙江等省份建设高效优质的网络教学环境，探索基于信息技术的慕课、微课等多样化学习方式，逐步建立信息化教育教学新模式。

第二，高校基本布局优化和学科专业结构调整的步伐加快，具有区域地缘优势和适应战略性新兴产业经济发展变化趋势的高等教育供给新格局逐渐形成。一是国家自主创新示范区内的高校布局向战略性新兴产业集聚区和新型城镇化地区倾斜的趋势愈加明显。广东、浙江、河南、江苏、山东等省份立足地方经济社会发展需求，始终践行内涵式发展道路，大力优化区域高等教育区域布局和资源配置。其中：在保持普通高等教育规模基本稳定方面，河南省严格控制高校新征土地建设新校区;山东省建立办学规模定期核定机制,动态调控办学规模。而在统筹高等教育的区域内布局与多种类型协调发展方面:江苏、浙江、福建等省份已经实现了本科院校对省级行政区域内的地级市全覆盖;广东省在珠三角地区试点设立本科层次特色学院,在粤东西北地区加大本科院校建设力度;江苏省增设产业发展急需的应用型本科院校及工科类本科高校。同时,广东、江苏、山东、浙江和天津等省份高等院校数量增势迅猛,且本科院校、高职院校呈同步增长的趋势。[①] 这种高等教育办学层次重心逐步上移的变化态势,反映了区域经济社会发展对高质量本科教育的强劲需求,释放出省级政府对地方高校支持力度增大的积极信号。二是国家自主创新示范区内的高校学科专业结构调整正向战略性新兴产业和市场需求度较高的行业倾斜。近年来,在东部沿海省份的国家自主创新示范区内的高校学科专业动态建设过程中,增加频次最高的学科大类是工学和理学,增量较多的专业是物联网工程、数据科学与大数据技术、数字与媒体艺术、金融工程、网络与新媒体、机器人工程等战略性新兴产业发展急需、紧缺的相关专业。湖南、湖北、河南、陕西等中西部省份则面向区域战略性新兴产业和支柱产业,着力构建优势特色学科专业群,优先发展高新技术学科专业,注重改造提升传统学科专业;完善重点学科专业建设体系,继续加强优势学科专业建设,积极支持特色学科专业建设,大力扶持社会急需学科专业建设;加强一流学科队伍建设,深化学科管理机制、评估机制、绩效机制和人才培养机制改革;完善专业设置、建设与评价标准体系,健全专业动态调整机制,如陕西省鼓励有条件的高校设置目录外专业和国家控制专业。此外,辽宁省积极探索建立以办学质量为核心的高校绩效动态拨款制度,形成分类管理、分类遴选、有序竞争的高水平大学及其学科专业建设新机制。

---

① 王少媛,楚旋.我国地方高等教育体系结构调整的实践动态与发展趋势[J].国家教育行政学院学报,2019(10):73-80.

二、去库存与重变现：提升高校科研成果转化的效率和效益

第一，创新高校科研成果转化的体制机制，加速推进高校科研成果就地转移转化与及时变现。一是改革高校科技成果转化的管理体制，规定高校对科研成果的自主转让。北京市市属高校首次获得对科研成果转化的审批权，高校可自主对科技成果的合作实施、转让、对外投资和实施许可等科技成果转化事项进行审批。武汉市开展国有知识产权管理制度改革试点，高校知识产权一年内未实施转化的，在成果所有权不变更的前提下，成果完成人或者团队可自主实施成果转化。二是调整高校科技成果转化的激励机制，扩大转化收益的奖励比例。北京市、武汉市、长沙市、成都市均规定，科技成果转化收益中至少70％归成果完成人或者团队所有。深圳市规定，高校最高可将五年内经济收益的60％奖励给该科技成果完成人。南京市明确规定，高校所得收益的至少60％、最多95％奖励给参与研发人员。三是完善高校科技成果转化的人事管理制度，助力推进全民创新创业态势发展。河南省先后起草了赋予高校科研人员职务科技成果所有权或长期使用权改革试点实施方案等文件，探索建立职务科技成果赋权新机制和新模式，激发科研人员创新创业动力。江西省支持和鼓励在赣高校院所科研人员按规定离岗到鄱阳湖国家自主创新示范区自主创新创业，离岗3年内，由原单位保留其人事关系，按规定晋升薪级工资，创业所得归个人所有，期满后创办企业尚未实现盈利的可以申请延长1次，延长期限不超过3年。武汉市、南京市允许和鼓励高校科研人员留岗创业，一定时间内保留身份和职称。深圳市规定，高校可以根据科研工作需要，选聘企业创新人才担任客座教授和研究员，企业可以选聘科研人员到企业兼职从事科研工作。北京市、南京市、武汉市、深圳市均鼓励高校制定细则，允许全日制在校学生休学创业。成都市支持各类科技人员到成都国家级高新技术产业开发区兼职创业，鼓励在川高校毕业生到成都国家级高新技术产业开发区，建立成都国家级高新技术产业开发区非公领域科技人员职称评审绿色通道。

第二，加强高校科研成果转化的各项服务工作，保证成果转化的顺

利实施。一是加大高校科技成果转化的经费投入。北京市加大对市属高校产学研用合作的经费支持力度,进一步加大市级财政性高等教育经费中高等学校科研经费的规模和比例。江西省支持鄱阳湖国家自太创新示范区内高校院所到国内外创新要素和高端人才集聚地建设研发基地,根据创新要素集聚与成效择优给予100万~300万元奖励。武汉市经认定的高校新型产业技术研究院,前两年每年最高可给予2000万元的运营经费支持。长沙市对高校科研人员创办科技型企业,可按其现金出资额度的20%给予创业引导基金,最高可达200万元。二是打造高校科技成果转化的多样支撑平台。上海市开展了人才服务平台建设、重点领域人才实训基地建设、人才培养产学研联合实验室建设、知识产权服务平台建设、科技融资服务平台建设以及科技中介服务平台建设等试点工作。天津市支持市内外高校在天津国家自主创新示范区建立科技成果转化基地、科技成果交易和知识产权交易机构。河南省积极发挥科技成果转移转化公共服务网络平台作用,截至2020年底,平台已入库技术成果、高层次人才及技术需求信息共4万余项。成都市支持高校、科研院所联合成都国家级高新技术产业开发区重点骨干企业组建产业技术联盟、产业技术研究院等新型创新组织,围绕主导产业关键共性技术深入开展产学研协同创新。济南市已建立软件与信息服务外包公共支撑平台、集成电路公共技术服务平台、数字媒体技术平台等公共服务平台,总投入超过16亿元。

三、解难题与治痛症:深化产学研协同创新的体制机制改革

第一,创新高校与战略性新兴产业协同发展的管理体制与运行机制,全面破解区域内创新主体单兵作战和创新资源零散"孤岛"现象。上海市建立了高校、科研院所、企业与职业培训机构合作培养产业技术骨干和技能人才的协同育人机制,同时充分运用市场机制,支持联盟内高校、企业和科研院所等主体开展协同创新,通过完善彼此间合作的信用机制、责任机制和利益机制,实现创新优势互补和利益共享、风险共担。浙江省通过改革科研人才分类评价机制、健全利益风险共担机制和完善

科技结合体系,激发产学研协同创新活力。福建省赋予高校、科研机构在福厦泉国家自主创新示范区开展科研创新活动更大的自主权,尤其是支持省内外高校的优势特色学科到福厦泉国家自主创新示范区设立分校分院,与高新技术企业共建协同创新中心和研发机构。同时,国家自主创新示范区所在省份尤为注重加大财政经费投入,丰富筹资渠道,加强高校知识产权管理与保护,以及完善利益相关者参与协同创新的市场化利益分配机制。

第二,建设功能齐备、种类丰富的高校协同创新中心和校企战略联盟,主动承载战略性新兴产业发展的关键技术研发和重大科技创新。国家自主创新示范区所在省份均建立了以企业需求为导向、以科技创新为核心、以组织协同为纽带、以合作共赢为目的的区域协同创新体系。同时立足高校重点建设一批能满足区域经济社会发展需求和解决战略性新兴行业关键技术问题的重点实验室、工程技术研究中心、协同创新中心、产学研战略联盟、校企合作基地以及大学科技园。上海市大力支持发展研究型大学与研发机构,促进中央部门所属在沪高等学校、科研院所融入本地创新体系,提升张江国家自主创新示范区面向战略性新兴产业的知识创造能力与创新效能。江苏省组织实施了一批省市共建重大科技创新建设项目,积极建设学科交叉和产业融合的工程实验平台,构建产业协同创新联动平台,打造苏南国家自主创新示范区自主创新的核心力量。湖南省实施了高等院校强基计划,依托中南大学、国防科技大学、湖南大学等高校及国家超算中心、应用数学中心等创新平台,强化了应用数学、量子科学、材料科学三大学科基础,不断提升面向战略性新兴产业的基础研究、前沿研究和原始创新能力。甘肃省在兰州白银国家自主创新示范区内建设了兰州大学工作站、西北师范大学工作站和兰州理工大学工作站,其中,白银市建设了兰州大学白银产业技术研究院、兰州大学技术成果产业基地和兰州大学校友创业基地等研究机构与创业孵化机构。北京市依托中关村园区,汇集清华大学、北京大学等 27 所大学,中国科学院等 30 余家研究所以及 50 家国家级科研机构开展协同创新专项合作。武汉市东湖高新区(光谷)建设了八大产业园区,集聚 42

所高校、56个国家及省部级科研院所与企业协同创新。[1]常州市依托科教城汇聚中德创新中心、中英科技桥、中科院先进制造所、牛津大学 Isis 技术转移中心等一大批研发平台,形成了协同创新强势新动能。

第三,打造形式多样的高校与战略性新兴产业协同发展模式,实现创新资源的无障碍、非线性和网络化流动。北京市建立了"高教园"重点功能区协同创新模式,加强高校与战略性新兴行业、企业的创新资源链接,辐射带动其他功能区优化发展。上海市建立了大学校区、科技园区和公共社区"三区联动、融合发展"的彼此嵌入式协同模式,推动张江国家自主创新示范区内 9 家国家大学科技园成为吸收上海市和长三角高校毕业生就业的重要基地。浙江省构建了以企业为主体的三位一体协同创新模式,在电动汽车、生物医药等 12 条产业链上,建立了 91 家重点企业研究院,从省部属高校选派 109 名青年科学家到省级重点企业研究院工作。济南市深化与中国科学院、复旦大学等国内知名院校的合作,组建了山东产业技术创新协同中心,并探索建立了"中心＋公司＋基金＋基地"四位一体协同创新模式。深圳市构建了产学研一体化、无缝衔接的协同创新模式,其中龙岗园区以"科技＋制造＋教育"为特色,重点发展新能源、节能环保、新一代信息技术、互联网等战略性新兴产业,充分发挥龙岗国际大学园作为东部地区"创新智核"对高端创新要素的吸引力和集聚力。

第四,完善高校与战略性新兴产业协同发展的服务体系,全面推进战略性新兴产业提质增效。北京市支持高校、院所和科技型企业等各类创新主体积极开展颠覆性技术创新,鼓励投资机构、孵化器、产业联盟、行业协会等各类科技服务机构主动挖掘发现并积极推荐颠覆性技术创新项目。江苏省累计从省内外高校院所选派了 667 名专家教授到苏南国家自主创新示范区高新技术企业担任"科技副总"。河南省积极开展产业科技特派员服务团工作,服务团由河南农业大学、河南科技大学、河南科技学院、信阳农林学院等 19 家高校与科研院所牵头组建,按照"一

---

① 张力.从产学研协同创新到深度融合的趋势分析[N].中国教育报,2020－04－16.

县一团"方式,为小麦、小麦加工、食用菌、中药材、蔬菜、果蔬、茶叶、智能量器具、汽车零配件、塑料制品、智慧旅游等县域主导产业和战略性新兴产业提供科技服务。

四、扫描盲区与机动规避:加强创新驱动的政策保障与服务体系建设

第一,加强政府顶层战略设计与统筹治理,助推区域创新体系建设和创新驱动战略全面升级。自成立伊始,国家自主创新示范区所在省份积极完善政策保障体系,充分释放区域内高校参与自主创新示范区建设的活力与效益。

一是在校企协同创新、产学研深度合作的战略规划方面。北京市颁布了《中关村国家自主创新示范区统筹发展规划(2020—2035年)》,上海市颁布了《上海张江国家自主创新示范区发展规划纲要(2013—2020年)》,江苏省颁布了《苏南国家自主创新示范区一体化发展实施方案(2020—2022年)》,重庆市颁布了《重庆国家自主创新示范发展区规划纲要(2016—2020年)》,江西省颁布了《长株潭国家自主创新示范区建设三年行动计划(2017—2019年)》等。这些"及时雨"式的政策,为区域内高校与战略性新兴产业协同发展的体制机制创新,以及协同创新生态建设提供了引领与支撑。

二是在省、市两级的重点举措与实施路径方面。浙江省制定了《关于加快杭州国家自主创新示范区建设的若干意见》,江苏省出台了《关于建设苏南国家自主创新示范区的实施意见》,重庆市出台了《重庆国家自主创新示范区建设实施方案(2016—2020年)》,四川省颁布了《支持成都高新技术产业开发区创建国家自主创新示范区十条政策》,江西省颁布了《关于支持鄱阳湖国家自主创新示范区建设的若干政策措施》,河南省颁布了《关于促进郑洛新国家自主创新示范区高质量发展的若干政策措施》,福建省出台了《福厦泉国家自主创新示范区建设实施方案》,新疆维吾尔自治区制定了《关于建设乌昌石国家自主创新示范区的若干意见》等;温州市出台了《关于高质量推进国家自主创新示范区建设的若干

政策（试行）》，宁波市发布了《关于推进科技争投高质量建设国家自主创新示范区的实施意见》等。这些重点明确的建设路径及其细化分解措施为国家自主创新示范区建设列出了详细的创新发展清单，激发了区域内高校深化改革、创新驱动的活力。

三是在推动大众创新、万众创业方面。南京市实施了《深化南京国家科技体制综合改革试点城市建设，打造中国人才与创业创新名城的若干措施》，济南市制定了《济南高新区推进科技创新创业若干政策措施》，杭州市颁布了《关于发展众创空间推进大众创业、万众创新的实施意见》等。这些实质性举措极大地促进了创新创业主体活力释放、创新创业能力提升以及创新创业平台载体和服务体系建设。例如，杭州市启动实施"创新创业新天堂"行动以来，到 2017 年，杭州互联网工程师人才净流入率为 12.46%，位居全国第一。

四是，促进科研成果转化政策方面。北京市制定了《加快推进高等学校科技成果转化和科技协同创新若干意见（试行）》，上海市出台了《关于进一步深化科技体制机制改革增强科技创新中心策源能力的意见》，武汉市颁布了《关于促进东湖国家自主创新示范区科技成果转化体制机制创新的若干意见》等。这些抓住重点、牵住"牛鼻子"的政策举措，不断加大了高校科研成果转化的体制机制创新力度，充分发挥了高校在区域创新体系建设和率先形成创新驱动发展格局中的重要作用，取得了显著成效。2018 年，苏南国家自主创新示范区贡献了全省 77% 的授权发明专利，万人发明专利拥有量是江苏省的 1.8 倍。2020 年，中关村国家自主创新示范区内的国家科学技术奖达到 70 余项，占全国的 1/3，技术合同成交额近 4000 亿元，占全国的 1/5。郑洛新国家自主创新示范区的技术合同交易额占河南省的 79.8%。重庆市两江新区全域 R&D 经费占生产总值比重达到 4%，对外技术依存度降至 30% 以下。

五是在推动专业转型升级和人才、金融、土地等创新资源优化配置的配套政策方面。北京市出台了《中关村国家自主创新示范区关于支持颠覆性技术创新的指导意见》，上海市出台了《关于加快建设具有全球影响力的科技创新中心的意见》，河南省出台了《河南省 2021 年补短板

"982"工程实施方案》等，深圳市颁布了《深圳国家自主创新示范区产业规划（2019—2025）》，西安市颁布了《关于支持西安国家自主创新示范区聚集创投机构和创投人才的若干意见》，温州市出台了《温州国家自主创新示范区科技金融改革创新实施方案》，长沙市颁布了《关于强化企业自主创新能力建设，加速转型创新发展的意见》等。这些配套政策的密集出台从高等教育供给侧与新兴产业经济需求侧双向进行对冲发力，持续强化了高校与战略性新兴产业协同发展的制度统筹力。此外，各级政府还强化依法治理力度，使国家自主创新示范区建设有法可依、有章可循。一些国家自主创新示范区依托所在地及时出台具有地方特色的《国家自主创新示范区条例》，以法治之力明确了其战略定位、建设目标、发展方向、管理体制和运行机制，并在发挥协同优势、深化开放合作、集聚创新要素、鼓励创新创业、强化人才支撑等方面做出具体规定。

第二，政府通过打造形式丰富的各类"试点""试验区"和省级"工程""计划""联盟"，作为高校创新驱动发展的实施载体。上海、江西等省份围绕影响高等教育改革发展的关键问题，尤其是制约产教融合、协同创新的体制机制性问题，通过国家地方共建试验区、遴选高校试验区（南昌大学被列为江西高教综合改革试验区）等方式，全面探索并推进高校创新驱动发展的特色模式及其主要途径。与此同时，国家自主创新示范区各所在地大力实施的卓越系列人才培养计划、高端人才援引计划和教师培养计划、高校优势特色学科建设工程、国际高等教育园区建设（苏州市独墅湖高等教育国际化示范区）以及应用型本科高校联盟（安徽省）、重庆市大学联盟、区域高校联盟试点（南京市仙林大学城）等，已经成为上下联动、确保创新驱动具体任务落到实处的重要载体。此外，国家自主创新示范区各所在地还积极探索建设开放、多元、完备的质量监控体系，为高校创新驱动发展保驾护航。例如，福建省启动省级高等院校办学监测体系，重点建设云数据中心及其管理系统、质量监测专家团队和信息发布平台。

第三节　高校与战略性新兴产业协同发展的
　　　　经验与启示

一、国际经验Ⅰ:促进政企校"三螺旋"模式更新升级

大学—企业—政府"三螺旋"模式自提出以来就显示出极强的生命力和解释力,其特征在于大学与企业、政府是知识经济社会内部创新制度环境的三大要素,它们根据市场要求而联结起来,形成了3种力量交叉影响和整合上升的三螺旋关系,推动区域创新体系的建立,并产生共赢效应,增加区域高等教育的知识产出效益。学术界、企业和政府之间的"三螺旋"模式一直是刺激知识经济发展的重要途径,特别是在经济发达的区域,这些实践在大学科学园中被广泛实施,大学科学园已经成为"大学—企业—政府"进行紧密合作以将学术研究进行商业化的中心地带。"三螺旋"模式下的现代产学研合作理论分别从理论模型、行为主体、合作模式和合作机制4个方面对传统产学研合作理论进行了完善与创新。① 与此同时,"三螺旋"模式正逐步走向具体化和微观情景化,例如,协同空间已经在世界各地的后工业城市中兴起,协同空间的最新趋势是创新中心。创新中心是在同一建筑物内将私营公司、企业、公共机构和大学等各种知识的参与者聚集在一起的协同空间,创新中心提供各种便利设施以支持面对面的互动和隐性知识的传播。② 国际经验表明,"三螺旋"模式极大地推动了不同类型组织在协同创造和知识使用中的整合作用。

第一,在政府维度。尽管世界各国有不同的发展历史和不同的社会

---

① 张秀萍,黄晓颖.三螺旋理论:传统"产学研"理论的创新范式[J].大连理工大学学报(社会科学版),2013(10):1-6.

② Arnault Morisson. Innovation centres as anchor spaces of the "knowledge city"[J]. Global Business and Economics Review,2019(3/4):330-345.

形态,并且根据不同的经济发展水平和国际政治作用被划分为第一、第二及第三世界国家,但它们都已经通过切合自身实际的科学与技术创新政策,在对"学术—产业"关系进行审慎辨识的基础上制定了富有成效的创新驱动战略。自 2008 年全球金融危机以来,英美等发达国家逐渐加强国家对自由市场经济体制下的高等教育市场化、产业化、商业化等系列活动的干预和宏观调控,除了在制定市场规则过程中发挥传统管理的角色外,政府还扮演公共企业家和风险资本家的角色,这些自上而下的垂直式举措使大学成为国家经济再振兴的主要力量。可以肯定地说,几乎所有国家都热衷于采用国家层面或区域层面的干预的和非干预的"三螺旋"模式,以此提高多主体合作生产率和协同创新能力。例如,日本政府对大学与产业合作有严格的规定,通过在日本广泛使用的公共部门实验室,积极开展了行业与政府之间的合作。[1]而在韩国,大学则拥有更大的权力来领导并创建涉及政府工作的协同联盟,以维持协同作用。[2]

第二,在企业维度。企业参与"三螺旋"的主要好处是增加了获取知识的机会并提高了应对挑战的能力。企业为了提高自身的技术水平,更愿意接触一些学术范式,比如参加高水平的技术培训、参与知识分享的活动,并且更加重视从"三螺旋"模式中获得的关键信息,以确立其可持续创新的目标愿景。"三螺旋"模式中的代理商,即参与主体的数量越多,企业业务创新的机会就越大,从而更有效地发挥不同代理之间的协同效应。"三螺旋"模式将大学视为企业生态系统的中心,促进企业与政府、大学进行知识交互甚至交换角色,对于社区企业和本地中小企业而言,当企业积极利用大学知识资源时,可以获得更多的新知识。

---

[1]　Noriko Yoda, Kenichi Kuwashima. Triple helix of university-industry-government relations in Japan: Transitions of collaborations and interactions[J]. Journal of the Knowledge Economy, 2020 (3):1120 – 1144.

[2]　Eustache Mêgnigbêto. Modelling the triple helix of university-industry-government relationships with game theory: Core, shapley value and nucleolus as indicators of synergy within an innovation system[J]Journal of Informetrics, 2018(4):1118 – 1132.

第三,在大学维度。接受了经济的角色后,除了传统的研究和教学的职能外,大学逐渐有企业家色彩和商业化倾向。可以说,在"三螺旋"模式的助推下,学术组织、经济组织与政治组织之间的联系日益紧密,大学凭借科研优势与智力资源对接战略性新兴产业成长壮大,并日益成为企业生产力与生产关系之间的核心纽带。在"三螺旋"模式中,学与商的博弈得到缓解,大学的知识生产实质不再拘泥于高深学问的思辨或争鸣,而是更加注重实用性、创新性和开放性,大学科研的终极愿景是前景广阔的产业化和商业化。伴随着区域经济社会发展的新特征和新形势,大学与战略性新兴产业的协同发展更主要地表现为,从大学与企业的传统二元主体线性连接向大学、企业、政府的现代三元主体耦合互动结构转型。

二、国际经验Ⅱ:推动产学研协同创新的体制机制深层次改革

协同创新在概念上被定义为经济行为者、技术和社会环境的组织网络,它们相互作用进行知识的生产、使用和适应。大学与企业是国家创新体系中的两个主要参与者,它使得商业界的需求引起学术界和科学界的关注,并使科学进步得以更快地在现实世界中传播。目前,学术界比较成熟的协同创新研究主要集中于以战略性新兴产业为主的制度经济学和组织管理学领域,特别是大学与战略性新兴行业、企业间的各类资源的知识创新、技术创新、组织创新及管理创新。国际经验进一步表明,积极构建大学与企业、科研院所等多元主体的协同创新模式,如建立科技工业园区模式、建立合作研究中心模式、技术协作研究模式、契约合作研究模式、一体化合作研究模式、技术入股合作研究模式、创新联盟模式、创新网络模式、创意集市模式和企业孵化器模式等,已成为高校与战略性新兴产业协同发展的关键。各国大学通过多种形式的协同创新活动,构建以知识创新、技术创新、成果转化和公共服务平台为主体的高校科技平台体系,探索从一般性资源共享协议、单个或若干项目合作、跨机构项目协作到产学研战略联盟等多种形式的协同创新合作。在我国,探索建立面向重大科学前沿、行业产业技术需求、区域持续发展及文化传

承创新的四类协同创新模式及其相应的体制机制,已成为国家战略的顶层设计,成为多方联合行动的系统工程,成为推动大学与战略性新兴产业协同发展的关键。

在全球创新要素流动与普遍融合的大科技时代,协同创新已经成为国家战略的顶层设计。与营利性商业组织相比,大学在组织间知识协作网络中更具优势、更有效。以大学为主体的协同创新活动正逐渐从封闭走向开放,从零散走向整合,从简单模式走向复杂多元协作模式。从发达国家协同创新的实践中可以看出,最重要的成功经验就是借助政策、法规、制度、章程等管理体制和协同育人机制、教学与科研融合机制、创新利益分享机制、创新资源配置机制、创新科研成果转化机制、创新平台建设机制、创新服务机制等体制机制,突破领域、区域和国别的界限,实现地区性及全球性的协同创新,构建庞大的创新网络,最大限度地实现学术机构和经济机构创新要素的整合。

三、国际经验Ⅲ:充分发挥大学对区域经济发展的创新驱动作用

大学存在于社会大环境之中,政治、经济和文化的发展为大学的变革提供了明确的预期目标与行动愿景。高等教育与社会发展的互动存在象牙塔模式、社会服务者模式、变革推动者模式以及互动模式,现实中的大学不会单纯表现出某种模式的属性,而是多种模式复合存在的体现,但依附、伴生和引领等多元互动模式更能反映现代大学的存在价值。国际经验表明,大学已经从区域经济社会的边缘走向中心地带,这正符合约翰·布鲁贝克(John Brubacher)的高等教育哲学思想,即大学既是崇尚学术自治与自由的"按照自身规律发展的独立的有机体",又是不能摆脱价值判断,首先考虑如何为社会服务的复合组织。大学走出"象牙塔",邀请新兴行业企业开展知识共享、技术转移、项目合作及科技研发,是全面构筑区域创新体系,激活大学周边潜在经济价值,产生不同属性组织协同发展积极效应的重要途径。新兴行业、企业依托大学的人才培养、科学研究和社会服务,能够使智力资源与科研资源得到最大化的共

享和释放。简言之,区域战略性新兴产业的快速发展加速推进经济发展方式和产业结构的变化,同时引发科技和人才需求的变化,使得大学面临新的挑战和机遇。

第一,以创新作为基本动力的战略性新兴产业对科技和人才的需求更大,使得大学的人才培养和科学研究职责面临更严峻的挑战,大学必须提供高素质的人力资本和高水平的基础研究与应用研究,以强化教育、研究和商业之间的"知识三角"关系。大学在经济发展中扮演着多种角色,如教育学生和发展学生各项能力,以帮助其努力适应行业不断增长需求的年轻员工、研究和向行业提供研究成果、与政府机构和行业建立公私合营的服务。[①] 当前,大学已经被视为经济发展的源泉,传统大学已经从教育和研究提供者转变为结合教育、研究和与行业相关的活动的组织。源自经济增长的推动力已经将教学与研究整合性地融入大学的教学任务中,这种对大学基本职能的扩展与 19 世纪将教育融入研究一样重要。英国罗素大学集团建立了与研究相结合的教学体系,兼顾基础研究与应用研究,将教学与科研致力于社会科学和自然科学的尖端领域。世界一流大学的科研和教学是紧密相连的,教学的目的在于培养学生组织知识的能力,学生们以自身领域的坚实知识,加之广泛地涉猎其他领域的知识,掌握获得科研成果的方法,探究实证与资料的思维技巧,训练评判和科学的学习态度。韩国政府自 2003年以来,启动了各种大学财政支持计划,到 2014 年 31 个部委共执行了 408 个计划,大多数计划侧重于培训人力资源和支持科技研发。例如,韩国教育部执行了"大学与产业合作领导者计划",该计划针对领先行业的人力资源开发,是产学合作型大学和联络点研究计划的后续项目。[②] 大学在美国的国家创新体系中扮演着中心者角色,大学可以帮

① Ciprian Marcel Pop, Ioana Natalia Beleiu, Alin Adrian Mihăilă, et al. Establishing university mission in the triple helix context[J]. Annals of the University of Oradea: Economic Science, 2017 (1):825 - 833.

② Gyeong Min Nam, Dae Geon Kim, Sang Ok Choi. How resources of universities influence industry cooperation[J]. Journal of Open Innovation: Technology, Market, and Complexity, 2019 (1):1 - 8.

助缩小近几十年来产生的基础研究和应用研究之间的鸿沟,这个鸿沟是由美国公司将资源从一些基础研究领域转移到更直接的应用科研和产品研发方向所造成的。例如,随着贝尔实验室、施乐帕克研究中心等企业研究中心的消失,美国的大学更多地担负起了基础研究的职责。

第二,针对组织行为的内部生长机理而言,战略性新兴产业不是同类企业的简单聚集,而是产业系统属性的深度变革,这要求大学将传统的学科专业体系和组织形式与战略性新兴产业结构进行重新协调。大学学科结构对于经济社会发展所引发的知识特征变化、学科边界迁移和学术群体生活的影响,必须做出积极回应和转变。一是大学学术组织已由单独的学科结构向逻辑缜密的学科群聚集。要实现大学服务战略性新兴产业发展的美好愿望,重组学科结构是一个关键性因素,学科群形成的逻辑是知识生产模式Ⅲ与学术组织的整合逻辑,学科融合改变了大学学术组织结构,促进了大学与外部环境相适应,使大学逐渐演化为无所不包、变化无穷的巨型知识复合体,而特色学科群的建构更是一种优势资源的聚集,进而造就产学研协同合作的成功典范。二是大学在坚守传统的学科价值方面仍在持续努力。多种诱发因素正在催生覆盖全球的知识市场网络,从大学到市场产品、生产程序的转化运作日益便捷迅速,大学学科结构已经在考虑新的运行成本,寻求新的生存角色。但传统的学科价值植根于特定的社会、经济、文化情境中,具有效益性、适应性、专注性、创新性和前瞻性的价值追求。因此,在服务战略性新兴产业发展的过程中,大学更需要保留学科的传统精髓,推动学科组织建设的学术创新、知识创新、技术创新、制度创新和管理创新。三是大学积极实施优势学科先行突围策略或集中力量打造优势特色学科。优势特色学科建设具有"牵一发而动全身"的功效,不但代表了大学的核心竞争力,而且是大学与战略性新兴产业协同发展的"先行军"和"桥头堡"。世界一流大学的顶尖学科发展经验表明,大学并没有采取齐头并进、绝对均衡的学科建设策略,而是通过采取不同措施,打造若干具有世界一流水平的顶尖和特色学科作为与战略性新兴产业协同发展的主引擎,并以一流学科建设推动产业科技创新,提升战略性新兴产业发展的综合实力和国际竞争力。

第三,战略性新兴产业正呈现经济圈、产业带等多种聚集模式,大学的宏观布局结构和资源配置必须灵活适应新的经济组成形式,即由多主体共同参与创新活动的网络化结构与松散型特征。战略性新兴产业的发展壮大和传统行业生产技术的更新升级,以及区域经济中心内部所呈现的经济圈、产业带、集群化等多种经济组织形式,对大学与新兴企业和公共部门的技术协同、服务协同、资金协同、体制机制协同等提出了更高的要求。国际经验表明,区域创新活动的网络化特性改变了科学间与科学中的学术组织和经济组织的矩阵,大学和企业各自承担的任务在很大程度上曾经是其他个体的任务。公共和私人、科学和技术、大学和产业之间的界限在不断变化,大学在与行业的新联系中跨越了传统的学术属性界限,并设计出了能使教学、科研和经济发展相适应的形式。

第四,战略性新兴产业内部正在形成完整的产业链,链条上的不同阶段和生产环节对人才与科技有不同的需求,从而对不同层次大学的服务对象和服务方式的分工与协作提出了更高的要求。例如,日本的大型企业与大学的合作更多,而泰国的中小企业与大学的合作更多。这种变化要求一些研究型大学进一步向综合化方向发展,而一些地方性大学则更加趋向于特色化和应用型、创业型。尤其是创业型大学将成为创新思维和创业意识的发源地、创新创业文化的孕育地与创新创业成果的孵化地。可以肯定的是,创业型大学的新任务是在学生与所有大学雇员之间创建企业家思想和态度,并在学术机构中发起具有创新、主动、自主、冒险、竞争和跨学科特征的企业家活动,以及规划具有创业特色的组织结构及其职能体系。同时,创业型大学也为学生提供了一系列就业选择,如成为个体经营者、学术企业家或具有创新创业思维的优秀雇员。国际经验表明,不论是世界一流大学还是普通大学都已经适应了各种各样的、与产业相关的组织创新,包括孵化企业、扮演产业参与者角色、建立科技园模式以及增加企业战略咨询职能等。此外,为了应对战略性新兴产业发展中的人才、技术、管理等普遍需求问题，以及新兴企业对学术活动产生的创新驱动问题，大学增设了许可办公室、法律办公室、相关委员会等。

四、本土经验Ⅰ：持续深化地方高等教育供给侧结构性改革

国家自主创新示范区所在地几乎都是高等教育资源高度聚集中心，如北京、上海、天津、重庆、辽宁、山东、江苏、广东、湖南、湖北等均是高等教育强省（市）和大省（市），拥有完善的"研—本—专"高等教育体系和丰富、齐全的学科专业结构。国家自主创新示范区内的地方高等教育供给侧结构性改革举措可以归纳为：以深化高等教育综合改革、创新高等教育发展战略规划和健全政府产学研政策体系为保障，引领战略性新兴产业的持续提质增效；以优化高校区域布局、建设学科集群和调整专业结构为基础，迎合战略性新兴产业的集群化发展需求导向；以建构高校人才培养体系链和创新各级各类人才培养机制为核心，对接战略性新兴产业的人力资源多样化需求；以建设功能齐备、形式多样的高校协同创新中心和校企战略联盟为载体，承载战略性新兴产业的关键技术研发和重大科技创新；以完善高校科技成果转化体系为动力，支撑战略性新兴产业深度参与国内和国际的市场竞争；以高校特色发展和分类发展、分类管理为根本，服务战略性新兴产业的萌芽、成长和成熟等不同发展阶段。由此可见，由高校构成的地方高等教育，具有独特的地方性、后发性、特色性、应用型和亲产业等价值属性，在推动地方战略性新兴产业发展方面发挥了各级各类人才输送、行业企业科研支撑和城乡社会服务的重要功能。[①] 而地方高等教育供给侧改革是一个"整体有序而局部无序"的复合体系建构，结构是功能的发挥基础，功能是结构的外部表现。所谓"整体有序"是地方高等教育的人才培养、科学研究和社会服务等主要功能，均要针对地方战略性新兴产业发展的实际需求进行渐进式的供给侧调整与变革。所谓"局部无序"则是地方高等教育的人才培养、科

---

① 段丽华.新业态下地方高校人才培养机制探析[J].高等教育研究，2016(10)：66-70.

学研究和社会服务等主要功能的进化逻辑,需要依照自身的功能属性和发展规律,进行"调结构、提质量、促平衡"等重点领域突破与主要矛盾解决。

具体来讲:第一,地方高等教育人才培养供给侧改革的结构逻辑,应明确主次突出、优先发展与后发促进的人才培养供给侧改革路线,更加突出地方高校在经济社会调结构、促转型中的应用型人力资源引领和支撑作用,形成多元化、高质量、内外部协调发展的地方高等教育"研—本—专"应用型人才培养供给链,着力解决好"培养什么人、如何培养人"的质性问题,使应用型人才培养的结构、质量与地方经济结构调整、产业更新升级和企业实际需求相适应、相匹配。第二,地方高等教育科学研究供给侧改革的质量逻辑,应突出地方高校科研成果立足本地、贴近市场的需求导向和问题导向的聚焦原则,主动面向地方战略性新兴产业集群、主体城市经济圈和优势特色产业带等实体经济振兴,以及行业企业核心科技、关键技术的创新与竞争需求,破解制约地方高校科技成果转化的体制机制障碍,从源头抑制低端、重复和无效的供给产品,有效提高科技成果就地转化效率,全面提升科技创新供给侧与需求侧直接映射的针对性和有效性。第三,地方高等教育社会服务供给侧改革的平衡逻辑,应突出增强地方高校供给主体平衡活力和全面适应经济社会战略布局的核心要务,重点在于推进地方高校社会服务的定向延伸和领域全覆盖,并建构地方高校与县、乡、镇、村等基层经济区域全面对接的运行模式,增强地方高等教育承接顶层经济战略和服务基层经济规划的双重能力。

五、本土经验Ⅱ:完善高校科技成果就地转移转化的动力机制

根据国家自主创新示范区促进高校科技成果转化的相关运作主体及其协作关系,可以将高校科技成果转化过程建构并演示为一个系统逻辑模型(见图 4-1),该模型很好地反映了高校与战略性新兴产业基于科技成果转化协同发展的制度机制逻辑。该模型基于两方面认识:一方面,高校科技成果转化是外部助力与内生动力共同推动的系统工程,并

与政府政策体系和法律法规保障具有紧密的关联；另一方面，高校科技成果转化要更加注重服务本地区域经济社会发展和行业企业技术进步，并与行业企业之间具有密切的协同和衔接。

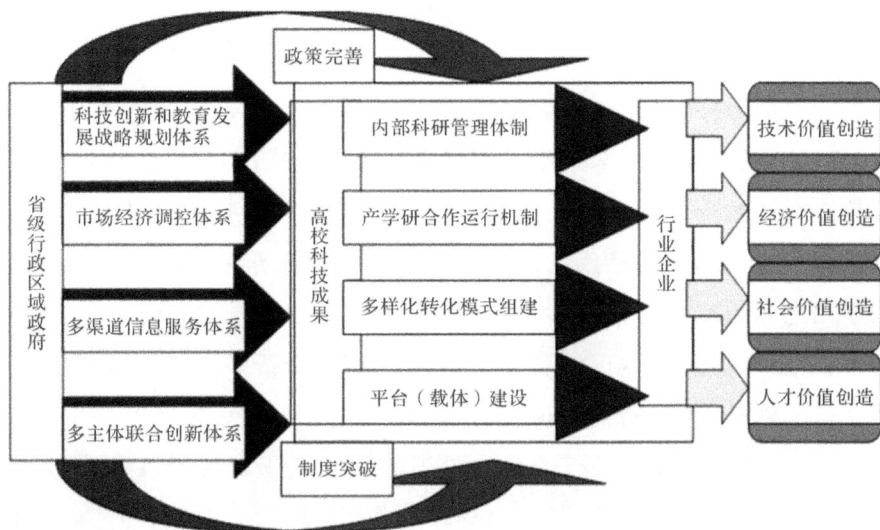

图 4-1　高校科技成果转化过程的系统逻辑模型

系统模型主要由三部分组成：第一，高校科技成果转化的动力生成系统及逻辑关系。一是外部助力，即政府政策与法律法规制度环境；二是内部驱力，即高校内部科研管理体制、产学研合作运行机制、平台（载体）建设和多样化运作模式。第二，高校科技成果转化的系统运行保障体系建设。主要包括各级政府的科技创新和教育发展战略规划体系、市场经济调控体系、多渠道信息服务体系与多主体联合创新体系。第三，高校科技成果转化的系统价值创造及交互关系。主要包括技术价值创造、经济价值创造、社会价值创造以及人才价值创造。因此，提升高校科技成果转化效率的核心要务是全面推进动力生成系统的运行流畅与管理科学，在政府政策制度保障、高校科技成果转化服务体系、产学研协同创新和高校科研管理等 4 个关键环节实现动力机制突破。

六、本土经验Ⅲ：强化高校与新兴产业协同发展的自组织建设

目前，国家自主创新示范区内高校与战略性新兴产业协同发展，形成了5种典型模式：基于技术链，打造高校与高新技术企业的项目节点合作模式；基于创新链，打造高校与高新技术企业的机构组织合作模式；基于产业链，打造高校与高新技术企业的战略网络合作模式；基于价值链，打造高校与高新技术企业的实体平台合作模式；基于供需链，打造高校与高新技术企业的无缝衔接合作模式。这些协同模式的功能发挥及效益产生，主要涉及政府、高校、高新技术企业、科研院所、社会科技中介等多元主体的交互关系，必须通过完善政策保障体系、加强制度支持力度、创新管理体制与运行机制等途径释放协同创新整体效能。可以说，国家自主创新示范区高校与战略性新兴产业协同发展需要有序的自组织，自组织是协同发展的核心。自组织的核心在于自愿开展合作，即协同发展要以顺畅的体制机制作为基础或诱因，使区域内高校与战略性新兴产业成为一个有机的、彼此契合的"利益共同体"。[①] 因此，国家自主创新示范区内高校与战略性新兴产业协同发展应该重点建立一个"自组织"模式的创新系统及其创新生态体系，这就需要由各个创新主体共同建立管理机构、制度规范以及协调合作程序，并通过风险投资、利益分配、信息沟通、资源共享等协同机制进行合理运作，实现多方共赢。

---

① 楚旋，郑超.协同视域下高校与产业集群协同创新的机制分析[J].重庆高教研究,2015(5):40-45.

第五章
区域内高校与战略性新兴产业协同发展的
案例研究：以辽宁省为例

第一节　辽宁省高校与战略性新兴产业协同发展的
阶段性成效

一、辽宁省战略性新兴产业建设发展的现实境况

战略性新兴产业是引导区域经济社会发展的重要力量。进入 21 世纪以来，辽宁省经济社会发展的整体趋势和战略重点已经聚焦于大力优化区域产业结构、促进传统产业更新升级和重点发展战略性新兴产业等实体经济的全面振兴。2010 年，《辽宁省政府关于加快发展新兴产业的意见》明确提出，要通过大力发展先进装备制造业、新能源、新材料、新医药、电子信息、节能环保、海洋科技、生物育种和高技术服务等九大战略性新兴行业，形成新一轮的产业竞争先发优势。2015 年，《中国制造2025 辽宁行动纲要》进一步指出，产业经济发展的重点要集中在高档数控机床、机器人及智能制造装备、航空航天装备、海洋工程装备与高端船舶、先进轨道交通装备等 15 个支柱行业领域，以夯实优势产业的经济贡

献力和市场竞争力。当前,辽宁省战略性新兴产业发展处于重要的战略机遇期。从国际环境看,世界新一轮技术革命和产业变革为产业转型升级提供了历史机遇,科技创新带动了全球新兴产业竞争格局的变化,发达国家重视和强化新兴产业的科技创新,智能化、数字化、绿色化发展加快推动新兴产业发展,各国积极抢占经济发展的制高点,这为战略性新兴产业科技创新和转型升级提供了新机遇。从国内趋势看,我国加快推进经济结构优化升级,大力实施创新驱动战略,推动实体经济高质量发展,推动互联网、大数据、人工智能和实体经济深度融合。从区域动态看,辽宁省作为我国重要的装备制造业基地,应主动承担起这一历史使命,大力发展高端装备制造业,推动战略性新兴产业发展壮大,加快建设"中国制造 2025"先行区。辽宁省加快培育和壮大战略性新兴产业的一系列重大政策措施的相继实施,持续优化了创新创业和创新驱动环境,激发了战略性新兴产业发展的外部政策牵动力和内部市场活力。2019年,辽宁省拥有国家级高新技术企业 900 余家,初步建成 28 个智能制造及智能服务试点、示范项目,18 个项目被列入国家智能制造综合标准化与新模式应用项目计划。同时,面向东北亚扩大开放的"一带一路"倡议实施及经济外向发展为战略性新兴产业的合作共赢、产业布局及国际竞争等扩大了空间,拉动了战略性新兴产业实体经济的高质量、高水平发展。从战略性新兴产业的各个重点领域看:

第一,在高端装备制造产业领域。2018 年,辽宁省装备制造业规模以上(简称规上)企业工业总产值同比增长 8.9%,利润同比增长 26.8%,利税同比增长 17.1%,行业主营业务收入利润率高出全省工业平均水平 2 个百分点。辽宁省装备制造业企业体系涵盖了以机床和轴承为代表的基础类装备,以石化设备、重型矿山设备和输变电设备为代表的重大工程专用装备,以船舶、汽车和机车为代表的交通运输类装备,具备较强的重大技术装备研发、设计和制造能力,掌握了一批重要装备的关键核心技术,形成了成套生产能力,在数控机床及数控系统、燃气轮机、输变电设备、石化设备等重大成套装备领域地位突出。产业集聚程度较高,集聚效应初步显现。沈阳铁西装备制造业聚集区、哈大齐工业走廊、大连临港临海先进装备制造业基地等一批有竞争力的产业积聚地正在形成。以沈阳市高端装备制造业为例，沈阳市集聚438家机械装备制造业规上企业，数控机床产销量和市场占有率居国内首位。中德（沈阳）高端装备制造产业园围绕汽车制造、智能制造、高端装备、工业服务、战略性新兴等五大主导产业，先后引进华晨宝马第三工厂、北方生物医药谷、微控飞轮储能等高质量项目362个，总投资约1200亿元；引进外资项目127个。沈阳机床集团研发了世界首个工业操作系统i5OS并升级成为智能工厂，为制造业提供自主、安全、可控的运动控制开放平台。沈阳新松机器人成功研制了具有自主知识产权的工业机器人、协作机器人等上百类产品，累计出口30多个国家和地区，为全球3000余家企业提供产业升级服务。

第二，在电子信息产业领域。电子信息是关系国民经济和社会发展全局的基础性、战略性、先导性产业。近年来，辽宁省电子信息产业发展速度持续加快，产业经济与规模效益稳步提升，在区域经济中的重要性不断提高。其中，辽宁省有集成电路装备制造龙头企业19家，包括拓荆、芯源、科仪等整机企业7家，仪表院、沈阳富创等配套及零部件企业12家；拥有国家级工程（技术）研究中心、工程实验室5个，省级工程（技术）研究中心、重点实验室7个，发明专利1000多项。大连高新园区软件和信息技术服务产业集群被确定为国家新型工业化产业示范基地，形成七贤岭产业基地、大连软件园、腾飞软件园、天地软件园、九成智慧产业园等高新技术产业发展载体。大连高新园区拥有2000余家软件和信息服务企业，拥有软件人才16万，产业营业收入超过1000亿元，全国软件出口第一的位置一直由大连市的软件企业占据，IBM、惠普、爱立信、戴尔等130多个世界500强和全球领军企业项目在大连高新园区落户。以东软集团和大连华信计算机技术股份有限公司为例，东软集团在我国建立了8个区域总部、16个软件开发与技术支持中心、6个软件研发基地，在40多个城市建立营销与服务网络，在大连市、南海市、成都市分别建立了所乐软学院。东软集团以软件技术为核心，通过软件与服务的结合、软件与制造的结合、技术与行业管理能力的结合，提供行业解决方案、产品工程解决方案以及相关产品与服务。根据《中国医院核心管理系统市场份额,2019:升级核心系统支撑医疗数字化转型》,东软集团位列2019年中国医院核心管理系统市场份额第一名。2019年,东软集团先后获得"2019中国软件出口企业排名第一""2019中国服务外包企业排名第一"等成绩和"2019中国软件出口(服务外包)最具竞争力品牌"等荣誉称号。大连华信计算机技术股份有限公司是一家为全球客户提供领先的应用软件产品、信息服务及行业解决方案的IT企业,主营业务收入至今形成了国际IT服务业务占比62.4%、国内IT服务及行业解决方案占比31.2%、IT基础服务与技术解决方案占比4.1%、其他业务占比1.9%的格局。2019年,企业销售额约为28亿元,利润总额约为4亿元。2020年,东软集团股份有限公司和大连华信计算机技术股份有限公司获得"2000—2020中国软件和信息服务业发展杰出企业"荣誉称号。

第三,在生物医药产业领域。辽宁省以本溪市高新区为核心,以桓仁县和本溪县为两翼,建设"中国药都"。为了大力扶持培育医药战略性新兴产业,辽宁省先后引进了上海医药、上海绿谷、华润三九、天士力、修正、大石药业、未来生物、麦迪生物等多家国内医药著名企业和日本卫材、韩国大熊制药等国际知名企业,全力发展包括生物制药及疫苗、高端仿制药及化药、现代中药、医疗器械、食品保健品、医药配套和健康服务在内的医药健康产业。同时,引进了沈阳药科大学、中国医科大学、辽宁中医药大学等6所高校,基本形成了医药结合,中西结合,涵盖中专、大专、本科的医药专业化教育功能区,初步建立了医药基础创新体系。其中,沈阳药科大学将办学主体机构整体搬迁至本溪县,中国医科大学本溪校区包括生物医药研究院和中英国际医药学院,辽宁中医药大学建立了实践教学、科技研发、中药饮片加工实训基地三位一体的本溪校区。目前,"中国药都"构建了产业、科技、高校、城市四位一体发展格局,形成了完整的生物医药产业链和清晰发达的知识供给体系。2019年,"中国药都"技工贸销售收入达130亿元,地区生产总值逾40亿元。此外,在医疗工程产业领域,东软集团研发了具有中国自主知识产权的CT机、磁共振仪、数字 X 线机、彩超机、全自动生化分析仪、多参数监护仪、放射治疗设备、核医学成像设备等 11 个系列 50 余种先进医疗设备产品，其中 CT 机填补了我国在该领域的空白，使得我国成为全球第四个能够生产 CT 机的国家。

第四，在通用航空产业领域。通用航空产业是区域经济崛起和综合实力的重要标志之一，也是战略性新兴产业发展不可或缺的组成部分。辽宁省有规上航空工业企业 32 家，省内航空产业联盟成员单位有 180 家。沈阳飞机工业（集团）、中航工业沈阳飞机设计研究所、中国航发沈阳发动机研究所、沈阳黎明航空发动机（集团）有限责任公司和沈阳航空航天大学等知名企业、科研院所和高校为通用航空产业发展积累了丰富的产业基础和人才储备。沈阳通用航空产业基地是辽宁省发展通用航空产业的核心区域，拥有全国最大的低空空域以及东北地区独有的无人机专用空域，是国家级无人驾驶航空器检测基地和无人驾驶航空器实训基地。辽宁壮龙无人机科技有限公司自主研发生产了世界首款油动直驱多旋翼飞行器"大壮"，农林植保款"大壮"一天就可实现大田作物喷洒 2000 亩（1 亩＝0.0667hm²）以上，开创了重载长航时无人机时代的新纪元。

第五，在新材料和海洋科技等其他产业领域。位于盘锦市的辽宁北方新材料产业园正式升级为省级开发区，并更名为辽宁新材料产业经济开发区。园区入驻企业已达 140 余家，其中，规上企业 22 家，形成了石化及精细化工、塑料新材料、高端装备制造、现代物流四大产业集群，是辽宁省沿海经济带重点开发区、辽宁省新型工业化产业示范基地、拥有"省超百亿工业产业集群"。大连市庄河市的辽宁海洋产业经济区确定了海洋装备制造区、渔港综合服务物流区、海洋行政商务服务区、海洋产品加工区和临港物流加工区的五区空间结构，全面打造辽宁海洋资源深度开发示范区和辽宁化纤新材料产业基地。

二、辽宁省高校与战略性新兴产业协同发展的成绩总结

自《辽宁省人民政府关于加快发展新兴产业的意见》（2010 年）颁布

实施以来,辽宁省高校始终围绕国家和省关于创新驱动发展战略的相关部署,立足于支撑引领辽宁省战略性新兴产业发展的新需求与新愿景,不断增强区域内高校的人才供给力、科技创新力和社会服务力。

(一)高校与战略性新兴产业协同发展的人才供给力明显提升

辽宁省高校积极深化教育供给侧结构性改革,通过探索分类办学与分类管理、优化学科专业结构、加快应用型转型发展、提升高等工程人才培养规模与质量、调整高层次应用型人才招生计划和建设产业学院等途径,全面提升各级各类行业人才的培养原动力与高质量输送力。

第一,开展高校差异化、特色化的办学类型划分和分层分类管理。政府在调研、论证和规划的基础上,首创将本科高校划分为工业类、农林医药业类、现代服务业类和社会事业类等四种类型,并根据各个高校办学层次和人才培养质量水平的客观差异,进一步将高校划分为研究型、研究应用型、应用型和技术技能型四种类型,使得高校支持战略性新兴产业的人才培养力更加多样化、精准化和常态化。

第二,面向高新技术行业企业和经济社会新常态需求,逐步完善学科专业适应性发展的科学引导、负面预警和动态调整机制。近年来,高校主动适应先进装备制造业、生物医药产业和现代农业等新业态、新技术与新模式对行业紧缺人才培养的新诉求,超前布局集成电路、人工智能、云计算、大数据、物联网、量子通信等相关学科专业,并依据学科专业评估结果,撤销与经济社会发展需求相脱离的学科专业,同时根据战略性新兴产业对生产一线岗位的特殊性需求,转型发展一大批应用型专业。

第三,积极开展面向立地式和应用型的办学全方位转型。高校通过转型发展可以将人才培养的价值取向由传统的"本科—学术人才"的单向式人才质量定位,逐渐分化为"本科—学术人才、应用人才、职业人才"多维度人才质量定位[①],从而消解本科生就业的结构性矛盾,满足区域战略性新兴产业劳动力市场对应用型人才的多样化需求。自推动地方

---

① 余斌.地方本科高校培养目标:困境与变革[J].教育发展研究,2009(23):48-52.

高校转型发展的国家顶层战略构想提出和自上而下的层级联动实施以来,辽宁省高校主动适应区域经济发展方式转变、产业结构调整、现代产业技术迭代升级和应用型人才市场需求,积极开展以学科专业设置、课程体系调整、人才培养方案更新、校内实践教学和实习实训强化、"双师型"师资队伍建设以及产教融合、协同育人等为重要突破点的转型发展"内涵式"行动。沈阳大学、沈阳工程学院等 10 所地方本科高校已经开展整体转型,辽宁大学环境工程、沈阳工业大学过程装备与控制工程等937 个专业已经开展专业转型。目前,开展转型发展的高校和专业共涉及 21 所高校,约占辽宁省高校的 35%,面向行业企业的应用型人才培养规模已达每年约 12 万人。[①]

　　第四,深化高等工程教育改革,促进产学研联合培养工程人才模式创新,建立供给侧和需求侧精准匹配的人才培养对接方案,全面优化高等工程人才培养规模和供给能力。辽宁省以工科为主的高校均参加了卓越工程师教育培养计划建设项目,形成了区域内工科优势高校在工程人才培养领域的同频共振效应。其中:14 所高校实施国家级卓越工程师教育培养计划,并联合 54 家企事业单位建设国家级工程实践教育中心,学校数量位列全国第三;78 个本科专业经教育部及有关部门批准,实施国家系列卓越工程师计划,130 个本科专业开展省级工程人才培养模式改革试点,145 个校企合作的实践基地分别建设省级工程实践教育中心和大学生校外实践教育基地,11 个项目开展校企协同工程人才培养体制机制创新研究与实践试点,16 个辽宁省普通高校教学指导委员会分别研制 34 种工学专业综合评价指标体系。

　　第五,持续释放面向战略性新兴产业发展的高层次应用型人才供给活力。辽宁省高校积极对照高层次产业人才的批量化需求,切实调整博士研究生、硕士研究生的年度招生计划和资源配置,分别将各年度的博士研究生增量计划和硕士研究生增量计划的一半指标优先安排到农业、工业等高校省级优势特色学科,使得高层次应用型人才培养的计划性杠

---

① 辽宁进一步推动本科高校向应用型转变[N].辽宁日报,2019 - 10 - 10.

杆作用更具适应性和针对性。

第六,以产教融合范式的现代产业学院建设为载体,开展校企深层次协同育人。现代产业学院是高校与企业开展深度协同育人的协同网络联结点,是人才链与产业链发生交互行为的介质有机体,更是高等教育遵循外部适应规律的衍生物。目前,辽宁省高校中的现代产业学院可以划分为两种类型,一种是高校独立举办的带有二级学院传统属性的现代产业学院,如辽宁大学轻型产业学院和辽宁工业大学光伏产业学院。另一种是校企联合举办的带有产教深度融合属性的现代产业学院,如辽宁科技大学照明产业学院、辽宁工程技术大学腾讯云人工智能学院、大连交通大学中车学院、大连工业大学中德智能制造学院和 FANUC 润品智能制造产业学院,以及辽宁科技学院新松机器人学院等。高校现代产业学院凸显了产教融合、协同育人"简单—复杂"内涵式变化的必然趋势,即由偶然的、随机的、短暂的松散关系升级为稳定的、定向的、持续的紧密关系,由无序的、不稳定的"单打独斗"状态向有序的、稳定的协同组织结构进化。

(二)高校与战略性新兴产业协同发展的科技创新力持续赋能

党的十八届五中全会确立了"创新、协调、绿色、开放、共享"的发展理念,提出了创新是引领发展第一动力,处于国家发展全局的核心位置。高校科技创新在辽宁省全面实施创新驱动发展中具有引领作用,可以说,高校对战略性新兴产业发展中的任何领域、任何形式的原始创新,以及前沿技术、颠覆性技术、核心技术与瓶颈技术的重大突破,都会为未来时期的区域经济高速稳定增长注入源源不断的活力。

第一,提升基础研究和原始创新能力,持续加强科技创新的源头势能。"十三五"以来,辽宁省高校反复聚焦新一代信息技术、新能源智能汽车、机器人、人工智能、智能制造、新材料、生物医药、数字医疗等战略性新兴产业领域发展的国际前沿技术、重大科技攻关问题及新工艺、新材料等研发方向,通过大力加强行业需求引导的基础研究和应用研究,增加科研基本业务费,倾力培养青年科技人才、打造科技领军人才梯队和高水平创新团队,持续推进高校科技创新大平台和重大科技基础设施建设，加强大学科技园的创新创业规模与孵化能力建设，强化有组织、有制度、有保障的产学研协同创新，以及推动多学科交叉融合的协同攻关等举措，产出了一批代表先进行业企业生产力、具有国内外影响力的"辽字号—高校创"重大科研成果。以大学科技园为例，东北大学国家大学科技园形成了科学园、创业园、产业园"三园一体"协调发展的模式，已经培育出东软集团等一批国内外知名的、具有行业领先地位的高新技术企业。大连理工大学国家大学科技园在电子信息、新材料、生物制药、环保节能、海洋水产产业、石油化工、先进制造等领域初步形成了特色鲜明、成长性好、前景广阔、具有一定规模的战略性新兴产业集群。

第二，弥补科技成果转化服务体系短板，有效提高科技成果转化效率和效益。政府通过完善高校科技成果转化的政策保障体系，探索高校科技成果转化试点，完善高校科技成果转化服务体系，开展"高校服务企业行"和"千名专家进千家企业"等系列举措，持续推动高校科技成果就地转化和产业化发展。从高校促进科技成果转化的实践看，沈阳化工大学、大连工业大学、辽宁科技大学等12所高校先行先试，建立了高校科技成果转化政策落实高校联系和服务点制度，并在建立转化体系、创新转化机制、破解转化难题等方面积极探索。高校组织行业技术专家到锦州市、营口市、鞍山市、朝阳市等地考察、调研和座谈，与市级政府共同举办了大型产学研合作对接会。高校省级以上大学科技园联合发起组建联盟，建立了大学科技园资源共享机制，强化了大学科技园促进科技成果转化、高新技术企业孵化的"泵力渠"和"中转站"功能。2018年，辽宁省高校科技成果转化项目已经占全省总数的79.8%，转化金额占全省总数的64.6%；高校举办、参加各类科技成果推介对接活动212场，共转化科技成果2799项，其中省内转化1889项；高校统筹安排1000余名专家先后进驻1100余家省内企业，联合攻克核心共性技术120项，完成企业技改课题2136项，高校科技成果外流和"墙里开花墙外香"的局面正在逐步扭转。

第三，着力消除阻碍科技创新潜力、创新要素发挥和创新成果转化的体制机制根本性障碍。辽宁省高校全面落实省政府促进科技成果转化和技术转移的政策,通过深化科研管理制度改革、健全科技创新质量监控制度、拓展创新创业人员的校企双向流动机制、设立产学研协同创新体制机制改革的"试验田"和实体组织、完善科技成果转化试点制度、革新教师科研业务评价指标体系及晋升考评制度、完善科技创新绩效考核评价和投入保障机制等举措,充分激发广大科研人员和教师的创新活力,为促进科技成果就地、及时转化营造了良好的科研环境。

（三）高校与战略性新兴产业协同发展的社会服务力不断增强

20世纪60年代,美国发展经济学家约翰·弗里德曼(John Friedmann)在分析城市空间相互作用和经济扩散关系时提出了"核心—边缘"理论,此后该理论演化为"边缘—中心"理论。我国高等教育学科创始人、著名学者潘懋元先生在高等教育内外部发展规律的基础上,明确地提出了"大学从边缘走向中心"的理论,并被广泛应用于解析高等教育与经济社会发展的互动服务问题。2010年,《国家教育规划纲要》更是明确提出:"提升高等教育的科学研究水平,增强高等教育的社会服务能力。"因此,发展战略性新兴产业,强化战略性新兴产业的规模化、集群化与现代化优势,需要高校的社会服务力发挥基础性、关键性与先导性的支持作用。

第一,打造模式多样化的校企联盟,实现高校供给侧与企业需求侧的无缝对接。辽宁省在高校与战略性新兴产业协同发展的过程中,在全国较早地系统性开展校企联盟建设,实现了校企联盟建设从概念设计到实施运行的实质性跨越。例如,沈阳工业大学联合中国科学院沈阳分院、中国科学院沈阳科学仪器研制中心有限公司等19家机构,共同组建了辽宁半导体装备产业技术创新战略联盟,解决了企业技术需求,推动了辽宁半导体装备产业的快速崛起。沈阳农业大学、辽宁省农科院、辽宁东亚种业有限公司等30家单位联合成立了辽宁种业技术创新战略联盟。沈阳药科大学与东北制药集团等18家国内知名制药企业组建了创新药物产学研战略联盟。辽宁科技大学联合鞍钢集团耐火材料有限公司、海城后英集团等21家行业骨干企业及科研机构,组建了辽宁省镁质材料产业技术创新战略联盟。截至2020年,辽宁省高校先后组建了轨道交通、现代建筑工程装备和精细化工、镁产业、生物医药、海洋生物资源深加工等校企联盟54个，各联盟参与企业2737家，学校160所，学科237个，专业1008个，基本实现了对区域内各类重要战略性新兴产业方向的全覆盖和全动员；建设了42个校企合作二级学院，吸引企业投入经费16亿元；新建了29个省级实训培训基地，累计培训学生19万人次。

第二，"校—地"对接活动常态推进，区域内创新驱动发展能力显著增强。一直以来，辽宁省高校紧密围绕高等教育服务沈阳经济区、沿海经济带、突破辽西北、沈抚新区和县域经济五大发展战略"三年行动计划"，通过成立"校—地"研究院、大学企业研究院和服务县域经济发展等多样化举措，逐渐形成服务战略性新兴产业发展的强劲"输血"能力。近年来，辽宁省高校已先后成立了沈阳药科大学—本溪、沈阳化工大学—盘锦、沈阳工业大学—铁岭、锦州医科大学—锦州等16个"校—地"研究院，建设了大连理工大学、东北大学等21个省级产业技术研究院，大连海事大学、辽宁大学等93个校企合作研发机构，沈阳工业大学、辽宁科技大学等38个校地合作研发机构，大连理工大学、大连交通大学等10个大学企业研究院。此外，沈阳农业大学和大连海洋大学先后获批成立了新农村发展研究院，东北大学、辽宁大学、沈阳农业大学、大连海洋大学等28所高校通过涉农科研成果转化、派遣科技副县长、农业科技和人员培训等形式，服务30个县（市）的经济发展，覆盖率达辽宁省内县（市）总数的68%。

第三，围绕产业链有序部署创新链，逐渐形成创新全要素"多点开花、成果丰硕"的驱动合力。为了全面服务沈大国家自主创新区、辽宁自由贸易试验区、大连金普新区等经济"特区"建设，以及中德（沈阳）高端装备制造产业园、沈阳—欧盟经济开发区、沈阳新加坡工业园区等战略性新兴产业经济聚集区建设，辽宁省32所高校先后成立了76个科技平台作为对接产业集群的协同创新基地，为61个区域内重点产业集群提供重大的、关键的、具共同性的核心技术。与此同时，辽宁省高校主动牵头或参与组建从国家级到省级的各类型协同创新中心。其中，在国家级层面，由大连理工大学牵头，邀请沈阳工业大学、大连交通大学、中国科学院沈阳自动化研究所、沈阳鼓风机集团有限公司、北方重工集团有限公司、大连船舶重工集团有限公司等 8 家单位共同组建了辽宁高端装备协同创新中心。由东北大学与北京科技大学共同牵头,联合鞍钢、宝钢、武钢、首钢等国内龙头企业,钢研集团、中科院金属所等研究院所,上海大学、武汉科技大学等高校共同组建了钢铁共性技术协同创新中心。在省级层面,由沈阳航空航天大学牵头,联合沈飞集团、沈阳发动机研究所等 6 家单位,建立了先进航空装备设计与制造协同创新中心。由沈阳工业大学牵头,与沈阳华创风能有限公司、中国石油化工集团公司、特变电工沈阳变压器集团有限公司协同组建了辽宁先进能源装备及应用协同创新中心。由辽宁大学牵头,组建了东北振兴协同创新研究中心,围绕东北老工业改造与振兴获得了一大批优秀研究成果。此外,大连海洋大学积极参与水产养殖科学与技术协同创新中心的建设,辽宁师范大学积极参与教师教育协同创新中心的建设,辽宁工程技术大学参与组建了煤矿重大灾害防治协同创新中心,等等。

第二节　辽宁省高校与战略性新兴产业协同发展的科研活动分析

一、态势与特征:辽宁省高校科研活动的历史纵向视角

（一）高校科技人力的总体投入逐年增加,医药科学和其他领域的人力投入不足

第一,高校科技活动人力的总体投入日益增加,与传统主导产业、战略性新兴产业密切相关的科学家和工程师成为科技活动人力的中坚主体。2020 年,辽宁省高校投入科技活动人员 45705 人,比 2014 年增加 2353 人,增长率为 5.4%。在辽宁省高校科技活动人员中,科学家和工程师共有 44529 人,占 97.4%,比 2014 年增加 1834 人,增长率为 4.3%。

第二,在高校科技活动人力的具体行业分布中,自然科学、工程与技术、医药科学三个领域人力投入持续增加。工程与技术领域人力投入的数量最多且增长率最高,农业科学领域人力投入的数量最少且增长率呈现逐步下降趋势,其他领域人力投入的数量也在持续下降且近年来的下降率最高。2020 年,辽宁省高校的自然科学领域投入 5477 人,比 2014 年增加 504 人,增长率为 10.1%;工程与技术领域投入 20088 人,比 2014 年增加 2942 人,增长率为 17.2%;医药科学领域投入 16041 人,比 2014 年增加 919 人,增长率为 6.1%;农业科学领域投入 1381 人,比 2014 年减少 273 人,减少率为 16.5%;其他领域投入 2718 人,比 2014 年减少 1739 人,减少率为 39.0%(见表 5-1)。

表 5-1 2014—2018 年辽宁省高校科技活动人力变化情况

年份	自然科学	工程与技术	医药科学	农业科学	其他领域
2014	4973	17146	15122	1654	4457
2015	5138	17885	15287	1686	4532
2016	5049	18280	15179	1668	3878
2017	5314	17998	15140	1699	4152
2018	5427	18351	14845	1706	4092
2019	5236	18931	15175	1702	3426
2020	5477	20088	16041	1381	2718

资料来源:2014—2020 年辽宁省教育事业发展统计公报。

第三,高校在读研究生参与科技项目研究的人数增加速度最快,在读研究生已成为基础科研的重要力量。2020 年,辽宁省高校共有 46695 名在读研究生参与科技项目研究,比 2014 年增加 16833 人,增长率为 36.0%。

(二)高校科技课题的数量稳步增加,国家级课题中的科技部重大专项数量下滑明显

第一,高校在研科技课题的总体数量、当年投入人数和当年投入经

费均明显提升,尤其是高校承担的各类科技课题数量增加幅度较大。2020 年,辽宁省高校科技课题总数为 25628 项,比 2014 年增加 7834 项,增长率为 44.0%;高校科技课题的当年投入人数为 18889.7 人,比 2014 年增加 3961.3 人,增长率为 26.5%;高校科技课题的当年投入经费为 608222.9 万元,比 2014 年增加 88998.9 万元,增长率为 17.1%(见表 5-2)。

表 5-2　2014—2020 年辽宁省高校科技课题变化情况

年份	课题数/项	当年投入人数/人	当年投入经费/万元
2014	17794	14928.4	519224.0
2015	17644	14262.2	514624.2
2016	19137	14447.8	502644.9
2017	20571	14595.9	501429.1
2018	22743	16741.6	552241.8
2019	24954	17850.5	585066.1
2020	25628	18889.7	608222.9

资料来源:2014—2020 年辽宁省教育事业发展统计公报。

第二,高校各类国家级科技课题的国家重点研发计划数量增加幅度最大,但科技部重大专项数量则出现逐年下滑局面。2020 年,国家重点研发计划为 1127 项,比 2014 年增加 622 项,增长率为 123.2%;高校科技部重大专项为 77 项,比 2014 年减少 7 项,下降率为 8.3%;高校国家自然科学基金为 4649 项,比 2014 年增加 1367 项,增加率为 41.7%(见表 5-3)。

表 5-3　2014—2020 年辽宁省高校国家级科技课题变化情况

年份	国家重点研发计划		科技部重大专项		国家自然科学基金	
	课题数/项	当年投入经费/万元	课题数/项	当年投入经费/万元	课题数/项	当年投入经费/万元
2014	505		84		3282	
2015	439	32342.1	63	4986.6	3511	60384.4

年份	国家重点研发计划		科技部重大专项		国家自然科学基金	
	课题数/项	当年投入经费/万元	课题数/项	当年投入经费/万元	课题数/项	当年投入经费/万元
2016	315	21606.5	53	2370.3	4099	76164.4
2017	618	46857.6	47	8219.6	4251	73691.7
2018	869	59302.5	49	3011.9	4503	86989.5
2019	1001	79147.3	72	3118.0	4680	85266.8
2020	1127	70007.1	77	5427.0	4649	72608.8

注：2014—2016年国家重点研发计划课题数及其当年投入经费是"973"计划、国家科技支撑计划和"863"计划的课题数与经费数的总和。

资料来源：2014—2020年辽宁省教育事业发展统计公报。

（三）高校科技活动经费平稳增长，"纵向"与"横向"的经费投入比重仍待调适

第一，高校科技活动经费总收入持续增加，政府资金的"纵向"投入比重依然占据"半壁江山"。2020年，科技活动经费总收入80.36亿元，比2014年增加19.01亿元，增长率为31.0%，其中：政府资金43.92亿元，占比达54.7%；企事业单位委托经费31.42亿元，占比达39.1%；高校自筹科技活动经费4.35亿元，占比达6.2%（见表5-4）。

第二，高校接受企事业单位委托的"横向"科技活动经费增长幅度较小。2020年，辽宁高校科技经费的政府资金43.92亿元，比2014年增加16.85亿元，增长率为62.2%；企、事业单位委托经费31.42亿元，比2014年增加2.70亿元，增长率为9.4%。

第三，高校科技活动自筹经费显著增长，显示出较强的经费筹集能力。2020年，辽宁高校自筹科技活动经费4.35亿元，比2014年增加2.02亿元，增长率为86.7%。

表 5-4　2014—2020 年辽宁省高校科技活动经费变化情况

年份	合计/亿元	政府资金/亿元	企事业单位委托经费/亿元	高校自筹科技活动经费/亿元
2014	61.35	27.07	28.72	2.33
2015	61.07	28.95	26.75	2.64
2016	60.92	29.51	25.61	3.20
2017	62.01	30.75	26.94	3.23
2018	68.74	35.04	29.08	4.17
2019	74.51	39.73	30.45	3.83
2020	80.36	43.92	31.42	4.35

资料来源:2014—2020 年辽宁省教育事业发展统计公报。

(四)高校科研成果的"量"与"质"同步稳定提升,科技成果转化效益仍待提高

第一,高校的出版科技著作和发表学术论文均呈现"双管齐下"的阶段性增长态势,但三大检索收录论文的 EI 数量和 CPCI-S 或 ISTP 数量则出现小幅下降。2020 年,辽宁省高校出版科技著作 363 部,比 2014 年增加 81 部,增幅为 28.7%。高校发表学术论文 44957 篇,比 2014 年增加 8120 篇,增幅为 22.0%。在三大检索收录的论文中: SCIE 共 16470 篇,比 2014 年增加 8735 篇,增幅为 112.9%;EI 共 9517 篇,比 2014 年增加 1775 篇,增幅为 22.9%;CPCI-S/ISTP 共 1008 篇,比 2014 年减少 691 篇,降幅为 40.7%(见表 5-5)。

表 5-5　2014—2020 年辽宁省高校科技成果变化情况

年份	科技著作/部	学术论文/篇		三大检索系统/篇		
		合计	国外学术刊物发表	SCIE	EI	CPCI-S 或 ISTP
2014	282	36837	—	7735	7742	1699
2015	316	35992	11512	8666	6590	1311

年份	科技著作/部	学术论文/篇		三大检索系统/篇		
		合计	国外学术刊物发表	SCIE	EI	CPCI-S 或 ISTP
2016	297	40882	13602	10114	7929	1320
2017	351	40134	14283	10917	7324	1772
2018	411	41320	14348	11935	7473	1650
2019	319	42410	20435	14691	8657	1407
2020	363	44957	23727	16470	9517	1008

注:三大检索系统中的 2018—2020 年统计源为 CPCI-S,2014—2017 年统计源为 ISTP。

资料来源:2014—2020 年辽宁省教育事业发展统计公报。

第二,高校技术转让合同数与专利拥有数均表现为持续性增长,技术转让的当年实际收入效益呈现出波动增长特征。2020 年,辽宁省高校技术转让合同数为 485 项,当年实际收入 1.16 亿元,分别比 2014 年增加 323 项和 0.96 亿元,增长率分别为 199.4% 和 480.0%,但近年来的技术转让实际收入存在明显的波动变化趋势。例如,2017 年技术转让实际收入达 2.09 亿元,为历史最高水平,此后 3 年则出现连续下降趋势。同时,专利拥有数为 34383 项,其中发明专利 17614 项,分别比 2014 年增加 23585 项和 11901 项,增加率分别为 117.4% 和 208.3%(见表 5-6)。这种现象表明,辽宁省高校科研成果较多,但真正转化为经济效益的科研成果数量相对较少。

表 5-6　2014—2018 年辽宁省高校技术转让和专利拥有数变化情况

年份	技术转让		专利拥有数/项	
	合同数/项	实际收入/亿元	合计	发明专利
2014	162	0.20	10798	5713
2015	126	0.55	12149	6889
2016	190	0.71	16451	9363

续表

年份	技术转让		专利拥有数/项	
	合同数/项	实际收入/亿元	合计	发明专利
2017	341	2.09	19602	11513
2018	274	1.79	23477	13305
2019	358	1.13	28222	14184
2020	485	1.16	34383	17614

资料来源：2014—2020年辽宁省教育事业发展统计公报。

二、优势与差距：辽宁省高校科研活动的省域横向视角

科研活动是省域高校与战略性新兴产业协同发展的关键引擎。近年来，东部省份的高校科研活动始终保持稳定增长的"领先领跑"优势，湖北、陕西、四川等中西部省份的高校科研活动也表现出强劲的"后来居上"态势，而辽宁省的高校科研活动发展速度趋缓，总体存量水平和整体实力处于全国中游，尤其是基础支撑条件、创新竞争能力和现实效益等主要衡量指标，与京沪苏浙粤等省份相比，北京、上海、江苏、浙江、广东等均有一定差距。

（一）高校科研活动的整体水平与基础条件正相关

全国高校科研活动基础能力的比较发现，辽宁省高校科研活动机构拥有数量与科技人力投入、科技经费投入呈现明显的"两极分化"局面。2017年，辽宁省高校科技机构（R&D）数量名列前茅，仅次于广东省和北京市；与高校教师队伍存量直接相关的科技人力投入数量排在全国第12位，低于陕西、湖南、河南等中西部省份；高校科技经费投入相形见绌，排在全国第11位，而北京、江苏、广东、上海、湖北等5个省份的高校科技经费投入已经突破百亿元（见图5-1至图5-3）。

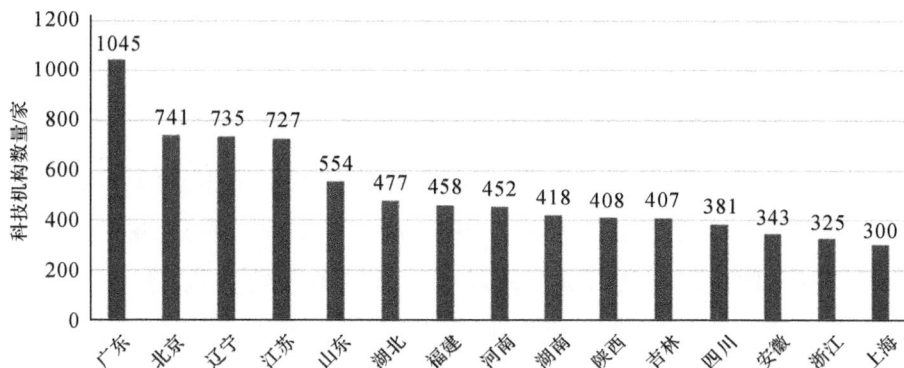

图 5-1 2017 年全国高校科技机构(前 15 省份)

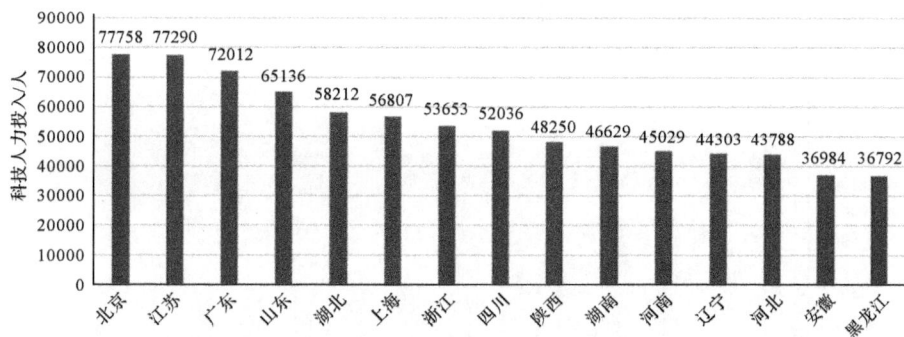

图 5-2 2017 年全国高校科技人力投入(前 15 省份)

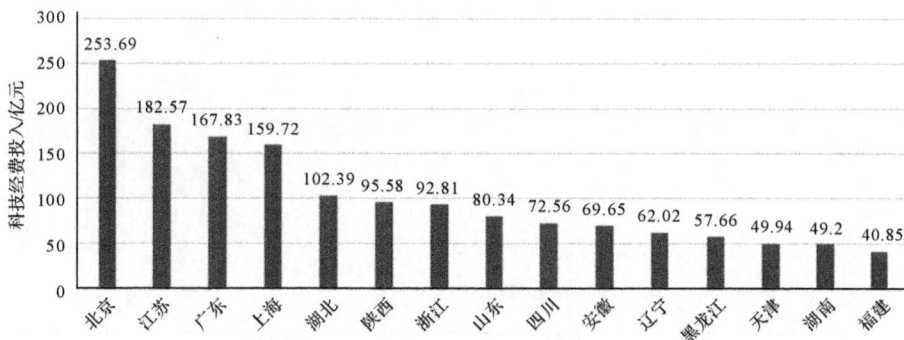

图 5-3 2017 年全国高校科技经费投入(前 15 省份)

（二）高校科研活动的综合实力需要"国家级"和"国际级"等关键指标的充分衡量

全国高校科研活动重要形式和主要成果的比较发现，辽宁省高校的国家级重点、重大科技项目、国际三大检索论文数以及国家级获奖数欠缺，已成为相对薄弱的量化指标。2017 年，辽宁省高校在研的重点研发计划、科技部重大专项、国家自然科学基金等国家级重点、重大科技项目，以及 SCIE、EI 和 CPCI-S 等国际三大检索论文总数均低于湖北、山东、四川、陕西等中西部省份，均位列全国第 10 位（见图 5-4 和图 5-5）。高校获奖总数低于江苏、北京、湖北等省份，位列第 7 位，其中，国家级获奖数低于北京、江苏、上海等省份（见图 5-6）。

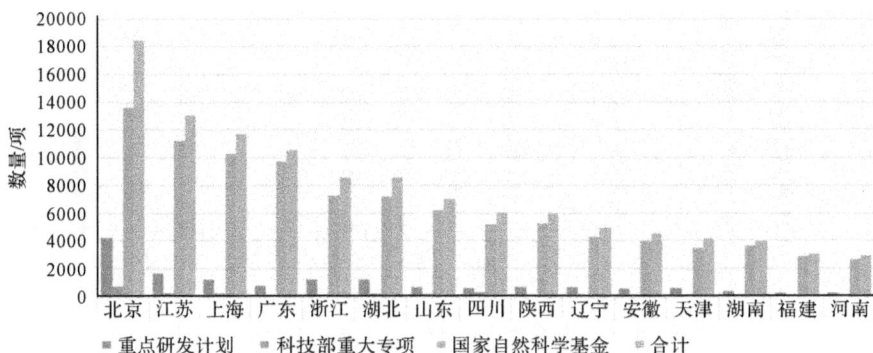

图 5-4　2017 年全国高校重点、重大科技项目（前 15 省份）

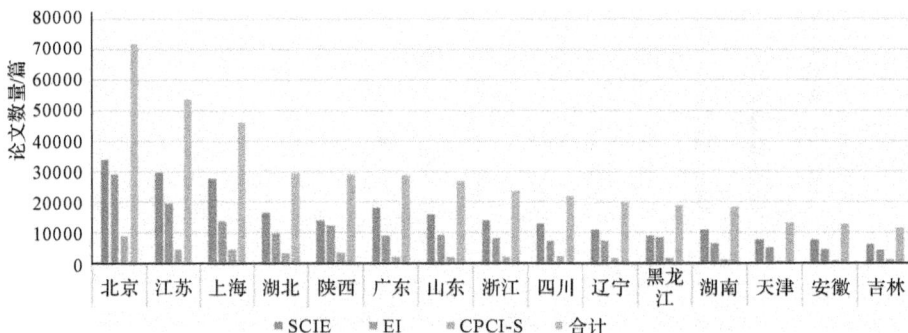

图 5-5　2017 年全国高校三大检索论文（前 15 省份）

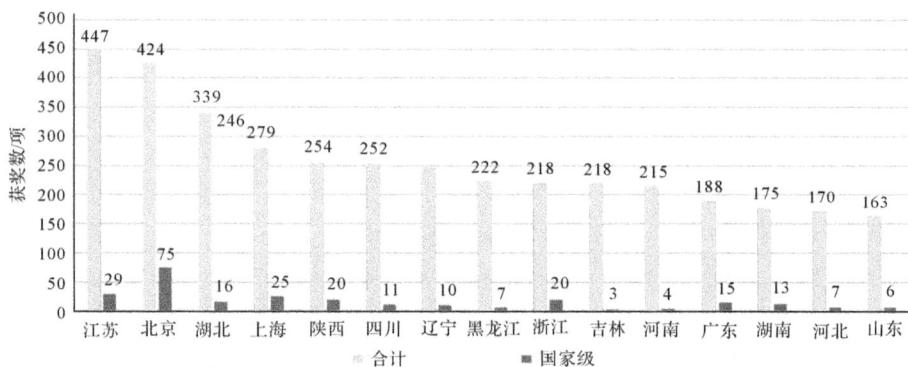

图 5-6 2017 年全国高校获奖总数(前 15 省份)

(三)高校科研活动的质量价值通过经济效益释放得以实现

通过全国高校科研活动成果转化和专利数量的比较可见,辽宁省高校科研活动产生的技术转让经济效益比较理想,但专利拥有数变为经济效益的"软肋"。2017 年,辽宁省高校技术转让的合同数低于江苏、重庆、浙江等省份,位列第 11 位,实际收入低于山东、北京、江苏等省份,位列第 6 位(见图 5-7)。高校专利拥有数低于江苏、北京、浙江等省份,位列第 13 位,其中,发明专利低于北京、江苏、浙江等省份,位列第 10 位(见图 5-8)。

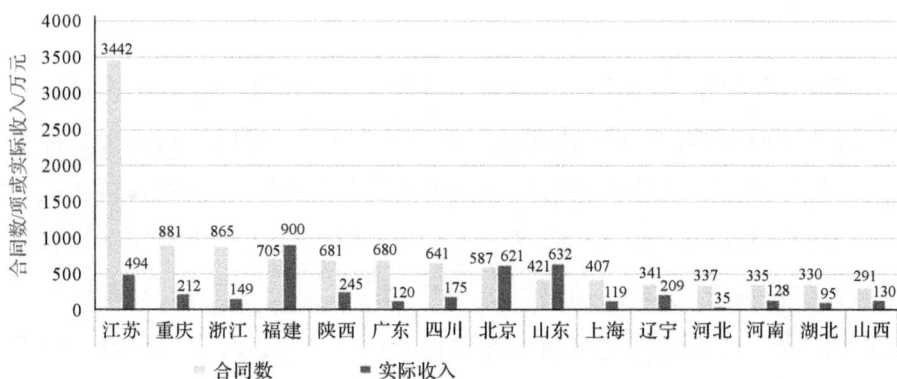

图 5-7 2017 年全国高校技术转让合同数与实际收入(前 15 省份)

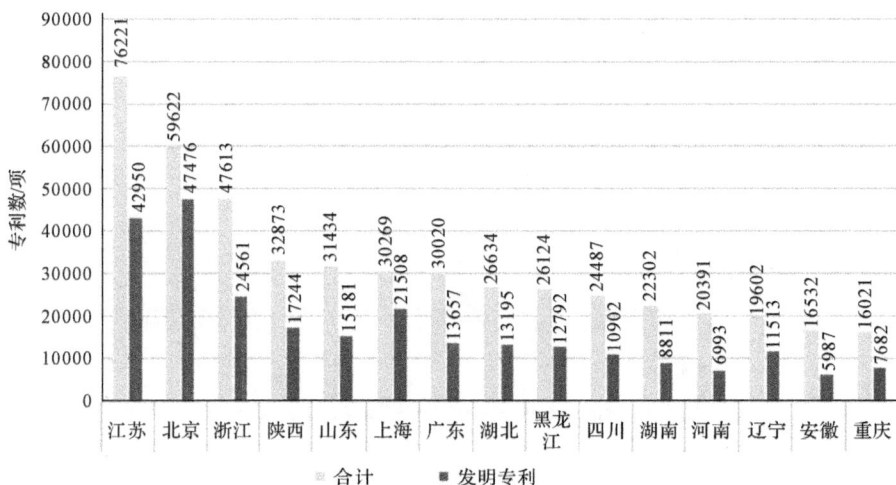

图 5-8　2017 年全国高校专利拥有数(前 15 省份)

第三节　辽宁省高校与战略性新兴产业协同发展的经验启示

一、问题聚焦

近年来,辽宁省高校科研活动正呈现出日趋活跃态势,建设成效日益显现。政府和高校在科技创新人力资源投入、科研经费投入等方面努力程度不断提高,进而在科研成果产出的数量、层次、质量以及转化效益方面取得了较好成绩。但是,辽宁省高校科研活动的总体水平和综合竞争实力仍待提升,主要症结可以归纳为:第一,高校与企业、科研院所产教融合、协同创新的体制机制亟待深化创新。政府保障协同创新的政策体系的完备性及落实亟待加强,引企入校、引企入教"的制度体系尚未完全建立,高校与企业之间的利益分配、风险分担、无缝对接、知识产权保护与资源共享等紧密联结机制仍需强化。第二,高校科技成果转化体系尚不完善。主要存在高校科技成果转化平台不够丰富、多渠道筹资能力较弱、知识产权意识不强、政策保障力度不足、高校科研管理制度体系中对科技成果转化的重视倾斜不够等问题。第三，高校内部的科技创新组织建设和教师科研评价体系较为僵化。高校针对产教融合、协同创新的组织建设尚不到位，统筹管理校企合作事务的校级专职机构存在缺失，教师的考核与评价机制亟须改革，尤其是现有职称评聘机制依旧存在"职称科研""考核科研"等功利化倾向，注重量化考核、推崇学术价值、轻视成果质量与社会效益等弊端更是长期存在。

二、重要结论

第一，高等教育发展水平与地区经济社会发展水平显著正相关。北京、上海、江苏、浙江作为传统的高等教育强省份，经济发展水平稳居国内省级行政区域前列，高等教育事业也保持稳步发展态势。山东、广东、福建虽不是传统的高等教育大省，但伴随近年来经济高速发展，高等教育发展水平亦实现了同频同轨的快速提升，尤其是广东和福建两省已经形成高等教育与经济发展互为支撑、同频共振的良性互动格局。辽宁省高等教育的历史基础较好，拥有数量庞大的行业特色型高校以及相对完整和健全的高等教育学科专业体系，但受产业结构调整和经济发展方式转变等因素的影响，高等教育水平提升呈现不稳定、不持续的起伏波动局面。

第二，高校人才供给结构与三次产业结构的匹配性依旧处于动态调试过程。一是从人才供给科类结构与三次产业结构的协调性看，全国高等教育人才供给结构与产业结构均处于动态调试过程中，对应各产业的人才供给量与各产业在国民经济总量中的占比保持同步变化态势。近年来，辽宁省大力推进产业结构调整，生产总值中第三产业比重超过第二产业，居首位，第一产业比重稳步下降。与此同时，辽宁省第一产业的人才培养数量稳步下降，第三产业的人才培养数量持续增加。二是从人才供给层次结构看，受历史形成的高等教育格局的影响，辽宁省高等教育的人才培养重心较高，研究生、本科生等高层次人才的培养能力较强，高职专科层次的高技能人才培养比例偏低。2016年，辽宁省的研究生人才培养规模占在校生规模的比例为 8.6%,本科生占比为 64.6%,在国内处于上游水平,高职专科人才培养规模在国同占比处于下游水平。三是从高校毕业生就业率和区域流向看,辽宁省高校毕业生的初次就业率较高,略低于浙江、广东、山东等省份。但受薪酬水平、职业发展环境、生源结构等因素的影响,辽宁省高校毕业生的省内就业率低于广东、浙江、山东等省份,高校毕业生的区域流向主要是泛渤海湾区域和泛长三角区域。四是从就业的行业流向看,毕业生主要流向制造业、IT 行业,这是国内省份的共性特征,体现了与主导产业布局相一致的态势。但在浙江、江苏、广东、福建等省份,批发和零售业、租赁和商务服务业也是高校毕业生就业的重点流向行业,辽宁省在这方面相对较弱。五是从就业的单位流向看,国内东部沿海省份的毕业生到基层非公有制企业就业比例较高,而辽宁省中小微企业、基层非公有制企业对高校毕业生的吸纳力不强。根据麦可斯《2020 年中国大学生就业报告》,2019 届大学毕业生在长三角地区就业的占比最高(本科为 25.8%,高职为 22.9%),其次是珠三角地区(本科为 21%,高职为 20.4%),而东北地区、中原地区人才吸引力较弱。

第三,区域创新体系始终存在明显短板和薄弱环节。从区域创新体系的整体情况看,辽宁省全口径科技研发能力相对较弱,企业作为创新主体的活力不足,尤其是地方高校科技创新实力有待提升。辽宁省高校科技基础较为完备,高校科技创新潜力较大,但科技人力投入和科技经费投入处于弱势状态;高校的专利拥有数和发明专利数,与北京、上海、江苏、浙江、广东、陕西等省份差距较大;高校的技术合同转让实际收入数与河南、天津等省份大体相当,但与北京、江苏、重庆、广东、四川等相比有很大差距。这与各省份的经济发展活力、科技投入水平、政策体制环境以及高等教育科类结构、层次结构等有直接的关系。

第四,高等教育经费投入水平和支撑力度依然不足。一是从高等教育经费投入水平看,辽宁省虽然在面临经济转型等诸多困难的情况下努力保持高等教育投入的稳定,但受经济下行压力增大、发展增速减缓、地方财政负重等因素的影响,与国内经济发达省份相比仍存在一定差距。

二是从高等教育经费构成看,各省份的教育经费投入均以国家财政性投入为主,尤其是经济发达省份国家财政性教育经费投入占比为75％～85％;而各省非财政性经费投入以学、杂费为主,民办学校办学经费和社会捐赠比例较小。辽宁省公共财政教育支出占公共财政支出比例、普通高校生均财政预算内教育事业费和生均财政预算内公用经费均低于全国平均水平。三是从重大专项建设的支持力度看,各省份均投入巨资对接国家"双一流"计划。例如,北京市投入近百亿元实施高校高精尖创新中心,上海市第一阶段投入36亿元打造高峰高原重点学科建设,广东省重磅投入300亿元建设"双一流",江苏省的年度建设专项资金达17亿元,山东省"十三五"期间投入建设专项资金50亿元,湖北省投入150亿元支持高校学科建设,湖南省1年投入15亿元支持"双一流"建设。与之相比,辽宁省的"双一流"建设投入则相形见绌。四是从"一流学科"建设成效看,近年来,辽宁省高校一流特色学科建设成效正在显现,一批学科迈入国际一流行列。根据国际流行的基本科学指标(ESI)2021年3月的最新评价数据,虽然大连理工大学、东北大学和中国医科大学3所高校的ESI综合排名进入国内前100行列,但ESI前1‰学科数量与北京、上海、江苏、广东、浙江、江苏、湖北等高等教育强省份相比差距较大。此外,在全国第四轮学科评估中,进入学科排名A档的有大连理工大学(化学工程与技术和机械工程)、东北大学(控制科学与工程)、沈阳药科大学(药学)、东北财经大学(应用经济学),进入学科A－档的有大连理工大学(力学、土木工程、环境科学与工程、管理科学与工程、工商管理)、东北大学(计算机科学与技术、软件工程、材料科学与工程),这说明持续增加一流学科建设的投入力度和支持力度,提高一流学科建设水平,扩大一流学科整体规模,依然是辽宁省"十四五"时期面临的战略性紧迫任务。

第五,高等教育对区域经济社会发展的贡献力亟待增强。高等教育对地方经济社会发展的贡献力是一个非常复杂的问题,既有显性效益也有隐性效益,既有当前效益也有长远效益,既有直接效益也有间接效益。从高等教育对地区经济社会发展的贡献力看,辽宁省高等教育人才培养规模总量、研发人员的科技产出能力等一系列指标均有力提升了辽宁省的区域发展能力。根据科技部发布的《中国区域创新监测报告 2016》监测结果：在区域创新环境监测指标中，辽宁省万人大专以上学历人数排名全国第 4 位；在区域创新资源监测指标中，辽宁省万人国内科技论文数居全国第 8 位，万人国际科技论文数居国内第 7 位。虽然辽宁省高等教育的支持力、服务力和贡献力仍在不同程度地增强，但增长速度和变化幅度相对经济发展较快的省份而言，仍较为不足。《中国区域创新能力评价报告 2019》指出，广东、江苏等东部沿海省份及北京、上海等特大型城市是创新能力领先地区，2019 年广东省区域创新能力排名第 1，连续 3 年居全国首位，北京市、江苏省分列第 2、3 位；重庆、陕西等西部省份追赶势头迅猛，创新步伐不断加快，进入前 10 位的地区还有上海、浙江、山东、重庆、湖北、天津和安徽等省份；东北三省转型发展压力依然较大，以辽宁省为例，2019 年辽宁省创新能力排名全国第 19 位，相比 2018 年下降 2 位。这表明，一个地区的创新能力与研发投入水平密切相关，而高等教育综合实力和经费来源结构是影响地区研发投入水平的重要因素。

第六，高等教育供给侧结构性改革仍需深化。全力推进高等教育与经济社会的协调发展，是教育现代化的战略目标之一。推进高等教育供给侧改革是贯彻习近平治国理政新理念、新思想、新战略的重要任务，是高等教育服务辽宁省新一轮振兴的时代责任与光荣使命，是高等教育回应人民群众期盼的有效举措，是高等教育实现发展阶段转换的必由之路。面对更加迅猛的科技革命和产业革命的挑战，推动产业结构调整和产业升级，培育发展新动能，迫切要求加快调整高等教育发展方式，推动高等教育供给侧结构性改革，建设开放、多元、包容的现代高等教育体系，推动高等教育深度融入经济社会发展全局。当前，辽宁省高等教育的发展规模与速度已经走在全国前列，高等教育毛入学率超过 50%，进入普及化阶段。高等教育普及化程度不断提高，同时高等教育人力资本红利得到进一步释放，但传统的人才培养模式已经无法适应快速变革的科技革命和产业革命对人力资源能级结构的需求。面向 2030 年辽宁省经济社会发展需求与高等教育发展方式转换，不仅需要坚持将顶层设计与问题导向相结合，用行业企业、社会需求侧视角聚焦教育特别是高等教育供给问题，用改革的办法推进教育结构调整，提高人才培养、科技创新对社会需求的适应性和灵活性，全面提升办学质量和办学效益。而且需要加大结构性改革力度，矫正要素配置扭曲，提高供给结构适应性和灵活性，破解建设高等教育强省的战略诉求与地方高等教育支撑能力不均衡，科研项目、成果显著增加与科技成果转化不畅，以及人才培养结构性短缺与结构性过剩并存、紧缺人才供给不足与大学生就业压力大并存等深层次问题。

第六章
区域内高校与战略性新兴产业协同发展的动力机制建构

第一节　高校与战略性新兴产业协同发展的问题探析

一、高校人才供给体系的结构性"缺口"始终存在

第一，高校面向企业需求的高层次人力资源错配及供给失调。高校高端研发人才的储备与培养存在双向不足的困境，不能全面满足战略性新兴产业对基础研究与应用研究的高层次、多规格人力资本需求。截至2017年，我国高校科研机构培养的博士研究生达80万人，但就业市场仍面临着高端人才匮乏的局面。从2018年32所"一流大学"的博士研究生毕业去向看，进入企业的平均比例约为17%，而从事学术类工作的平均比例约为60%。[①] 来自江西省的调查显示，2018年，江西省1.2万

---

① 刘凌宇,沈文钦,蒋凯.一流大学建设高校博士毕业生企业就业的去向研究[J].学位与研究生教育研究,2019(10):48-54.

家规上工业企业的 R&D 人员中,博士、硕士毕业人员占比仅为 6%,且数量呈下降趋势,高端人才短缺已成为阻碍企业创新发展重要因素。山西省战略性新兴产业发展的瓶颈在于高层次研发人才储备量不足,调查数据显示,2017 年山西省规上工业企业 R&D 人员当量为 3.2 万人,仅占全国的 1%。由此可见,高端人才短缺已成为阻碍企业创新发展重要因素。同时,高校现有的高层次人才培养体系更新速度跟不上产业更新速度,与战略性新兴产业发展相匹配的高层次人才培养体系亟须完善。

第二,高校的创新型、应用型和技术技能型等各类人才培养的整体规模存在结构性失衡,尤其是"近行业""贴产业""送企业"的应用型人才培养规模和供给能力均与战略性新兴产业的需求存在一定差距。随着供给经济周期进入供给老化阶段,供给创造需求的能力持续下降,老化供给不能创造等量的需求,供给增速与需求增速均出现明显下滑。在规模扩大、结构多元、运行复杂且杂糅了精英教育、大众化教育以及普及化教育等多种特征的发展新阶段,高校毕业生"供需错位"和就业难已成为人才培养的最大路障。根据《制造业人才发展规划指南》,预计到 2025 年,我国十大重点领域的人才总量预测和人才缺口预测分别为 6191.7 万人和 2935.7 万人,其中,新一代信息技术产业、电力装备、新材料和高档数控机床和机器人位列制造业人才要求前 4 位。网络空间领域的应用型人才结构不完善,机器人产业的应用型人才规模不足,节能环保产业内的应用型人才比例远低于其他行业,而为数众多的数字创意产业更是普遍面临既懂创意又会数字技术的复合型人才的缺失。从区域内战略性新兴产业的人才需求情况看,安徽省的高端装备制造和新材料产业人力资源供需矛盾最为突出,70%左右的岗位均非常紧缺;新一代信息技术产业,超过 40%的岗位非常紧缺;生物和大健康、绿色低碳行业和信息技术产业则约有 50%的岗位较为紧缺,湖北省于 2017—2018 年对所辖 17 个地区部分战略性新兴产业领域企业进行岗位需求的调查,结果显示,生物产业、新能源产业、新能源汽车产业、现代服务业和节能环保产业的紧缺人才存在较大缺口。2018 年的《济南市十大重点产业"高精尖缺"人才需求分析报告》显示,72 个高度紧缺岗位主要涉及大数据与新一代信息技术(11 个)、智能制造与高端装备(11 个)、量子科技(7 个)、生物医药(6 个)和先进材料(5 个),占高度紧缺岗位的 41.7%。① 南京市发布的《2021 年度八大产业链紧缺人才需求目录》表明,人才紧缺指数呈现增长趋势,软件和信息服务业、新医药与生命健康、人工智能的人才紧缺程度居于前三。深圳文化创意类人才总量很大,但是懂文化和经营的人才仍很紧缺,从业人员目前大多集中在附加值较低的产业链中低端。由此可见,高校多样化的应用型人才培养的梯度和层次不够完善、丰富,尤其是以本科层次为主的应用型人才培养体系的连贯性、匹配性和针对性仍需加强,工程技术人才培养的结构与战略性新兴产业发展的实际需要存在一定的脱节或偏差。

第三,新常态下产业结构优化过程所带来的隐性"副作用",在一定程度上造成了高校人力资本的输出抑制。当前,一些地方经济发展形势进入增速下行的新常态时期,在"三去一降一补"的经济供给侧结构性改革实践中,传统行业企业的需求侧总量下降,生产要素产出率降低,导致用工减少或失业率提高。根据麦可思《2019 年中国大学生就业报告》,与 2014 届相比,2018 届本科生就业比例增长排名前 3 位的行业依次为中小学及教辅机构(4.1%),信息传输、软件和信息技术服务业(2.0%),医疗和社会护理服务业,(1.4%),而就业比例下降幅度排名前三的行业依次是机械设备制造业(1.9%),交通运输设备制造业(1.5%),电子电气设备制造业(1.5%)。这种现象表明,第三产业逐渐成为高校毕业生的就业增长点,而高校对第二产业及其实体经济增长的人力资本注入水平则仍待提升。

二、高校与企业协同育人的保障体系和长效机制仍未完善

首先,政府对战略性新兴企业的利益保障体系尚不完善,已有政

---

① 王晓菲.济南人社部门发布十大重点产业"高精尖缺"人才需求分析报告[N].济南日报.2018-07-10.

策还存在执行效果不理想和落实不到位的问题。校企协同育人的长期效益和效率与战略性新兴企业的利益获得直接相关,这也是校企协同育人必须遵循的市场法则和客观规律。从战略性新兴企业方面看,校企协同育人缺乏牢固紧密的利益纽带,企业在校企协同育人中的利益获得感较低,导致高校与企业深度合作尚有困难。第一,企业参与人才培养的实际收益不高。具体来讲,一是政府缺乏真正激发企业参与协同育人的扶持政策和奖惩制度,以及明确的法律法规来保障校企协同育人的双方利益,而企业的税收减免、接纳高校学生实习实训的补贴等已有优惠政策仍未取得实质性进展,普遍存在执行力度不够、监管与考核机制不完善或是落实不到位的偏差;二是已有的政策性文件多是由教育管理部门制定的,大多数企业只能被动地接受政府搭台、高校牵头、企业参与的协同育人模式,企业参与协同育人的预期收益较低,不足以引起企业的足够重视,缺乏高效的执行力和协调力。第二,学生实习实训与企业就业需求的衔接机制仍然不健全。受区域经济发展环境、企业薪资待遇、区域内就业创业形势的波动影响,高校毕业生的流动择业愿望与灵活就业意愿普遍倾向于生源地就业创业,以及薪酬待遇高的企业或就业创业政策环境好、支持力度大的地区。一些经济欠发达区域的人才流失致使本地高新技术企业通过接纳高校学生实习实训,进而签订就业协议,实现定向就业的数量普遍较少。这使得本地企业不愿加大校企协同育人的资源贡献和管理成本,大型国企"不缺人"和小型民企"留不住人"的供求矛盾普遍存在。

其次,促进校企无缝对接、深度融合的协同机制还未完全理顺,战略性新兴企业缺少主动参与协同育人的责任意愿和持续动力。校企协同育人的核心环节是能够保证学生走进企业生产一线,开展真实生产情境下的实习实训或工程实践。从高校情况看,制约校企协同育人的运行机制问题较为明显,企业主动参与现代高等工程教育体系建设的愿望较弱。

第一,大多数战略性新兴企业不愿意大规模接纳学生实习实训,普遍存在"学校热、企业冷"的"一头热"现象。原因主要有四个方面：一是企业经济效益的不稳定性和生产运行负担较重的现实问题，影响了企业接纳高校学生实习实训的积极性；二是企业担忧学生生产实习过程中的人身伤害、安全隐患和安全责任问题；三是企业核心工艺流程、关键生产技术、重要研发科技和核心数据的保密性因素；四是高校和企业都存在学生实习实训的资金支持非常有限的困境等。例如，国有企业均有严格完整的三级安全教育体系和责任体系，职工需要经过严格的、周期的安全教育和岗前培训才能上岗工作，而对于缺乏系统的安全教育且仅在企业短暂停留的实习学生，企业的接纳意愿并不明显。又如，企业一个班组的 10 余名员工可维持生产线正常运转，但实习学生大约有 30 人的建制规模，企业没有充足的接待能力。即使有些企业勉强接纳部分学生实习实训，也是学校通过一定的校友、师生和亲友关系，或者是依托校友创业企业和依靠原行业管理体制下的历史合作情结，在支付一定实践费用后，才得以粗浅实施，而零散的、浅尝辄止的、"走马观花"式的生产车间认知实习实训，使得学生工程实践无法获得预期效果。

第二，企业参与高校工程教育教学体系建设的全面性和系统性还存在不足。对比欧美发达国家的高等工程教育体系，我国高校的工程类专业人才培养模式"科学化"的趋势越来越凸显。[①] 主要问题表现为：企业高级研发人员、高级工程师和高级专业技术人员等参与高校工程教育的教学主体数量依然不足；企业参与课程体系建设和应用知识讲授、联合指导课程设计和毕业设计等教育教学的形式依然简单；企业参与学生校内模拟仿真教学和校外实习实训的质量监控与考核评价体系不够系统；企业参与工程人才培养方案的研讨、制定、更新和修订等方面的专家随机性与变化性较大，所提建议仅立足于企业实际需求，缺少对人才培养规律的客观认识和对学生知识体系建构的合理考虑。

---

① 樊平军,王炳富.从产学研协同育人的视角看学生就业能力的培养[J].国家教育行政学院学报,2015(5):27-30.

三、高校创新创业教育的原生态活力尚需持续增强

第一,高校创新创业教育体系的课程匹配性、教师续力性和素质针对性仍不强。一是高校创新创业教育的课程体系亟待优化。目前,高校创新创业教育的知识传授普遍以基础原理和方法论等常规知识形式存在,开设的创新创业课程吸引力有限,尚未真正注入国际科技发展前沿、专业研究最新成果和实践成败经验的知识体系,不能适应创新创业教育的高级要求;创新创业课程模块组合相对简单,可供学生跨学科修读的课程数量和种类比较稀少,对学生掌握创新创业基础知识的贡献力比较薄弱;创新创业课程的遴选建构机制仍处于"单打独斗"的封闭与疏离状态,欠缺与社会、企业等利益相关者之间的外部衔接与知识耦合。二是高校开展创新创业教育的教师资源"原始资本"积累薄弱,"随机拼凑"现象明显。高校创新创业教育的师资队伍来源和构成存在职业化与专职化不足的先天缺陷,尤其是缺乏创新创业教师准入制度,对创新创业教师应具备的标准、条件等尚未形成明确的说明和规范性文件。很多高校尚无数量充足的创新创业专任教师,大部分创新创业任课教师是由职业指导和就业指导的行政人员或科研人员兼职,尤其是一些教师受到非职业化的理论、实践与能力等的限制,仍然习惯于传统的定向灌输式教育模式,不能胜任创新创业教育的新教学任务、新教学改革和新教学角色,限制了学生在创新创业初始化阶段的自由发挥。三是学生创新创业的基本素质尚待进一步提升。学生经历创新创业教育后的个体基本素质提升不明显,尤其是经营、管理、竞争、创新、交流与合作等充实感不强,而产生个体感知落差的主要原因可以归结为:高校创新创业教育实践体系比较薄弱,尤其是实践教学目标缺少对学生创新创意、独立思考能力和想象力的培养设计,实践教学标准缺失,实践教学的师生互动与创造活力不足,实践教学方法落后,实践教学载体不够丰富;高校创新创业教育的理论和实践联动机制尚待进一步健全与完善,尤其缺乏将创新创业成果转化为企业生产力或创业项目的充沛实践机会。

第二,高校创新创业教育的承载平台及后续配套机制尚不健全,尤

其是创新创业的成果转化"最后一公里"存在梗阻。一方面,高校承接创新创业教育的实践基地、孵化基地的总体规模较小。创新创业教育实践基地是高校"自组织"建设的校内训练场地,但由于缺乏充足的建设经费和资源配置,已有创新创业教育基地的活动空间狭小拥挤,硬件设施简易陈旧,管理机制不灵活,无法满足学生创新创业的即时性和长期性的需求。创新创业成果孵化基地数量较少且功能发挥更是非常有限,这种境况不仅体现了高校缺乏敏锐的商业意识、有效的市场评估能力和对"预创新创业"的供给不足,更表现了企业对创新创业教育的"冷淡"及校企协同开展创新创业教育的"断链"。另一方面,虽然大多数高校可以提供详细的创新创业政策法规解读,建有各具特色的创新创业基地,能够开展形式多样的创新创业竞赛活动并择优资助创新创业项目,但是学生创新创业的主观愿望和客观现实依旧存在无法避免的矛盾冲突,特别是高校对学生创新创业的政策、人事、资金和场地等综合支持机制,以及成果孵化、"预创业"效益及风险评估、知识产权保护等后续配套机制仍无法满足学生创新创业的现实需求。这些问题进一步阐明了,绝大部分的学生虽然具有朦胧的创新创业意愿和初级的创新创业项目,但受制于政策熟悉、资金筹集、社会资源、市场营销和管理经验等客观风险因素,开展创新创业的理想与行动之间存在一道无法逾越的沟壑。

第三,高校面向新经济、新行业的创新创业教育成果缺乏实质性、深层次的"换挡行动"。学生推崇象征性的创新创业时尚,缺乏实现知识价值的优势竞争项目。根据麦可斯《2020年中国大学生就业报告》,在2019届本科毕业生自主创业群体中,24.5%的本科生选择到教育业领域创业,15.8%的本科生选择到文化、体育和娱乐业领域创业,8.6%的本科生选择到零售业领域创业。进一步从主要从事工作岗位看,大学生到教育领域创业主要集中在教育及职业培训、中小学教育以及文学艺术、设计、体育等方面,文娱领域创业主要是做摄影师、自由写作等,零售领域创业主要是从事销售、电子商务等方面的工作。职业分布和行业分布的非技术性、非创新性偏差局面,在一定程度上说明了高校创新创业教育的"简单化"和"狭隘化",即局限于对传统市场"经营—消费"关系进行机械式复制的生存型创新创业教育模式,鲜有知识转化型和科技创新型的机会型创新创业教育模式。

四、高校学科专业的衔接性、契合度和新生力不足

第一,高校学科专业与经济发展的战略布局失衡,"产业链—学科链—专业链"的衔接仍有明显"裂痕"。高校学科专业的持续优化和调整力度不够,缺乏科学、及时和精准的战略性新兴企业人才需求预测,尤其是理工类学科专业的结构体系和规模还不能完全适应我国制造业转型升级的需求。理工高校长期以来形成的依据生产分工设置专业体系的经验与做法,已经不能适应工业现代化发展和实体经济新业态涌现的迫切要求。以人工智能领域为例,当前我国人工智能企业已经超过1000家,但由于高校长期缺乏人工智能专业,人工智能行业人才短缺。同时,高校的机械类、电气信息类、化工与制药类、轻工纺织食品类等学科专业所占比例明显下降,与同期我国制造业发展速度不相适应,在一定程度上影响了制造业转型升级的质量。[①]

第二,高校的学科专业结构体系未能满足产业结构转型升级,尤其是战略性新兴产业高速增长的多样化需求,学科专业开设的盲目性、功利性和碎片化等"非主流"热情依然普遍。自高等教育扩招以来,一些具有理工科传统优势的地方高校曾一度偏离办学定位与特色,盲目跟风设置了新闻、艺术、法律、语言等"投入少、收益高"的"短线""热门"专业,致使学科专业的存量结构和增量结构与产业结构布局、新业态的人力资源诉求不相协调。例如,由于山西省各高校人才培养方向和专业设置问题,一些传统产业如土木工程、医疗、计算机、外语、法律、国际贸易等人才出现了过剩的现象,而能够服务于战略性新兴产业的专业人才及科技人才严重不足。[②]

---

① 李立国,薛新龙.中国经济发展需要什么样的高教体系[N].中国教育报,2018-11-15.
② 李彦华.战略性新兴产业的人才培养[N].山西日报,2019-09-18.

第三,高校改造老学科与建设新学科的科学化、组织化和制度化的治理机制欠缺。高校传统学科专业与新兴学科专业、交叉学科专业的新旧动能转换动力机制仍不健全,多学科专业集成的创新驱动生态系统尚未完全成型,优势特色的学科群和专业群的集中度不够,新工科、新理科、新农科和新医科的建设速度以及交叉融合质量成效仍不够"亮眼"。以面向新医科的人工智能专业和生物医学工程专业为例,自 2016 年人工智能技术进入爆发期以来,全国高校相继出现创办人工智能学院的热潮,目前共有 400 多个新成立的人工智能学院与专业,绝大多数高校的人工智能专业都是在计算机学院基础上建立的,但国内的医学院校由于学科专业的局限性和单科性,人工智能专业仍处于方兴未艾状态,致使面向智慧健康医疗新兴产业领域的人工智能人才培养不足。例如,辽宁省高校开设生物医学工程专业的高校数量稀少,在省内 64 所普通本科高校中,开设生物医学工程专业的共计 7 所,其中,具备同时培养具有临床医学、放射学基本知识与计算机深度学习知识的医工复合型人才的高校仅有中国医科大学、大连医科大学,占比仅为本科高校总数的 3%。这两所医学高校生物医学工程的 2020 年本科招生规模仅为 122 人,所占比重仅为 25%。

五、高校协同创新的体制机制亟待再调适、再突破和再深化

第一,高校协同创新的政策语境笼统及制度供给体系不够精细。高校协同创新的相关法律政策侧重于宏观层面的规定,缺乏针对不同区域、行业和高校间协同创新的指导要求与具体规范,造成高校协同创新的组织失序状态。具体而言,地方政府出台的政策制度缺少前瞻性和可操作性,加之条块分割的管理体制及其隶属关系影响,由政府主导的"引企入校""引企入教"和"引企入研"的企业全程介入制度、激励机制及校企深度融合体系尚未完全成型,致使"校热企冷"的"一头热"局面无法得到根本性改变。同时,协同创新政策对企业参与行为的约束力、规范性和激励性不足,由高校主导的协同创新活动存在利益失调、企业消极应付等共性问题。此外,企业经费投入增长相对缓慢,政府"纵向"与企业

"横向"的科研经费投入比重亟待调试。

第二,高校主导的协同创新过程存在价值冲突和机制失灵。从组织属性来说,高校作为非营利性组织与作为营利性组织的企业之间在利益诉求方面存在天然差异,高校以提高人才培养、学科建设和科研成果三位一体创新能力为目标,而企业以经济效益最大化为目标。由于缺少科学合理的利益协调机制、成本分担机制、资源共享机制和信息对接机制,各主体间联结松动,貌合神离,协同创新效率不高。也就是说,高校和战略性新兴企业界仍然处于各自"体制领域",缺乏相互了解、紧密合作的"共识空间"。同时,高校统筹管理协同创新事务的专职机构存在空白,而且由高校主导建立的各类协同创新中心缺乏有效的自组织管理和校内分级治理机制,普遍存在权力主体构成单一与创新资源封闭化、碎片化和低效化的状态。尤其是一些地方高校的省级协同创新中心始终存在权力分配不协调、权责利不统一和绩效考核机制不健全的问题。地方高校对省级协同创新中心的治理处于"事权下移,财权、人权和重大决策权仍集中在校级"的状态,呈现"职能分权"或"放责而不放权"特征,使得协同创新组织处于责大于权或有责无权状态。高校内部二级治理的目标责任考核体系缺失,尤其是奖惩机制的不健全,使得协同创新中心不同程度地存在"不愿管、不敢管、不会管"的现象。此外,虽然协同创新本质上强调各种创新要素和创新资源能够在系统内无障碍流通、有效配置与充分共享,然而各类创新中心在资源获取方面仍然以计划性的科研资源统筹配置模式为主,没有突破各创新主体间的组织边界,加之缺乏必要的市场化外围运作机制,导致资源获取能力和整合能力不足。

第三,高校协同创新绩效及其对经济增长的贡献率并不显著。高校科技协同创新投入对经济增长当期影响较弱,尤其对本地和周边地区的经济增长无显著影响。① 我国高等教育对区域经济增长的贡献率较低,

① 郝金磊,尹萌.时空差异视角下我国科技协同创新与经济增长[J].经济与管理评论,2019(6):146-158.

众多研究者们利用《中国统计年鉴》和《中国科技统计年鉴》数据进行省域实证分析发现,广东、上海、江苏、江西等省份内的高校协同创新活动对区域经济的提升作用并不明显。[①] 同时,高校协同创新的科研组织与功能释放不足,高校科研资源的空间聚集密度较低,一些重大科研平台还存在成果薄弱与资源稀缺的交织局面,尤其是地方高校"省级协同创新中心"普遍存在科研人才存量与增量不足、自主管理机制缺乏、配套支持较弱等共性问题。

六、高校科研成果转化的整体效率与价值效益偏低

第一,高校科研成果的知识产出规模持续扩大,但知识转化的经济效益未实现同步增长,两者之间的离散性依然明显。伴随着科技创新体系的日臻完善,高校科学研究正处于从量的积累向质的飞跃、从点的突破向系统能力提升的重要时期,但与面向现代化的高校科技引领支撑创新驱动发展的期待尚有一定差距。高校组织的非经济属性使得高校科研成果的学术价值较为突出,而对市场需求的敏感性较弱,可应用性和成熟度较低。当前,高校科研成果领域更流行知识概念及其高深属性而不是市场概念及其经济属性。通过对《2017 年高等学校科技统计资料汇编》的数据进行统计及对比,本书发现我国高校科研成果的专利授权数量和企业技术转让合同数量呈现逐年上升态势,但专利出售金额和技术转让合同金额则出现明显下滑。在知识产权与专利方面,我国高校的专利申请数为 229458 项,专利授权数为 144375 项,专利出售数为 4803 项,分别比 2016 年增长 11.5%、18.4% 和 0.8%。其中,专利出售总金额约为 22.70 亿元,比 2016 年减少 18.2%。在高校技术转让方面,我国高校向企业技术转让合同数为 9592 项,比 2016 年增长 11.3%,合同金额约为 50.25 亿元,比 2016 年减少 7.0%。[②] 同时,我国高校专利出售

---

① 许长青,金梦,周丽萍.基于三螺旋模型的高校产学研协同创新对区域经济增长贡献的实证研究[J].教育学术月刊,2019(5):96-104;吕连菊,阚大学.产学研协同创新对经济增长影响的实证研究[J].科技管理研究,2017(23):130-135.
② 中华人民共和国教育部科学技术司.2017 年高等学校科技统计资料汇编[M].北京:高等教育出版社,2018:74-75.

数量仅占专利授权总数的 3.3％，反映了高校科研成果与企业市场的供需脱节。

第二，高校科研成果从培育到转化的创新链仍有多处"裂痕"，高校创新链与产业链的"映射式"对接仍然不够精准。高校科技成果转化的政策细化分解、任务具体落实、执行效果督查和知识产权保护仍需持续强化，政府和高校对科研成果市场价值的宣传、介绍等推广方式比较单一，职业化的技术转化服务人员和专业化的技术转化经纪人数量明显不足，具有社会中介性质的技术转移机构和创新创业孵化器的种类不够丰富，数量还不充足，功能有待完善，知识产权保护机制尚不健全，高校科研成果的中试投入不足，多渠道筹资机制与研发支出结构亟待优化。

第三，高校高投入与低产出的知识生产力矛盾始终存在。2017 年，我国 R&D 经费总支出为 2435.70 亿元，其中，高校 R&D 经费支出为 1265.96 亿元，占 52.0％。高水平的持续性投入促使高校科研成果表现出粗放式量变增长特征，真正满足企业需求的创新成果不多，且成果成熟度较低，达到规模生产许可或商业化应用阶段的成果更少。缺乏足够的研究成果转化能力造成 R&D 效率低下[1]，呈现"成果多、转化少"的"孤岛现象"，从技术到产业再到市场的每个转化阶段依然无法摆脱"魔川—死谷—达尔文海"的噩梦[2]。究其原因在于，高校产生的科技成果在满足行业和产业需求、技术成熟度、创新链与产业链有效衔接、知识产权保护、风险投资等方面存在一定问题，促进高校科技成果转化的各项激励政策和措施落实尚不到位，高校科技研发、产业园区建设与产业发展目标结合不够紧密，军民融合的技术转移与成果转化的协调机制不畅，公共研发平台建设协同性不强，从科技成果到经济效益的"最后一公里"尚未完全打通，重大科技成果就地转化的能力和数量亟待提升。

① 苏竣,何晋秋.大学与产业合作关系——中国大学知识创新及科技产业研究[M].北京:中国人民大学出版社,2009:20.
② 张耀天,史昱锋.我国高校科技成果转化现状分析[N].中国科学报,2019-10-24.

七、高校科研评价改革走出"深水区"任重道远

第一，行政权力与学术权力的边界异化及其在科研领域的暗中博弈成为直接困扰和制约科研评价机制改革的主要矛盾。科研评价本应遵循以科研成果的学术价值为评判标准的学术逻辑，但高校科研管理部门兼任科研评价的管理者和组织者，且一些关键岗位的行政人员在科研评价过程中扮演着"裁判员"和"运动员"的"双重身份"，导致科研评价的管理制度与运行机制始终存在行政权力"越位"和学术权力"缺位"的复杂局面，并且普遍产生行政权力大于学术权力的失衡现象，从而使得科研评价缺乏科学性和公正性，缺失透明度和认可度。究其本质是高校科研管理部门对课题、经费、论文、获奖等学术评价目标和具体指标要求的过度行政主导，以及数量、层次、水平等传统性和"等级化"的行政评价思维向科研领域的渗透与延续。

第二，高校科研成果的评价体系还不健全，尤其是缺失与学术型评价指标并重的产业化评价指标。受"职称科研""考核科研"和"绩效科研"等功利化动机与短视效应的影响，高校科研的"短平快"模式比较常见，大量高校科研成果的技术成熟度和商业化潜力不足，凸显了"点到为止"的阶段性特征与绩效"向心力"的形式化取向，即高校科研成果是一种基于学术标准化导向的批量生产模式，而不是聚焦行业企业生产力诉求的产业化生产模式。同时，高校教师科研活动在达成项目结题、论文发表和成果评奖等既定目标后便戛然而止，对科研成果的最终使用去向缺乏热情和专注力，使得大量科技成果被禁锢在实验室或停留在学术理论层面，能够转化为经济效益的成果较少，一些超前性的应用研究成果最终变成"陈果"。

第三，高校科研评价的分类化和社会化进程缓慢。高校科研创新已经突破象牙塔界限，开始提供基础原创性和应用普惠性相结合的"知识—技术"科研服务，但科研评价体系及其运行机制仍在象牙塔内徘徊、停留或进行"封闭式"的自我更新。高校科研评价的组织者对基础研究和应用研究的创新规律认知不足，以及对不同岗位、不同学科教师创新

行为的演进规律把握不准,导致科研评价中的课题、获奖等级制和专著、论文数量的"一刀切"制度,以及"一把尺子"衡量标准的顽疾始终无法消除。同时,高校科研评价依然处于依赖内部资源的状态,社会化改革滞后,导致评价过程和结果的公正性和有效性受到怀疑。一方面,同行评议缺乏社会监督,忽视了评审过程的回避原则和随机原则。在我国特有的人情关系场域下,同行评议常常因评价者与被评议人之间的利害关系而演变为"近亲评议""人情评议"和"关系评议",大大削弱了科研评价的公正性与公平性。另一方面,高校科研评价通常表现为自给自足、循规蹈矩的内部评审机制,在国家重大协同创新科研领域中缺乏国际化评价标准和国际同行评议,缺少国外专家、学科同行等外部学术力量的介入、干预和调节。

第二节　高校与战略性新兴产业协同发展的动力机制建构

一、打通协同动脉:深化高校人才供给体系的结构性改革

区域内高校与战略性新兴产业的协同动脉是高校人才培养体系与企业人力资源发展之间的供需精准对接和能力匹配。战略性新兴产业是技术、知识密集型产业,对知识条件具有高度的敏感性,对人力资源具有强烈的依赖性。自欧洲中世纪大学诞生以来,人才培养始终是大学最基本的和第一的功能。[①] 因此,大规模、多样化、系统性的高校人才供给体系支持可为稳定实体经济发展及跨越"中等收入陷阱"提供重要保障。

第一,加大大学高端研发型人才引育力度。高校应聚焦战略性新

---

① 袁振国.培养人才始终是大学的第一使命——大学变革的历史轨迹与启示之一[J].中国高等教育,2016(7):57-60.

兴产业的基础研究和应用研究的"高精尖缺"导向,精准延揽"国字号"产业型高端人才和技术创新团队,完善和落实产业型高端人才的援引政策,健全"不求为我所有,但求为我所用"的校企人才共享共用机制。高校应加紧培育产业型中青年人才"后备军",通过搭建科研平台、健全奖励机制、实施分类考核等途径,以及探索科研型、教学型和创新创业型等"人尽其才、物尽其用"的分类管理制度,增强产业型高端人才的"输血机能"。高校应完善产业型高素质人才的替代机制,扩大校企协同培育产业型博士研究生或博士后规模,建立知识生产和知识向生产力转化的上下游个体联系,通过毕业生向企业转移默会知识和转化实际技术。

第二,提升高校专业学位研究生培养质量。高校应持续构建适应高端应用型人才需求、结构合理、特色鲜明的专业学位研究生培养、质量保证与监督体系,深化专业学位研究生在培养模式、课程设置、教学方式、导师队伍、校外平台、国际联合等方面的综合改革。高校还应在定制培养、导师培育、基地建设等方面创新与行业企业的跨学科、跨机构联合培养机制,适当扩大知识产业、信息产业、文化产业、金融产业和现代服务业等新经济领域的招生规模,尽快建立以市场需求为导向的专业学位研究生培养模式,不断增强专业学位研究生课程的实践性与应用性,注重提升专业学位研究生的职业胜任力和职业发展力。

第三,完善高校创业型人才教育体系。政府需要结合战略性新兴产业的新市场和新产品需求,完善大学创业教育的形式、制度、产品和服务,推动高校的学科型创业教育组织模式向市场创业型组织模式转变。高校需要统筹建立专业教育、通识教育、职业教育、就业指导和创业孵化平台五位一体的创业教育培养模式,健全创业人才培养标准和评价指标,开设以解读创业政策、培养创业思维、集成创业方法为核心知识的创业课程。高校还要打破教学时空限制,针对萌发、迭代、接纳等创业演进阶段,建立创业教育慕课及联盟,以及政府官员、企业家、知名校友等担任创业导师或兼职教师的"旋转门"机制,实施精益创业的成本最优教学策略。同时,高校可通过加强学生创业管理与创业项目评估,实施学分积累与转换制度,支持学生携带具有市场潜力的创业项目进行休学创业,定期开展学生创业竞技竞赛,选择优势项目进行资源支持与定点孵化。

第四,政企校统筹联动,扩大高校应用型人才培养规模。政府应充分发挥计划安排的杠杆导向与增量调控作用,在做好社会需求预测和战略性新兴产业人力资本存量评析的基础上,科学安排高校应用型人才的招生规模总量和专业分配比例,重点解决"为谁培养人、培养什么人、如何培养人"的立地适应性问题。企业应联合政府信息部门及社会第三方专业机构,建立大数据分析平台及预测预警机制,定期发布战略性新兴产业领域的紧缺应用型人才信息。高校应聚焦战略性新兴产业的生产、管理和服务等职业标准与职业能力,深入实施卓越工程师、卓越医生、卓越农林等系列卓越人才培养计划,通过专业、课程、师资和基地的"组合拳"发力,构建特色鲜明的应用型人才培养模式、方案和标准。

二、聚焦协同关键:形成校企协同育人与产教融合的新格局

区域内高校与战略性新兴产业协同的关键是以人才质量为核心和以人才能力为根本的人力资源供需协同。高等教育内外关系规律揭示了高校面向战略性新兴产业的人才培养不能"画地为牢"或"自说自话",应该充分尊重和满足企业作为利益相关者的意见及诉求,想方设法借助区域内的历史渊源与地缘合作优势调动企业积极性,让企业参与和介入高校人才培养全过程。

第一,完善落实政府的政策保障体系及激励举措,充分调动和激发企业参与校企协同育人的积极性与主动性。政府应从维护企业利益的维度,进一步完善政策支持体系,会同企业和高校共同制定出台《校企协同育人管理办法》《校企协同育人规范》等政策文件,进一步明确校企协同育人的具体标准和各项要求。例如,美国在《2000 年目标:美国教育法》中,就写入了"加强学校、家长和工业企业间的联系,通过建立国家技

术标准委员会鼓励发展更系统化的工业培训体系"等内容。[①] 政府应持续对积极参与多样化、实质性协同育人的企业给予税费减免、土地出让、金融支持、人头补偿、人才援引和保险缴纳等政策倾斜。政府应加大对企业冠名和赞助的校企协同育人项目的培育孵化力度,全媒体、多角度地发掘与宣传企业冠名的校企协同育人成熟模式和优秀成果,树立协同育人企业的典型模范,多渠道推广协同育人的成功经验,帮助企业树立社会责任品牌和优秀信誉形象。政府还应持续完善高校工科毕业生实现多渠道区域内就业的全程化、全链条的就业扶持、创业扶持和综合扶持等各项优惠政策与补贴细则,全面提高毕业生区域内就业满意度,消除企业留人用人顾虑。此外,政府更要积极探索国有企业的运行管理机制改革;建立以企业为主导的校企共建产业化公共实训基地的合作机制,遴选确定一批规上国有骨干企业作为高校实习实训和师资培养培训基地;探索以折旧补助和专项补贴等形式,建立健全企业捐赠大型仪器、设备和零部件,以及常态化赞助校内仿真教学基地建设的激励机制;健全国有企业考核体系,将国有企业接纳高校学生实习实训的规模和质量作为国有企业领导与年度绩效考核的重要条件之一,全面明确国有企业承担行业工程教育的责任和义务。

第二,强化行政监管职责与调控职能,推动已有激励政策和重点措施的科学实施与全面落实。一是合署办公或独立设置专门处理校企协同育人及其他产学研合作事务的专职组织机构。[②] 政府应积极聘请高校和企业的兼职工作人员充实组织机构,协调、解决和落实校企协同育人过程中的风险分担、利益分享、资源共享、人员交流等具体事务性问题。二是探索政府主导下的行业统筹工科优势高校的协同育人新机制。政府应按照行业特色和原行业隶属关系,组建校企协同育人教学联合实体,建构校企、校校之间的工程人才"游学制"培养新模式,推动学分互认、教师互聘和课程互选,形成校企深度培养具备全产业链知识和行业

① 樊平军,王炳富.从产学研协同育人的视角看学生就业能力的培养[J].国家教育行政学院学报,2015(5):27-30.
② 孙雷."卓越计划"理念下的校企协同育人机制探索[J].江苏高教,2016(4):85-87.

特色技能的"大工程"复合型应用人才的新机制。[①] 三是通过政府主导或委托第三方专业评估机构,常态化开展校企协同育人激励政策的分类督查、检查。对已落实到位的激励政策,政府应总结实施路径,推广成熟经验;对正在推进落实的激励政策,政府应检查执行程度、推进措施和预期时限;对未落实的激励政策,政府应重点查明阻碍原因和后续改进措施。

第三,推进校企协同育人的管理与运行机制创新,着力打通育人和用人"最后一公里"。校企协同育人长效机制的建构必须把握以生为本、成果导向和持续改进的核心特征。[②] 一是建立校企高层的会商机制和定期联席机制。高校应与企业和区域行业协会共同组建专家顾问团,加强校企协同开发以职业能力培养为核心的"学校课程＋企业课程"的交叉互补教学体系建设,建立校企合作项目、工作过程系统化和职业能力拓展等形式丰富的教学模式。二是丰富校企联动开展创新创业育人机制。高校应立足优势特色工科专业,定期开展校、院(系)两级的科技创新竞赛活动,探索分阶段弹性式的创新创业培养机制,打造由企业赞助冠名的专业技能大赛、创新创业大赛等多样化的校企活动品牌,不断提升企业全程参与教育教学改革的广度和深度。三是探索建立稳定、丰富的"零磨合"工程人才供给机制和人才培养需求预警机制。高校应针对企业现实需求,调整专业培养标准,修订培养方案,优化培养过程和强化质量评价[③],及时增添企业前沿技术创新、生产工艺进化和生产流程优化等方面的教学内容,增加校企联合编制教学大纲和特色教材的数量。高校应通过"大工程教育"加强学生应用技能培训,即在不同学科的课程中应用基于技术的主动学习策略,并采用大工程理念进行教学改革。[④] 高校应完善就业岗位标准制定,实现专业链与产业链、课程内容与职业

---

① 丁晓昌.推进协同育人 提升教学质量[J].中国高教研究,2012(22):33-35.

② 陈涛,邵云飞.《盛顿协议》内涵阐释与中国实践——兼谈与"新工科"建设的实质等效性[J].重庆高教研究,2018(1):56-64.

③ 侯永峰,武美萍,宫文飞,等.深入实施卓越工程师教育培养计划,创新工程人才培养机制[J].高等工程教育研究,2014(3):1-6.

④ Álvaro Hernán Galvis, Angélica Avalo, Alexandra Ramírez, et al. Reengineering engineering education at the University of los Andes[J]. Kybernetes,2019(7):1478-1499.

标准、教学过程与生产过程的紧密对接。四是将校企协同育人工作纳入行业人才发展规划。政府应适时启动省级校企协同育人试点,遴选规上企业和若干所工科优势高校,强强联合,建立区域性的综合实践教学平台以及覆盖全产业链的模拟仿真教学基地,模拟企业真实生产环境和设备操控,注重学生学习、教师进修和企业培训的复合功能建设,全面提升协同育人的效果和效益。

第四,推动校企联合办学模式和高校办学机制创新。一方面,高校应探索二级学院或优势工科专业的股份制办学、校企共建办学、校企联盟应办学、订单式合作办学、企业冠名办学等新模式和新机制。校企应联合制定办学标准,规范办学程序,明晰双方权责,健全利益共享机制和风险分担机制。另一方面,高校应探索分解建立"校—院—系"三级对接企业的合作组织体系和联系网络。高校不仅应设置校企协同育人的专门机构和专职人员,负责教师企业挂职锻炼和学生实习实训等整体合作的日常联系协调工作,还应在院、系层面设立具体项目组,负责教学计划、教学大纲、教学内容、教学方法、教学评价等具体落实校企协同育人行动的相关事宜。

第五,强化高校职能部门的整体联动与制度建设,充分释放校企协同育人的内部活力。一方面,多举措和制度化地提升青年教师的工程实践能力。高校应加强对青年教师工程实践能力的组织与管理,探索实施"青年教师工程实践能力提升计划",推动青年教师的职业能力与产业链需求的无缝衔接,同时强化校企协同育人"双导师"的评聘与考核机制,进一步扩大高校理工专业任课教师和企业工程师双向互动、互聘的规模。高校的人事、师资等部门应完善青年教师的基础入职条件和职业标准、在职培训和深造进修的内容与周期、企业锻炼的绩效考核与激励机制等专业化发展制度。另一方面,强化高校职能部门的运行机制协同。在现代科技发展综合化和工程实践复杂化的趋势下,高校职能部门协同育人需要建立角色协同和功能互补的大工程教育体系。其中,教务部门应不断完善资源整合、文化融合、产学结合、过程配合的理论教学体系、实习实训体系、社会实践体系和创新创业体系,强化学生实践导向尤其是实践学分和创新学分的教学制度建设,积极探索企业冠名、赞助和校企联办的创新创业教育模式改革,持续为校企协同育人创造更为有利、便捷的培育空间和创业环境。就业部门应不断完善就业统计指标体系和管理服务体系,加强就业追踪和信息反馈,探索学生企业实践与预就业相融合的帮扶制度,优先推介企业实习实践表现优异的学生就业。督导部门应健全校企协同育人尤其是学生实践能力的质量监控体系,建立国际和国内的第三方专业评估机构参与教育教学质量评价的长效制度,为校企协同育人的规划决策和政策制定提供有针对性、科学性的有力支持。

三、激发协同潜能:构建高校创新创业教育的保障体系与多元模式

区域内高校与战略性新兴产业的协同潜能之一源自高校有目的、有组织、有制度的创新创业教育。在知识经济新业态中,科技、智能、创意等类型的先导型企业成为经济活动中最具活力和生机的经济组织形式,代表了未来主体经济发展的趋势和方向。在"大众创业、万众创新"浪潮的知识经济发展形势中,创新创业知识逐渐由知识生产模式Ⅰ向知识生产模式Ⅱ转型,并迸发无限商机。高校创新创业教育与专业教育、通识教育具有知识"血缘"的近亲关系,表现为知识的思维方法教育、智能结构优化教育和使用能力教育。可以说,由科技、文化或创意等创新创业知识的小众产品演化为大众市场的成功案例层出不穷,巨大的创新创业市场空间急需大批有知识、有技术、有胆识、有素质和有创意的创新创业者。

1.完善政府对高校创新创业教育的政策保障

欧美发达国家政府实施创新创业的治理模式和成熟经验,深刻揭示了政策保障的主导地位。例如,美国政府非常注重创新创业体系的顶层设计,先后出台了多项相关政策与法律,以支持民众创新创业及扶持小企业发展,其中,2015年的美国创新新战略(New Strategy for American Innovation)重点强调了营造创新生态环境的重要性,而在此之前,美国

政府曾出台"选择美国"（Select USA）和"创业美国"（Startup America）
两项计划，鼓励私营部门及民众创业创新。[①] 因此，政府应以职能转变
和向服务型转变为重点，及时完善和监督落实现有促进高校学生创新创
业的激励政策，针对"预备—初始—过程—后期"等创新创业的不同阶
段，加快完善学生创新创业的税收减免、融资信贷、土地出让、人才流动、
风险承担和信息服务等政策保障体系建设，尤其加大地方政府风险投资
基金和企业种子培育资金的设立规模，对高校学生围绕先进装备制造业
基地、重大技术装备战略基地、国家新型原材料基地、现代农业生产基
地、重要技术创新与研发基地等重大科技诉求的创新创业项目的研发、
试验、推广、生产等各个环节给予定额资助，根据科技创新创业的经济效
益和社会效益进行相应的政府补贴。

2. 建构高校创新创业教育的资源、机会和价值的制度支持体系

制度经济学认为，"制度的供给、裁定、实施以及创新均是政府的主
要功能"。首先，探索高校创新创业教育资源的竞争性分配制度。高校
创新创业教育的最终效果很大程度上取决于实际拥有的和可自主支配
的资源，但支撑高校创新创业教育的核心资源经常是稀缺的和有限的，
尤其是办学经费的供给更体现了极大的政府依赖程度。因此，政府应实
施高校创新创业教育的全面绩效考核制度：一是探索将财政拨款由投入
型转为绩效型，通过建立科学合理的绩效考核指标体系和多主体共同参
与的评价机制，把绩效考核结果作为学科专业、课程、师资和基地等高校
创新创业专项建设投入额度与划拨方式的重要依据。二是建立与高校
创新创业教育贡献和毕业生创业就业效率挂钩的办学经费竞争性分配
制度、差异化拨款制度。三是加强高校创新创业教育的内部目标责任制
管理，尝试将政府专项资金安排由事前资助转为事后奖补。其次，建立
高校创新创业教育机会的均衡性补偿制度。各级地方政府应弥补高校
创新创业教育的空间性服务"短板"和机会性功能"缺失"，促进高校创新

① 郝杰，吴爱华，侯永峰. 美国创新创业教育体系的建设与启示[J]. 高等工程教育研究，2016
（2）：7－12.

创业教育与县、乡、镇、村、街道等基层社会组织、基层实体经济或基层社会群体的"供需"全面对接，广泛开展解决"三农"问题、支撑县域经济发展、引领乡村振兴的知识、技术、文化等领域的"机会型"创新创业教育。最后，健全高校创新创业教育价值的保护性激励制度。政府应通过建立市场化、社会化、专业化的高校创新创业的知识产权保护机构或仲裁组织，探索建设高校创新创业知识产权的投融资服务联盟试点及第三方评议试点，开拓知识产权"经纪人"的校企定向服务、成果培育及价值分析、专利申请全程指导与利益分配调节等途径，逐步健全高校创新创业教育的成果保护制度与公共服务制度。

3. 营建以校园创新创业文化为势能的"磁石效应"模式

首先，加强以社会创业财富的文化吸引力和企业家精神为中心的"磁核"建设。高校应打造校园先进制度文化，促进创新创业文化与教学制度和管理制度相交融，常态化邀请政府官员、企业家、首席工程师和专家学者，开展内容丰富、形式多样的创新创业论坛、讲座和培训等公益活动，提升学生对创新创业的激励政策、法律法规、金融财务、市场信息、产业形势、知识产权、企业管理和环境保护等的认知水平。其次，增强校园创客文化"加磁"过程的正向激励。高校应周期化和规范化地举办、组织针对技术改进、产品设计、工艺升级、设备更新、运营管理、企业服务等企业实际需求的校园创新创业大赛，遴选优秀项目进行重点培育，为其提供专业指导、信息宣传、企业推荐和投资孵化。最后，借助舆论方式推动"磁力"延续的引导。高校应通过校园网站、微信、微博和报纸等多样化的新闻媒介，多渠道加大对学生个人、团队或项目组取得创新创业先进成果的宣传力度，充分发挥以点带面、以"特殊"促"普遍"的创新创业牵引示范作用。

4. 构建以创新创业教育要素活力释放为引擎的"隐形"催化模式

一方面，高校应基于"教师—学生"的主客体关系维度，推动创新创业教学关系由简单灌输、自上而下的单程理论授受模式，向师生双向互动的"经历—体验"情境创设下的精益创新创业的成本最优教学模式转变。精益创新创业的成本最优教学模式源于精益生产的企业生产经营理念,旨在以最佳品质、低廉成本和高效率对市场需求做出迅速、精准的积极响应。精益创新创业的成本最优教学模式强调创新创业教育过程应是最小化可行产品、客户反馈和快速迭代,倡导学生进行科学性假设及验证性学习。[①] 任课教师可以根据各具特色的发散性和模糊性创新创业主题,指导学生开展精益创业学习,即要求学生开发最小化可行产品,然后走出课堂进行测试,寻求消费者的反馈并改进创业,进而引导学生建构"想法—开发—测量—认知—新的想法"的问题反馈与认知循环模式。这正如美国企业家埃里克·莱斯(Eric Ries)所言:"如果我们的生意本身不被市场需要,那么失败来得越快越好,这意味着我们耗费更少的资金和精力在错误的事情上。"另一方面,高校应基于"分散—整合"的资源利用维度,推动创新创业教育从游离式和边缘化的非主流模式,向交融式和一体化的复合模式转变。高校应依托优势特色的学科专业,选拔具有创新创业意愿并具备事业心、进取心、探索精神、冒险精神、战略思维、合作能力等核心素养的学生[②],试点建立"学科专业方向+创新创业实践"实验班,开展"三学期制"的教学制度创新和实践培养方案改革,明晰以体验学习、激发兴趣、经营模拟等实践经验为导向的创新创业教育理念,全面将创新创业的能力、素质和品性等隐性知识融入学科专业知识体系,加大实践环节的学时、学分比重,集中安排时间满足学生对创新创业项目的个性化需要。

5.建立以创新创业教育市场化为导向的课程"保鲜"模式

首先,加强创新创业基础、就业创业指导等实用性基础课程的"能力—需求"对接建设。高校应面向产业体系链、产品价值链和科技创新链,建设与从业资格和职业资格无缝衔接的创新创业特色基础课程,定期组织专任教师、企业人员和创新创业典范校友共同厘定课程

① 梅伟惠,孟莹.中国高校创新创业教育:政府、高校和社会的角色定位与行动策略[J].高等教育研究,2016(8):9-15.

② 陈俊源.社会创业教育:高校创业教育的新拓展[J].重庆高教研究,2017(9):52-59;周祖翼.加强创新创业教育 提高人才培养质量[J].中国高等教育,2013(8):42-47.

目标,协同开展课程评价,合作编写配套教材,促进学生的创新创业知识、技术、能力、素质与社会需求的衔接。其次,加强创新创业项目参与、创新创业能力训练、创新创业成果转化等发散性选修课程的形态建设。高校应通过建构科研项目驱动式、经典案例研讨式、企业经营模拟式、校企互动实训式等多样化的创新创业选修课程教学形式,促进创新创业教学过程从"学"的简单认知范式,向"做"的复杂行动范式转变。最后,加强以科研成果转化为重心的创新创业"第二课堂"建设。高校应依托种类丰富的实验室和工程中心,促进优质科研资源向本科生和本科教学的嵌入耦合,广泛吸纳学生参与研发、设计、工艺等科研项目的中试环节和成果落地转化实践,将科研成果转化与学生就业创业能力培养全过程有机衔接,建立学生参与科研成果转化过程的就业创业跟随机制。

四、优化协同中枢:探寻"学科—专业—产业链"的最佳契合

区域内高校与战略性新兴产业的协同中枢是学科专业链与产业链之间的目标衔接和功能整合。置身"知识—技术"高度协同的大学科、大任务和大系统时代,以知识生产、扩散与转化为工作媒介的高校学科专业基本学术制度悄然发生重要变革,即从"教学—研究—学习"联结体转变为"生产—教学—学习"联结体,从"学科—专业"制度演进为"学科—专业—产业链"制度。[①]"学科—专业—产业链"的建构是高校对知识生产方式变化的主动适应,是新型基层学术组织的治理机制创新,更是基本职能从被动走向自觉的主流趋势。

第一,优化政府对学科专业的动态调整与强制性变迁机制。政府应引导高校的学科专业增设逐渐向智能装备制造、航空航天、新一代电子信息、石油化工、医疗制药、钢铁冶金、材料工程、环境工程、农林科技、海洋资源和现代服务业等新兴领域与紧缺领域倾斜,支持高校

---

① 胡赤弟.学科—专业—产业链构建与运行机制研究[M].北京:教育科学出版社,2013:1-2.

针对战略性新兴产业的工艺、材料、技术和产品价值等迫切需求自主增设二级学科专业,建立健全高校新专业设置预警与服务机制,完善新专业信息平台,探索新专业建设的"负面清单"。政府应加强学科专业的"扶优、扶强、扶需和撤弱"统筹治理能力,完善对高校学科专业的绩效考核和动态拨款机制,对同质化倾向明显、教学资源匮乏、社会需求不旺盛、招生与就业前景欠佳的长期弱势学科专业进行经费限制或数量调减。

第二,完善大学开展新兴、交叉学科专业建设的快速反应与常态应变机制。世界科学史表明,任何科学都经历了"分化—综合—分化调整—再综合调试"的持续优化及升级过程,其中的跨学科研究更能提供一种产生新知识的对话和联系方式。这种历史趋势要求高校应从单学科的知识简单生产向跨学科的知识扩大再生产转型,积极解决由知识过渡专业化分工而造成的学科分散和"各自为战"问题,构建知识交叉融合的新学科协同模式。一是高校需要及时启动新工科、新理科、新农科和新医科等学科带头人培养工程,建立跨学科知识、跨专业技术等深度融合的复合型学科带头人遴选标准,探索跨行业、跨学校、跨学科的兼任互聘机制,并通过主动开展政府评估、社会第三方评估和自我评估等多样化的质量监控活动,切实提高各类新兴学科对战略性新兴产业的支撑能力。二是高校应大力培育"强—弱"交叉融合的学科专业增长点,主动引入国际、国内的学科专业教育优质资源,探索建立以强带弱、取长补短、共享共赢、协同创新的学科专业深度合作机制,瞄准大团队、大平台、大项目和大成果等质量内涵精准发力,积极寻求学科专业发展实力的新突破。三是高校可通过建立学科专业的战略领导机制、制度服务机制和多中心治理机制,明确主要领导对学科专业建设的统筹协调与战略定位,完善发展规划、教务、科研、人事等职能部门对学科专业建设的资源共享、人才流动与合作交流等制度服务,赋予二级学院在学科专业建设执行中的教学、科研、经费和人事等更多自主权。

第三,建构高校对接产业需求的学科专业群踊跃形成与自动适应机制。政府应以区域内的高水平研究型大学为龙头,以行业特色型大学为主干,以各类企业为依托,围绕本地区战略性新兴产业的信息经济工业带、智能经济圈、实体经济产业集群等整体布局与战略规划,构建高度开放、校企协同的高校学科专业群"三核"驱动模式,创建面向产业前沿领域的交叉型基础学科专业群。高校应立足战略性新兴产业的萌芽型、成长型、成熟型的建设周期和演进过程,建立多种形式的基础学科及跨学科战略联盟,加快横向学科群与战略性新兴产业的利益均衡、行业诱导、循环累积、网络系统等耦合机制体系建设,强化制度认同的跨边界混合学科群自组织作用。

第四,大力推动地方高校的应用型专业发展与升级。地方高校应用型专业发展的思路应瞄准区域经济社会发展需求,凸显人才培养的职业性和应用性,针对所属区域的科技园、创新区、产业带、经济圈等行业企业聚集模式的多样化人力资源和科技研发需求,推动专业链、人才链对接区域产业链、创新链,提升地方高校服务产业结构调整、经济发展方式转变、战略性新兴产业发展壮大的人才供给支撑能力。一方面,优化专业结构和课程体系,建立紧密对接产业链的应用型教学体系。地方高校应密切跟踪区域三次产业发展和行业企业转型升级的趋势动态,以专业增减设置为转型发展的切入点,构建对接产业链、创新链的专业结构体系。同时,将有限的教育、科研资源向服务区域支柱产业集群和战略性新兴产业发展的应用型专业集群集聚。地方高校应立足行业科技进步和企业核心技术,通过设计应用型课程体系,优化实践型课程结构,整合技能型课程内容,持续深化以校企产教融合和高校、企业、科研院所协同育人为突出特色的应用型人才培养模式改革,形成突出学生实践能力培养特色的课程群或课程模块。另一方面,推进现代大学制度建设,建立行业企业深度参与的地方高校治理结构。地方高校应建立健全地方行业企业与科研院所广泛参加的高校理事会(董事会)、专业指导委员会和教学指导委员会等多样化制度体系。探索实行混合所有制的联合办学,与行业企业共建教育集团或在产业园区办学,与行业企业共建二级学院或优势特色专业集群。扩大地方高校二级学院自主权,鼓励二级学院与行业企业合作,充分发挥利益相关者在地方高校转型发展过程中的战略规划制定、办学合理定位、校企深入合作、人才供需监控、教育教学质量保障、学科专业建设、职业资格制定以及课程开设与教材开发等方面的参与作用。[①]

五、纾解协同抑制:推进校企协同创新的系统性与深层次变革

区域内高校与战略性新兴产业的纾解协同不仅依靠单纯的知识供给主体和技术需求主体之间的体制机制建构,也依赖高校与企业共同建立技术研发的新平台和新模式。协同创新的系统性和深层次变革源自体制机制的建设,这种科学合理的体制机制建设能够使高校与企业在创新驱动能力中形成动态的互补结构和目标一致的创新共同体,既能充分利用各自的分工优势和科研潜能,又能在选择性帮扶产品、工艺和材料等创新中将高校知识与企业技术进行耦合,形成多层次、多节点、多形态、多主体的协同结构特征和协同乘数效应,驱动经济社会发展的持续转型升级。

第一,深化高校协同创新的管理体制改革。高校与战略性新兴产业协同发展的协调过程需要恰当的体制安排,体制问题反映了许多发展中国家创新体系形成的本质。[②] 确切地讲,政府应鼓励体制领域内的利益相关者合作交流,避免协同创新仅停留在外部的合作形式,使协同创新成为不同组织"扮演角色"的内生过程。一方面,基于协同创新伙伴关系,构建科学有效的跨边界组织管理结构和供需对话图谱。政府应组建区域性协同创新委员会,广泛吸收高校、企业、社会等不同组织参加,充分发挥政产学研"三螺旋"动力体系的中心枢纽和桥梁作用。高校需要引入企业资源以消除协同创新中的管理体制症结,通过成立协同创新理事会并建立合作章程,统筹管理和协调协同创新过程中的各项事务与矛

① 赵哲,董新伟,李漫红.地方本科高校转型发展的三种倾向及其规避[J].教育发展研究,2015(7):23-27.

② Chandran Veera,Pandiyan Kaliani Sundram,Sinnappan Santhidran. Innovation systems in Malaysia:A perspective of university-industry R&D collaboration[J]. AI & Society,2014(3):435-444.

盾纠纷。另一方面,促进高校科研活动的自主管理权重心下移。高校应对各类协同创新平台进行合理放权与充分赋权,尤其在省级协同创新中心和服务区域产业集群协同创新基地的重大科研平台建设中,建立目标管理制与首席责任制相结合的松散式制度权力格局,注重落实在人才引进、经费使用、资产管理、薪酬管理、知识产权、绩效分配等方面更大的自主权。

第二,优化高校主导型协同创新的形态契合长效机制。一是完善合理的科研利益分享与激励机制。高校与企业应共同研究并协商建立协同创新利益分配机制的契约框架,依据双方协同创新中的要素投入和贡献程度,建立效率优先、兼顾公平的收益分享机制,强化利益分配的科学性和"证据感"。二是建立科学的研发风险分担机制,消除、降低校企协同创新的"信任危机"和"信任成本"。高校和企业应按照"谁受益,谁付费"的最大化收益性原则,在合理确定各自投入比例的基础上,共同出资设立风投资金和中试经费。政府应加大对高校协同创新中试环节的常态支持力度,进行中试前补偿性资助和中试后绩效性拨款。三是建立全面的科技创新资源共享机制。政府应通过出台创新创业政策"组合拳"、健全科研紧缺人才管理服务体系和开辟高端研发人才聚集区等形式,推动校企通用型人才的无障碍流动与兼职互聘。高校应扩大开放式办学范畴,主动承接企业研发需求,依据研发平台的企业使用折旧成本,将重点实验室、工程(技术)研究中心等优势科研平台对省域企业无偿或有偿开放。

第三,促进高校协同创新由计划型模式向市场型模式转变。高校协同创新中心应由行政"指令式"的他组织模式向市场"自觉式"的自组织模式转变,尝试建立股份制协同创新中心,吸纳各种创新参与主体以知识、技术、资金、无形资产和固定资产等形式入股,将共同科研成果所产生的经济效益按照股份变现分红。同时,高校应依托大学科技园的知识溢出效应和创新创业辐射效应,在特色县域经济发展的重点区域形成一批校企协同生产力促进中心,建立高校县域中小企业服务中心,加速知识生产与就近消费的"一体化"过程,直接为县域经济的基础设施建设和生产配套服务。①

第四,打造"前向线性模式"和"逆向线性模式"相互补充的高校协同创新平台。"前向线性模式"始于高校的基础研究和科学发现,高校基础科研的载体则是功能齐备的各类实验室。因此,高校应大力建设并升级引领型、突破型、平台型的大学重点实验室,即依托国家重点实验室,通过引入海内外顶尖学者、聚焦国内外科技前沿、创新实验室体制机制等途径,建立全球领先的引领型大学实验室;依托省级重点实验室,通过校校、校企、校地协同组建科研团队,自由探索科研项目,创新科研人事管理制度,打造多元化的科研运行模式等途径,建立聚焦重大科学项目原始创新问题和行业企业共性关键技术问题的突破型大学实验室;依托校级特色实验室,通过"精、准、实、新"的问题导向式和决策支撑式项目研究,以及开展自然科学与工程科学及社会科学交叉融合研究等途径,建立面向企业生产、销售、经营和售后等环节的平台型大学实验室。"逆向线性模式"始于企业的共性技术、关键性技术和前瞻性技术需求,承载企业各类技术的平台则是形式多样的大学协同创新中心。因此,高校应紧密结合战略性新兴产业规划布局,推进"需求导向、问题导向和特色导向"的协同创新中心建设,充分赋予协同创新中心在机构运作、人才引进、资产管理、薪酬管理、知识产权利益分享等方面更大的自主权,并在协同创新中心组织运行中探索建立合理的利益分配机制、科学的风险分担机制、顺畅的信息交流机制和全面的资源共享机制。

第五,建立松散型与嵌入型相结合的校企协同创新组织。松散型校企协同创新组织的主要形式是校企联盟。高校应面向战略性新兴产业体系链中的不同类型和规模企业,整合大学创新资源,重点建设三类跨区域的校企协同创新联盟,并完善联盟治理结构和治理机制,即建设面向小微科技企业项目孵化、生产力进步和产品产业化的经典联盟,建设面向三次产业大中型骨干企业新技术、新产品、新工艺等研发创新的骨干联盟，以及建设面向区域经济社会民生领域需求和创新驱动发展的城市联盟。① 嵌入型校企协同创新组织的主要形式是以高校或企业为"根据地"，瞄准协同创新网络的关键枢纽环节，开展研发机构的校企共建。具体来讲，校企双方通过建立合理的制度安排和疏通创新能力转移渠道，立足彼此"舒适区"，瞄准战略性新兴产业的前沿性应用知识、突破性基础知识和共生性技术知识，共同建立具有委托开发、技术合作和产学研一体化功能的研发机构，以及合作型博士后流动站和虚拟型创新平台，进而有效降低创新能力势差所造成的机会成本和交易成本。

第六，深化制度化、全程化和多样化的协同创新外部治理能力改革。协同创新外部治理的关键举措在于明确高校与企业组织协同的价值取向，重构大学与企业的组织边界，找到高校与企业组织内外协同的解决方案，开展卓有成效的校企协同管理。政府应开展"引企入校"城市试点，完善《"引企入校"管理办法》《"引企入校"规范》等政策保障，健全和落实"引企入校"的税收优惠、贴息贷款、土地出让、经费补偿等激励政策，逐步将校企共建公共实训基地数量、企业转化大学科技成果效益、企业参与大学办学收益、企业对大学科研横向投入额度等指标纳入国有企业考核体系。政府探索建立利益驱动型和任务导向型的"引企入校"双元模式。其中，利益驱动型模式在于政府支持企业深度介入高校办学体制改革，在法律允许的框架内将产业契合度较高的高校二级学院进行股份制、混合所有制改革，并以政府为"中间人"建立纠纷调解机构和仲裁机构，消除校企之间由联合办学利益、知识产权归属、资产管理和权责分配等引发的矛盾和冲突。任务导向型模式在于政府引导企业全程参与高校科研活动和教学改革，进而形成企业产品链、装备链和管理链与高校科研项目相对接，企业生产流程与大学生实习实训相对接，企业职业标准、工作岗位与高校教学内容相对接的相互渗透、相互依存局面。

---

① 辽宁教育研究院课题组.关于面向 2030 年加快推进辽宁教育现代化进程的战略思考[J].现代教育管理,2017(8):1-11.

六、释放协同价值:推动高校科研成果转化扩散的提质增效

区域内高校与战略性新兴产业的协同价值恰好集中在高校新知识和企业新技术交汇扩散的转化环节。"科研是将金钱转化为知识的过程,而创新则是将知识转化为金钱的过程。"[①]高校研究成果的及时转化和产业化是做强、做大战略性新兴产业的动力引擎。在一个国家或地区,大学科研成果的转化转移或技术创新的扩散应用会派生出一个代表新科技和新产业的发展方向,这是具有潜在市场需求,具备高附加值、高成长性、高回报率的战略意义的产业群体。

第一,持续丰富高校科研成果转化的激励政策与保障举措。一是注重高校科研成果转化的激励政策延续和配套支持。道格拉斯·诺斯(Douglass North)等认为,"有效率的组织需要在制度上做出安排和确立所有权以便产生一种刺激,将个人的经济努力变为私人收益率"[②]。政府应持续优化和推动高校科研成果转化的无息贷款、经费补偿等财税激励政策及风险管理流程简化,健全、落实以科研成果转化经济效益和创新贡献为衡量标准的高校职称、职务特殊评聘政策,持续增调高校科研成果转化效益中的个人收益比重,实施高校科研成果转化情况的年度报告和舆情公开制度。二是增加对高校科技成果转化的经费投入。政府应主导建立高校科研成果转化的专项经费、社会风险投资基金和种子资金等多元融资体系,尤其是引导企业经费、社会资金甚至是境外资本参与高校科研成果转化,对高校科研成果转化的中试环节和推广环节进行重点资助,促进创新稀缺资源的有效聚集和效率放大。三是建立高校科研成果信息快速通报和推广、发布机制。政府应以全国性技术交易机构和产教融合市场活动品牌为支撑,搭建校企供需精准对接的科研成果线上、线下交易市场,建立"互联网＋科研成果专利"的信息化营销模式,完善实体市场和虚拟电子商务

---

① 万劲波.创新发展的战略与政策[M].北京:电子工业出版社,2015:17.
② 诺斯,托马斯.有组织的创新:美国繁荣复兴之蓝图[M].厉以,蔡磊,译.北京:华夏出版社,2015:1-3.

市场的服务体系。高校应通过建立技术转移办公室,引进职业化、专业化的经理人团队和经纪人助理,大力发展促进高校科研成果转移转化的中介服务机构与研发试验平台、中试平台、检验检测平台等创新服务平台,构建集技术转移、科技研发、检验检测、产业孵化等于一体的大学科研成果转化综合服务体系。此外,高校仍需深化教师分类评价、多形式聘用、优绩优酬等方面的科研管理制度改革,激发科研成果转化的源头活力。

第二,提高高校科研成果"变现"与"提现"效率。高校与企业在协同发展过程中,需要将拓展学术研究的商业应用前景放在首位,科研成果及其技术专利的商业化和市场化已经成为影响区域经济增长的常态动能。因此,"政府—高校"之间需要建立点对点托举,"企业—高校"之间需要建立面对面指导,国内外高校之间需要建立专家会诊等形式多样的重大科研成果多主体合作培育机制,多渠道提升高校重大科研成果的组织培育力。具体来讲:高校应增强科研成果的定向产出力,启动科研成果"量身定制计划",建立对接产业链的原始创新科技、"卡脖子"核心技术、关键特殊材料和"瓶颈"工艺难题等重点环节的基础研究与应用研究的项目数据库,完善遴选标准、资助额度、运行周期、绩效考核及动态调整的项目孕育机制。高校还要加强科技园建设,围绕数据服务业、云计算、智能设备等高新技术领域,完善高新技术微小企业孵化体系,重点打造云计算产业园、创意创业园、创新创业园等"经济特区",扶持科技园的"互联网+"高科技企业的二次创业,完善基于战略性新兴产业基础研究和应用研究双重导向的知识生产机制,建立以"学习、构建、推行、连接"4个步骤为主线的知识传播机制。[①]

第三,深度实施高校科研成果知识产权战略。正式的技术转让流程和向第三方授予专利创新的许可证是维护学术发明人将其发明商业化

---

① 毕颖,杨连生.基于满足社会需求的大学跨学科研究组织协同创新研究——以加州大学伯克利分校造福社会的信息技术研究中心为例[J].高等工程教育,2015(5):1-11.

的权利的主要法律工具。[①] 政府应将知识产权保护作为激发高校科研活力的重要驱动力,在立足知识产权制度的基础上,及时完善高校科研成果知识产权的单独立法,出台专门适用于高校科研成果知识产权保护的基本法律法规,加大对侵犯高校科研成果知识产权行为的纠察、执法与惩治力度,开展学术、专利等高校科研成果知识产权权利人的普法宣传,并提供法律援助。政府应重点推进高校知识产权法院和仲裁机构建设,理顺高校科技成果权利人维权机制,健全高校知识产权多元化纠纷解决机制,为高校科技成果转化提供系统的知识产权侵权预警、海外维权援助等服务。政府应通过加快高校知识产权资本化交易制度建设和构建校企之间专利共享机制等途径,维系"学术—产业链"的正常运转,并将以专利和版权为核心的知识产权制度嵌入现代大学制度[②],以期实现专利的交叉许可等制度创新和模式创新。高校应持续完善知识产权信用体系,强化对侵犯知识产权等失信行为的联动惩戒,健全产权收益制度、实验室管理制度、教师知识产权签约制度和风险投资孵化制度[③],促进知识的商业化和资本化。高校还应成立常设性、功能性的知识产权事务管理机构,建立知识产权研究、交易、援助等运营新模式,开展与社会各类型知识产权服务机构的长期合作,设立知识产权维护与救助专项资金,创新知识产权分割机制,加强原始创新知识产权的筛选与重点支持,为知识产权健康发展提供专业化和特色化的制度服务。

第四,建构高校科研成果就地转化的市场化运作模式。一是大力建设规模化、专业化、职业化的高校科技成果兼职经纪人队伍。高校可以借助行业企业内的法律、技术、金融等不同领域的校友资源,积极聘请优秀校友充当科研成果经纪人,建立校友经纪人资源库和校企科研供需信息互动平台,开展科研成果的推广、宣传和定向转化服务。二是建立高

---

① Hamed Alavi, Patrycja Habek. Optimizing outcome in the university-industry technology transfer projects[J]. Management Systems in Production Engineering,2016(2):94 - 100.

② 王建华. 学术—产业链与大学的公共性[J]. 高等教育研究,2012(6):1 - 6.

③ 许长青. 大学与产业科研合作内部管理运行机制的国际比较研究[J]. 高教探索,2007(2):72 - 76.

校科研成果的专业化、市场化定价机制。高校可以依托校内技术转移机构、行业专家团体或委托社会专业机构,对科研成果的应用前景、增值空间和附加价值等价值链进行评估,进而合理确定科研成果的市场交易价格。三是弥补高校科研成果服务平台的社会化短板。政府应支持具备独立法人性质、具有专业功能资助的新型产业研究院、技术孵化转移公司等社会第三方机构建设,促进高校科研成果转化服务平台的组织多样性和功能结构化。四是建立科研人员创新创业的风险防控制度。高校应注重对校外人员兼职创新和校内人员离岗创业的目标责任、成果评价、绩效考核及动态管理,依法明确各类创新创业人员的权利、责任和义务。

七、赋能协同源头:促进高校科研评价制度的新旧动能有序转换

区域内高校与战略性新兴产业的协同源头是高校科研活动者的利益获得和价值认同。这种主观感受和客观收获需要高校科研评价制度的再"松绑"与生态再修复,深化高校科研评价制度改革的本质是推动高校科研评价体系的优化与重构,这已成为高校与战略性新兴产业协同发展的内生动力和重要突破点。通过补短板、强弱项和补漏洞等有效改革举措,可逐步化解高校科研评价制度中的市场脱节问题和供需矛盾问题,从而达到"牵一发而动全身"的连锁质变效果,形成高水平发展、可持续增长的高校科研活动新动能。

第一,加强政策指引、战略领导和定向支持。高校科研战略规划是供给环境持续改善过程,其牵头责任主体应是主动作为和创新有为的政府。一是持续完善和落实政府对高校科研活动的迭代积累式政策。人力资源和社会保障、财政、科技、发展改革等政府部门应协同调研、分别牵头,制定有利于破解高校科研供给约束的要素、主体、关联、产业、区域、环境、开放和反馈等国家创新体系的微观分类政策[1],并通过科学、

① 贺德方,唐玉立,周华东.科技创新政策体系构建及实践[J].科学学研究,2019(1):3-10,44.

技术、创新等宏观政策体系的逐步完善、精准发力和任务分解,充分调动高校科研活动的意愿和热情。同时,人大、政协等政府部门定期开展对已经出台的支持高校科研活动的各项政策落实情况的督导和检查,并形成执行、维护、监督政策落实的良好制度氛围。二是加强政府对高校科研活动的战略领导机制建设。政府应积极将高校科研活动纳入区域经济社会发展规划以及产业发展、城市建设和重大生产力布局规划,结合经济振兴规划、产业发展布局、创新驱动专项任务、乡村振兴、区域协调发展和可持续发展等重大战略部署,同步配套实施高校科研活动的创新模式"先行区"、创新文化"示范区"、产教融合"舒适区"、成果转化"政策特区"及其实施方式和重点项目。应探索科研活力型、产教融合型城市试点建设,立足高等教育优质资源聚集城市,优先支持具有完备科研基础、强烈创新意愿、天然行业属性的行业特色型高校与知名企业进行联合,积极依托地缘优势打造立地式、扎根式的高校科研服务模式,形成"知识—技术—产业"的动态规模化能力。三是加强政府对高校科研活动的定向支持机制建设。充分发挥政府对产学研合作的主导与调控作用,加强政府对校企深度合作的平台搭建、信息服务、有效监管与绩效评估作用,由政府牵头,成立跨部门、跨行业、跨地区的校企合作常设管理机构和公共服务组织,健全联络、协调、督导、评估等各项校企合作工作程序,突破阻碍高校科研人财物等核心要素自由流动的体制障碍和组织壁垒,最大限度地整合区域内各方科技资源,夯实高校科研活动的长效运行基础。

第二,回归高校科研评价的学术主导秩序。高校应积极转变自上而下的行政"惯性式"科研评价程序,运用现代大学制度的依法治理框架,淡化行政管理色彩,促进行政权力的逐步让渡,推动行政权力与学术权力的再分配和再界定。具体来讲,高校内部的行政权力要逐渐退出科研评价的指标、权重等微观领域,并转向对科研活动的规划部署、常态监管和资源配置,在行政权力"退位"的过程中,充分发挥教授群体和基层学术组织的科研自治权力,形成自组织形式的、自觉行动的、满足学术主体创新诉求的自下而上"倒逼式"科研评价改革秩序。

第三，以"能力主义"为纲领加快调整高校教师科研能力的评价体系。高校应推动教师科研能力评价的主要标准及其结构体系由学术旨趣的数量范式向贡献效益的质量范式转型，逐步建立以服务经济社会发展为原则、以创新质量和实际贡献为双核心的科研成果多元评价体系。高校还应完善科研评价的协同共治体系，唤醒公共责任意识，建立开放性的、专兼结合的科研评价专家数据库，以及多维主体相补充的科研"场域外"评价措施，积极推进学科专业同行评议、社会学术组织第三方评价及市场用户反馈性评价、国际专家盲审评价等多样化的科研评价方法。

第四，消弭不同科研属性的制度张力。高校应遵循基础研究"周期长、见效慢"的普遍规律，建立职称评聘分开、劳动待遇相等的科研评价机制，尤其健全重大理论创新和原始技术创新的破格晋升与特殊评价机制。高校应依据应用研究"短平快"的特殊规律，建立即产即评、优产先评的教师职称分类评审制度及评价机制，尤其注重将评价周期由静态固定向动态弹性转变。通过基础研究和应用研究领域的制度协同改革，促进教师科研生涯发展的机会公平和过程公平。同时，高校应按照人尽其才、物尽其用的分类治理原则，基于教师科研利益结构调整的逻辑，重置教学主导型、科研主导型、社会服务主导型、创新创业主导型等不同类型的教师岗位及其各有侧重的科研任务承担规则和评价机制，通过科学制定不同学科、不同岗位教师的分类考核标准及评价机制，最大限度地激发科研创新动能。

附录 1
区域内高校与战略性新兴产业协同发展的影响因素专家咨询问卷

尊敬的专家：

您好！感谢您能在百忙之中抽空填写这份问卷。本研究的目的是分析影响区域内高校与战略性新兴产业协同发展的关键因素。填写说明：

1. 此调查问卷的目的是对区域内高校与战略性新兴产业协同发展的影响因素指标体系中 15 个一级指标和 48 个二级指标进行评价，并给出相应的修改意见。

2. 各个指标的重要性采用 Likert5 级评分法，专家对某项指标打分越高，则表示专家认为该指标在构建辽宁省属高等医药院校学科发展指标体系中越重要。请您对各指标的重要性程度、熟悉程度和所有的判断依据进行打分。

3. 如果您认为需要新增或删除某些指标，或者对本问卷有其他意见与建议，请在表格下方相应空白处填写修改意见，我们将对意见进行整合，进一步补充完善指标体系。

再次向您致以诚挚的谢意！

第一部分　区域内高校与战略性新兴产业协同发展的影响因素一级指标评价

一级指标	指标内容描述	熟悉程度（1—5）	重要程度（1—5）	判断依据及影响程度（1—3）				指标修改意见
				理论分析	实践经验	个人直觉	对国内外同行的了解	
A 企业生产力准备性因素	企业通过对劳动者的教育，提升劳动者的整体素质和生产能力							
B 高校功能准备性因素	高校通过教育教学活动，提升未来劳动者的知识、技能和素质水平							
C 企业生产力渗透性因素	影响企业生产力高低、优劣的科学技术水平							
D 高校功能渗透性因素	高校面向自然科学领域、工程科学领域的基础研究和应用研究状况							
E 企业生产力创新实体性因素	劳动者、劳动资料和劳动对象有关的一切物质条件							
F 高校创新基础性因素	高校投入创新活动的人力、财力和物力等创新资源							
G 政策结构体系因素	从中央到地方的同一政策要素纵向联系，以及不同行政部门政策单元之间横向联系的结构体系							
H 法律法规体系因素	从中央到地方一切现行有效的、规范性的、带有强制约束力和切实保护力的法律法规体系							
I 地理邻近因素	地理意义的共存性和自然地理距离的接近性度量							
J 价值观因素	校企双方对开展协同创新活动的认知、理解、判断和抉择							

续表

一级指标	指标内容描述	熟悉程度 (1—5)	重要程度 (1—5)	判断依据及影响程度 (1—3)				指标修改意见
				理论分析	实践经验	个人直觉	对国内外同行的了解	
K 创新文化因素	校企协同创新所创造和形成的具有特色的、非物质的精神财富							
L 非正式关系因素	校企协同创新活动中松散的、没有正式规定的群体或个体的自发自觉行动							
M 协同模式因素	不同组织在协同创新过程中的地位、功能、作用及其创新要素的结构形式							
N 管理体制因素	政府、高校和企业在协同创新管理系统中的结构准则、组成方式及相互关系							
O 运行机制因素	各参与主体如何发挥协同创新功能和产生协同创新效益的逻辑联系、作用机理、作用过程及运行方式							

第二部分　区域内高校与战略性新兴产业协同发展的影响因素二级指标评价

一级指标	二级指标	指标内容描述	熟悉程度(1—5)	重要程度(1—5)	判断依据及影响程度(1—3)				指标修改意见
					理论分析	实践经验	个人直觉	对国内外同行的了解	
A 企业生产力准备性因素	A1 企业员工培训	企业邀请高校人员对员工进行知识和技能培训							
	A2 企业参与高校人才培养过程	企业管理、技术人员参与高校教育教学和实习实训等人才培养全过程							
B 高校功能准备性因素	B1 高校人才培养体系	高校的高端研发型、创新型、应用型和技能型等各级各类人才培养体系的优化与调整							
	B2 高校创新创业教育	高校面向新经济环境的创新创业教育活动及创业型人才培养							
	B3 校企产教融合与协同育人	高校主动邀请企业参与人才培养的目标厘定、方案设计、课程设置、实践教学和质量评价							
	B4 高校学科专业结构	高校面向行业企业需求的学科专业动态性裁撤与新增							
C 企业生产力渗透性因素	C1 企业的科学技术研发水平	企业自身的科学技术整体实力与创新水平							
	C2 企业的科学技术应用能力	企业对外来知识的吸收能力、采纳能力和转化能力							
	C3 企业的科学技术需求	不同类型企业、企业发展不同阶段和企业不同规模对科学技术的普遍性与特殊性需求							

续表

一级指标	二级指标	指标内容描述	熟悉程度(1—5)	重要程度(1—5)	判断依据及影响程度(1—3)				指标修改意见
					理论分析	实践经验	个人直觉	对国内外同行的了解	
D 高校功能渗透性因素	D1 高校科研成果转化	高校多举措推动科研成果转化，尤其是在本区域内的成果就地商业化和产业化的效率与效益							
	D2 高校跨学科科研行为	高校突破学科中心主义壁垒，形成满足"大科学"和复杂技术科研需求的跨学科科研合力							
	D3 高校科研战略领导	高校加强面向企业技术创新需求的科研战略领导及总体规划							
	D4 高校科研评价改革	高校建立以科研质量和实际效益为主导方向和衡量标准的科研评价改革							
E 企业生产力创新实体性因素	E1 企业生产与研发的劳动力投入	企业的研发人员投入情况							
	E2 企业的科学技术 R&D 经费投入	企业的研究经费投入情况							
	E3 企业的先进生产工具投入与使用	企业的仪器、材料、装备等拥有情况							
	E4 企业的重大研究与试验平台建设	企业的实验室、研发中心、工程中心等拥有情况							

续表

一级指标	二级指标	指标内容描述	熟悉程度(1—5)	重要程度(1—5)	判断依据及影响程度(1—3)				指标修改意见
					理论分析	实践经验	个人直觉	对国内外同行的了解	
F 高校创新基础性因素	F1 高校的科研人力投入	高校在工程科学和自然科学领域的研究人员总体投入情况							
	F2 高校的 R&D 经费投入	高校的科研经费总体投入情况							
	F3 高校的创新基础设施建设	高校拥有的国家级和省级各类实验室、工程技术中心等情况							
	F4 高校的创新载体建设	高校拥有的大学科技园、大学创新创业孵化基地等情况							
G 政策结构体系因素	G1 国家宏观的基本政策	国家层面的产教融合、协同创新、校企合作、产学研合作等主导性政策							
	G2 国家部委的具体政策	教育部等国家部委的协同创新中心建设、校企协同育人、高校科技成果转化和校企联盟等带有明确指向意义的具体政策							
	G3 其他政策中的相关内容	不同政策领域的间接相关性政策，如政治领域的"五大发展理念"、经济领域的知识产权制度、文化领域的繁荣哲学社会科学、社会领域的大学生就业等							

续表

一级指标	二级指标	指标内容描述	熟悉程度(1—5)	重要程度(1—5)	判断依据及影响程度(1—3)				指标修改意见
					理论分析	实践经验	个人直觉	对国内外同行的了解	
H 法律法规体系因素	H1 国家领导机关的统领性行政法规	国家领导机关根据宪法和教育法制定的调整高校与企业协同发展的内部、外部相互关系的基本法律法规							
	H2 国家部委的具体性部门规章	教育部等国家部委制定的大学章程制定办法、高校本科专业设置规定、高校知识产权保护管理规定等有利于促进高校与企业协同发展的具体规章							
	H3 地方政府的地方性法规和行政规章	地方政府根据本行政区域的产教融合、协同创新等具体情况和实际需要所制定的特色文件							
I 地理邻近因素	I1 高校与企业在地理空间的位置关系	高校与企业具有先天性地缘优势,共同处于自然地理意义的特定行政区域范围之中							
	I2 高校与企业共同存在于新兴经济体中	高校与企业共同存在于产业园区、工业园区、科技园区之中							
J 价值观因素	J1 校企合作情感	校企双方对协同合作具有积极的道德感和价值感							
	J2 校企合作兴趣	校企双方在人才培养或科学研究过程中的共同态度与合作倾向							
	J3 校企合作动机	校企双方做出协同创新决定之前所产生的迫切需求及互惠互利念头							

续表

一级指标	二级指标	指标内容描述	熟悉程度 (1—5)	重要程度 (1—5)	判断依据及影响程度 (1—3)				指标修改意见
					理论分析	实践经验	个人直觉	对国内外同行的了解	
K 创新文化因素	K1 创新信任氛围	校企双方在协同创新活动中相信对方不会损害自身利益,并能够给予委托							
	K2 创新精神风格	校企双方进行协同创新活动必须具备的创新意识、创新兴趣、创新胆量、创新决心等心理特征及相关思维活动							
L 非正式关系因素	L1 群体与群体间关系	高校二级学院或学科、专业等学术群体与企业生产、研发等部门技术群体自发形成的群体间相互关系							
	L2 个体与个体间关系	高校教师与企业人员自发形成的个体成员间相互关系							
M 协同模式因素	M1 契约型协同模式	高校协同创新中形成的跨组织合作协议、委托研究合同、项目科研成果转化条款、组织合作章程等模式							
	M2 供需衔接型协同模式	高校协同创新中形成的协同育人、现代产业学院、大学科技园、协同创新中心、协同创新基地、"校—企"研究院、"校—地"研究院等模式							
	M3 战略型协同模式	高校协同创新中形成的校企联盟、产学研战略联盟、创新战略联盟等模式							

续表

一级指标	二级指标	指标内容描述	熟悉程度 (1—5)	重要程度 (1—5)	判断依据及影响程度 (1—3)				指标修改意见
					理论分析	实践经验	个人直觉	对国内外同行的了解	
N 管理体制因素	N1 管理机构的分层设置	政府部门建立统筹领导的协同创新管理机构，以及高校依托协同创新中心、基地和联盟建立的理事会、委员会等自主管理机构							
	N2 各层次管理机构的职权分配	政府协同创新管理机构的简政放权，以及扩大落实高校协同创新管理机构的自主管理权							
	N3 同层次管理机构的相互配合	政府不同部门的协同创新管理机构形成政策、制度的供给合力							
O 运行机制因素	O1 主体利益分享机制	协同创新参与主体利益分配的事前明确协定及彼此认同的约定							
	O2 研发风险分担机制	协同创新参与主体针对研发风险的未知性和不确定性所进行的风险管理							
	O3 创新资源共享机制	协同创新参与主体之间的人才、仪器、设备、平台等创新资源的无障碍分享和协作整合							
	O4 供需信息交流机制	协同创新参与主体对彼此供需的及时传递和常态化对接							
	O5 公共平台服务机制	政府提供的基础研究、技术开发、成果转化、信息管理等方面的"线上＋线下"专业性公共服务平台							

区域内高校与战略性新兴产业协同发展的
影响因素相对重要性问卷

尊敬的专家：

您好！非常感谢您抽出宝贵时间填写此问卷！

1.问题描述

此调查问卷用于"影响区域内高校与战略性新兴产业协同发展关键因素及其指标体系图研究"，通过前期文献梳理、专家咨询以及课题组研讨，确定了初步的指标体系，为确定各项因素的相对权重，使用层次法进行两两比较分析。

2.问卷说明

此调查问卷衡量尺度划分为 9 个等级，9、7、5、3、1 分别对应绝对重要、十分重要、比较重要、稍微重要、同样重要，8、6、4、2 表示重要程度介于相邻的两个等级之间。根据您的看法，用鼠标左键单击分数对应的单元格即可。

3.问卷内容

①评估外部环境要素的相对重要性

下列各组两两比较要素，对于影响区域内高校与战略性新兴产业协同发展关键因素的相对重要性如何？

A	重要性比较																		B
企业生产力准备性因素	9	8	7	6	5	4	3	2	1	1	2	3	4	5	6	7	8	9	高校功能准备性因素
企业生产力准备性因素	9	8	7	6	5	4	3	2	1	1	2	3	4	5	6	7	8	9	企业生产力渗透性因素
企业生产力准备性因素	9	8	7	6	5	4	3	2	1	1	2	3	4	5	6	7	8	9	高校功能渗透性因素
企业生产力准备性因素	9	8	7	6	5	4	3	2	1	1	2	3	4	5	6	7	8	9	企业生产力创新实体性因素
企业生产力准备性因素	9	8	7	6	5	4	3	2	1	1	2	3	4	5	6	7	8	9	高校创新基础性因素
企业生产力准备性因素	9	8	7	6	5	4	3	2	1	1	2	3	4	5	6	7	8	9	政策结构体系因素
企业生产力准备性因素	9	8	7	6	5	4	3	2	1	1	2	3	4	5	6	7	8	9	法律法规体系因素
企业生产力准备性因素	9	8	7	6	5	4	3	2	1	1	2	3	4	5	6	7	8	9	价值观因素
企业生产力准备性因素	9	8	7	6	5	4	3	2	1	1	2	3	4	5	6	7	8	9	创新文化因素
企业生产力准备性因素	9	8	7	6	5	4	3	2	1	1	2	3	4	5	6	7	8	9	非正式关系因素
企业生产力准备性因素	9	8	7	6	5	4	3	2	1	1	2	3	4	5	6	7	8	9	协同模式因素
企业生产力准备性因素	9	8	7	6	5	4	3	2	1	1	2	3	4	5	6	7	8	9	管理体制因素
企业生产力准备性因素	9	8	7	6	5	4	3	2	1	1	2	3	4	5	6	7	8	9	运行机制因素
高校功能准备性因素	9	8	7	6	5	4	3	2	1	1	2	3	4	5	6	7	8	9	企业生产力渗透性因素
高校功能准备性因素	9	8	7	6	5	4	3	2	1	1	2	3	4	5	6	7	8	9	高校功能渗透性因素
高校功能准备性因素	9	8	7	6	5	4	3	2	1	1	2	3	4	5	6	7	8	9	企业生产力创新实体性因素

A	重要性比较																		B
高校功能准备性因素	9	8	7	6	5	4	3	2	1	1	2	3	4	5	6	7	8	9	高校创新基础性因素
高校功能准备性因素	9	8	7	6	5	4	3	2	1	1	2	3	4	5	6	7	8	9	政策结构体系因素
高校功能准备性因素	9	8	7	6	5	4	3	2	1	1	2	3	4	5	6	7	8	9	法律法规体系因素
高校功能准备性因素	9	8	7	6	5	4	3	2	1	1	2	3	4	5	6	7	8	9	价值观因素
高校功能准备性因素	9	8	7	6	5	4	3	2	1	1	2	3	4	5	6	7	8	9	创新文化因素
高校功能准备性因素	9	8	7	6	5	4	3	2	1	1	2	3	4	5	6	7	8	9	非正式关系因素
高校功能准备性因素	9	8	7	6	5	4	3	2	1	1	2	3	4	5	6	7	8	9	协同模式因素
高校功能准备性因素	9	8	7	6	5	4	3	2	1	1	2	3	4	5	6	7	8	9	管理体制因素
高校功能准备性因素	9	8	7	6	5	4	3	2	1	1	2	3	4	5	6	7	8	9	运行机制因素
企业生产力渗透性因素	9	8	7	6	5	4	3	2	1	1	2	3	4	5	6	7	8	9	高校功能渗透性因素
企业生产力渗透性因素	9	8	7	6	5	4	3	2	1	1	2	3	4	5	6	7	8	9	企业生产力创新实体性因素
企业生产力渗透性因素	9	8	7	6	5	4	3	2	1	1	2	3	4	5	6	7	8	9	高校创新基础性因素
企业生产力渗透性因素	9	8	7	6	5	4	3	2	1	1	2	3	4	5	6	7	8	9	政策结构体系因素
企业生产力渗透性因素	9	8	7	6	5	4	3	2	1	1	2	3	4	5	6	7	8	9	法律法规体系因素
企业生产力渗透性因素	9	8	7	6	5	4	3	2	1	1	2	3	4	5	6	7	8	9	价值观因素

续表

A	重要性比较																	B
企业生产力渗透性因素	9	8	7	6	5	4	3	2	1	1	2	3	4	5	6	7	8	9	创新文化因素
企业生产力渗透性因素	9	8	7	6	5	4	3	2	1	1	2	3	4	5	6	7	8	9	非正式关系因素
企业生产力渗透性因素	9	8	7	6	5	4	3	2	1	1	2	3	4	5	6	7	8	9	协同模式因素
企业生产力渗透性因素	9	8	7	6	5	4	3	2	1	1	2	3	4	5	6	7	8	9	管理体制因素
企业生产力渗透性因素	9	8	7	6	5	4	3	2	1	1	2	3	4	5	6	7	8	9	运行机制因素
高校功能渗透性因素	9	8	7	6	5	4	3	2	1	1	2	3	4	5	6	7	8	9	企业生产力创新实体性因素
高校功能渗透性因素	9	8	7	6	5	4	3	2	1	1	2	3	4	5	6	7	8	9	高校创新基础性因素
高校功能渗透性因素	9	8	7	6	5	4	3	2	1	1	2	3	4	5	6	7	8	9	政策结构体系因素
高校功能渗透性因素	9	8	7	6	5	4	3	2	1	1	2	3	4	5	6	7	8	9	法律法规体系因素
高校功能渗透性因素	9	8	7	6	5	4	3	2	1	1	2	3	4	5	6	7	8	9	价值观因素
高校功能渗透性因素	9	8	7	6	5	4	3	2	1	1	2	3	4	5	6	7	8	9	创新文化因素
高校功能渗透性因素	9	8	7	6	5	4	3	2	1	1	2	3	4	5	6	7	8	9	非正式关系因素
高校功能渗透性因素	9	8	7	6	5	4	3	2	1	1	2	3	4	5	6	7	8	9	协同模式因素
高校功能渗透性因素	9	8	7	6	5	4	3	2	1	1	2	3	4	5	6	7	8	9	管理体制因素
高校功能渗透性因素	9	8	7	6	5	4	3	2	1	1	2	3	4	5	6	7	8	9	运行机制因素

A																			B
	9	8	7	6	5	4	3	2	1	1	2	3	4	5	6	7	8	9	
企业生产力创新实体性因素	9	8	7	6	5	4	3	2	1	1	2	3	4	5	6	7	8	9	高校创新基础性因素
企业生产力创新实体性因素	9	8	7	6	5	4	3	2	1	1	2	3	4	5	6	7	8	9	政策结构体系因素
企业生产力创新实体性因素	9	8	7	6	5	4	3	2	1	1	2	3	4	5	6	7	8	9	法律法规体系因素
企业生产力创新实体性因素	9	8	7	6	5	4	3	2	1	1	2	3	4	5	6	7	8	9	价值观因素
企业生产力创新实体性因素	9	8	7	6	5	4	3	2	1	1	2	3	4	5	6	7	8	9	创新文化因素
企业生产力创新实体性因素	9	8	7	6	5	4	3	2	1	1	2	3	4	5	6	7	8	9	非正式关系因素
企业生产力创新实体性因素	9	8	7	6	5	4	3	2	1	1	2	3	4	5	6	7	8	9	协同模式因素
企业生产力创新实体性因素	9	8	7	6	5	4	3	2	1	1	2	3	4	5	6	7	8	9	管理体制因素
企业生产力创新实体性因素	9	8	7	6	5	4	3	2	1	1	2	3	4	5	6	7	8	9	运行机制因素
高校创新基础性因素	9	8	7	6	5	4	3	2	1	1	2	3	4	5	6	7	8	9	政策结构体系因素
高校创新基础性因素	9	8	7	6	5	4	3	2	1	1	2	3	4	5	6	7	8	9	法律法规体系因素
高校创新基础性因素	9	8	7	6	5	4	3	2	1	1	2	3	4	5	6	7	8	9	价值观因素
高校创新基础性因素	9	8	7	6	5	4	3	2	1	1	2	3	4	5	6	7	8	9	创新文化因素
高校创新基础性因素	9	8	7	6	5	4	3	2	1	1	2	3	4	5	6	7	8	9	非正式关系因素
高校创新基础性因素	9	8	7	6	5	4	3	2	1	1	2	3	4	5	6	7	8	9	协同模式因素

续表

A	重要性比较																	B
高校创新基础性因素	9	8	7	6	5	4	3	2	1	1	2	3	4	5	6	7	8	9	管理体制因素
高校创新基础性因素	9	8	7	6	5	4	3	2	1	1	2	3	4	5	6	7	8	9	运行机制因素
政策结构体系因素	9	8	7	6	5	4	3	2	1	1	2	3	4	5	6	7	8	9	法律法规体系因素
政策结构体系因素	9	8	7	6	5	4	3	2	1	1	2	3	4	5	6	7	8	9	价值观因素
政策结构体系因素	9	8	7	6	5	4	3	2	1	1	2	3	4	5	6	7	8	9	创新文化因素
政策结构体系因素	9	8	7	6	5	4	3	2	1	1	2	3	4	5	6	7	8	9	非正式关系因素
政策结构体系因素	9	8	7	6	5	4	3	2	1	1	2	3	4	5	6	7	8	9	协同模式因素
政策结构体系因素	9	8	7	6	5	4	3	2	1	1	2	3	4	5	6	7	8	9	管理体制因素
政策结构体系因素	9	8	7	6	5	4	3	2	1	1	2	3	4	5	6	7	8	9	运行机制因素
法律法规体系因素	9	8	7	6	5	4	3	2	1	1	2	3	4	5	6	7	8	9	价值观因素
法律法规体系因素	9	8	7	6	5	4	3	2	1	1	2	3	4	5	6	7	8	9	创新文化因素
法律法规体系因素	9	8	7	6	5	4	3	2	1	1	2	3	4	5	6	7	8	9	非正式关系因素
法律法规体系因素	9	8	7	6	5	4	3	2	1	1	2	3	4	5	6	7	8	9	协同模式因素
法律法规体系因素	9	8	7	6	5	4	3	2	1	1	2	3	4	5	6	7	8	9	管理体制因素
法律法规体系因素	9	8	7	6	5	4	3	2	1	1	2	3	4	5	6	7	8	9	运行机制因素

A	重要性比较																	B
价值观因素	9	8	7	6	5	4	3	2	1	1	2	3	4	5	6	7	8	9	创新文化因素
价值观因素	9	8	7	6	5	4	3	2	1	1	2	3	4	5	6	7	8	9	非正式关系因素
价值观因素	9	8	7	6	5	4	3	2	1	1	2	3	4	5	6	7	8	9	协同模式因素
价值观因素	9	8	7	6	5	4	3	2	1	1	2	3	4	5	6	7	8	9	管理体制因素
价值观因素	9	8	7	6	5	4	3	2	1	1	2	3	4	5	6	7	8	9	运行机制因素
创新文化因素	9	8	7	6	5	4	3	2	1	1	2	3	4	5	6	7	8	9	非正式关系因素
创新文化因素	9	8	7	6	5	4	3	2	1	1	2	3	4	5	6	7	8	9	协同模式因素
创新文化因素	9	8	7	6	5	4	3	2	1	1	2	3	4	5	6	7	8	9	管理体制因素
创新文化因素	9	8	7	6	5	4	3	2	1	1	2	3	4	5	6	7	8	9	运行机制因素
非正式关系因素	9	8	7	6	5	4	3	2	1	1	2	3	4	5	6	7	8	9	协同模式因素
非正式关系因素	9	8	7	6	5	4	3	2	1	1	2	3	4	5	6	7	8	9	管理体制因素
非正式关系因素	9	8	7	6	5	4	3	2	1	1	2	3	4	5	6	7	8	9	运行机制因素
协同模式因素	9	8	7	6	5	4	3	2	1	1	2	3	4	5	6	7	8	9	管理体制因素
协同模式因素	9	8	7	6	5	4	3	2	1	1	2	3	4	5	6	7	8	9	运行机制因素
管理体制因素	9	8	7	6	5	4	3	2	1	1	2	3	4	5	6	7	8	9	运行机制因素

②评估企业生产力准备性因素的相对重要性

下列各组两两比较要素,对于企业生产力准备性因素的相对重要性如何?

A	重要性比较																	B
企业员工培训	9	8	7	6	5	4	3	2	1	1	2	3	4	5	6	7	8	9	企业参与高校人才培养过程

③评估高校功能准备性因素的相对重要性

下列各组两两比较要素,对于高校功能准备性因素的相对重要性如何?

A	重要性比较																	B
高校人才培养体系	9	8	7	6	5	4	3	2	1	1	2	3	4	5	6	7	8	9	高校创新创业教育
高校人才培养体系	9	8	7	6	5	4	3	2	1	1	2	3	4	5	6	7	8	9	校企产教融合与协同育人
高校人才培养体系	9	8	7	6	5	4	3	2	1	1	2	3	4	5	6	7	8	9	高校学科专业结构
高校创新创业教育	9	8	7	6	5	4	3	2	1	1	2	3	4	5	6	7	8	9	校企产教融合与协同育人
高校创新创业教育	9	8	7	6	5	4	3	2	1	1	2	3	4	5	6	7	8	9	高校学科专业结构
校企产教融合与协同育人	9	8	7	6	5	4	3	2	1	1	2	3	4	5	6	7	8	9	高校学科专业结构

④评估企业生产力渗透性因素的相对重要性

下列各组两两比较要素,对于企业生产力渗透性因素的相对重要性如何?

A	重要性比较																	B
企业的科学技术研发水平	9	8	7	6	5	4	3	2	1	1	2	3	4	5	6	7	8	9	企业的科学技术应用能力
企业的科学技术研发水平	9	8	7	6	5	4	3	2	1	1	2	3	4	5	6	7	8	9	企业的科学技术需求
企业的科学技术应用能力	9	8	7	6	5	4	3	2	1	1	2	3	4	5	6	7	8	9	企业的科学技术需求

⑤评估高校功能渗透性因素的相对重要性

下列各组两两比较要素,对于高校功能渗透性因素的相对重要性如何?

A	重要性比较																	B
高校科研成果转化	9	8	7	6	5	4	3	2	1	1	2	3	4	5	6	7	8	9	高校跨学科科研行为
高校科研成果转化	9	8	7	6	5	4	3	2	1	1	2	3	4	5	6	7	8	9	高校科研战略领导
高校科研成果转化	9	8	7	6	5	4	3	2	1	1	2	3	4	5	6	7	8	9	高校科研评价改革
高校跨学科科研行为	9	8	7	6	5	4	3	2	1	1	2	3	4	5	6	7	8	9	高校科研战略领导
高校跨学科科研行为	9	8	7	6	5	4	3	2	1	1	2	3	4	5	6	7	8	9	高校科研评价改革
高校科研战略领导	9	8	7	6	5	4	3	2	1	1	2	3	4	5	6	7	8	9	高校科研评价改革

⑥评估企业生产力创新实体性因素的相对重要性

下列各组两两比较要素,对于企业生产力创新实体性因素的相对重要性如何?

A	重要性比较																	B
企业生产与研发的劳动力投入	9	8	7	6	5	4	3	2	1	1	2	3	4	5	6	7	8	9	企业的科学技术R&D经费投入
企业生产与研发的劳动力投入	9	8	7	6	5	4	3	2	1	1	2	3	4	5	6	7	8	9	企业的先进生产工具投入与使用
企业生产与研发的劳动力投入	9	8	7	6	5	4	3	2	1	1	2	3	4	5	6	7	8	9	企业的重大研究与试验平台建设
企业的科学技术R&D经费投入	9	8	7	6	5	4	3	2	1	1	2	3	4	5	6	7	8	9	企业的先进生产工具投入与使用
企业的科学技术R&D经费投入	9	8	7	6	5	4	3	2	1	1	2	3	4	5	6	7	8	9	企业的重大研究与试验平台建设

续表

A	重要性比较																	B
企业的先进生产工具投入与使用	9	8	7	6	5	4	3	2	1	1	2	3	4	5	6	7	8	9	企业的重大研究与试验平台建设

⑦评估高校创新基础性因素的相对重要性

下列各组两两比较要素,对于高校创新基础性因素的相对重要性如何?

A	重要性比较																	B
高校的科研人力投入	9	8	7	6	5	4	3	2	1	1	2	3	4	5	6	7	8	9	高校的 R&D 经费投入
高校的科研人力投入	9	8	7	6	5	4	3	2	1	1	2	3	4	5	6	7	8	9	高校的创新基础设施建设
高校的科研人力投入	9	8	7	6	5	4	3	2	1	1	2	3	4	5	6	7	8	9	高校的创新载体建设
高校的 R&D 经费投入	9	8	7	6	5	4	3	2	1	1	2	3	4	5	6	7	8	9	高校的创新基础设施建设
高校的 R&D 经费投入	9	8	7	6	5	4	3	2	1	1	2	3	4	5	6	7	8	9	高校的创新载体建设
高校的创新基础设施建设	9	8	7	6	5	4	3	2	1	1	2	3	4	5	6	7	8	9	高校的创新载体建设

⑧评估政策结构体系因素的相对重要性

下列各组两两比较要素,对于政策结构体系因素的相对重要性如何?

A	重要性比较																	B
国家宏观的基本政策	9	8	7	6	5	4	3	2	1	1	2	3	4	5	6	7	8	9	国家部委的具体政策
国家宏观的基本政策	9	8	7	6	5	4	3	2	1	1	2	3	4	5	6	7	8	9	其他政策中的相关内容
国家部委的具体政策	9	8	7	6	5	4	3	2	1	1	2	3	4	5	6	7	8	9	其他政策中的相关内容

⑨评估法律法规体系因素的相对重要性

下列各组两两比较要素,对于法律法规体系因素的相对重要性如何?

A	重要性比较																	B
国家领导机关的统领性行政法规	9	8	7	6	5	4	3	2	1	1	2	3	4	5	6	7	8	9	国家部委的具体性部门规章
国家领导机关的统领性行政法规	9	8	7	6	5	4	3	2	1	1	2	3	4	5	6	7	8	9	地方政府的地方性法规和行政规章
国家部委的具体性部门规章	9	8	7	6	5	4	3	2	1	1	2	3	4	5	6	7	8	9	地方政府的地方性法规和行政规章

⑩评估价值观因素的相对重要性

下列各组两两比较要素,对于价值观因素的相对重要性如何?

A	重要性比较																	B
校企合作情感	9	8	7	6	5	4	3	2	1	1	2	3	4	5	6	7	8	9	校企合作兴趣
校企合作情感	9	8	7	6	5	4	3	2	1	1	2	3	4	5	6	7	8	9	校企合作动机
校企合作兴趣	9	8	7	6	5	4	3	2	1	1	2	3	4	5	6	7	8	9	校企合作动机

⑪评估创新文化因素的相对重要性

下列各组两两比较要素,对于创新文化因素的相对重要性如何?

A	重要性比较																	B
创新信任氛围	9	8	7	6	5	4	3	2	1	1	2	3	4	5	6	7	8	9	创新精神风格

⑫评估非正式关系因素的相对重要性

下列各组两两比较要素,对于非正式关系因素的相对重要性如何?

A	重要性比较																	B
高校与企业在地理空间的位置关系	9	8	7	6	5	4	3	2	1	1	2	3	4	5	6	7	8	9	群体与群体间关系

⑬评估协同模式因素的相对重要性

下列各组两两比较要素,对于协同模式因素的相对重要性如何?

A	重要性比较																	B
契约型协同模式	9	8	7	6	5	4	3	2	1	1	2	3	4	5	6	7	8	9	供需衔接型协同模式
契约型协同模式	9	8	7	6	5	4	3	2	1	1	2	3	4	5	6	7	8	9	实体型协同模式
契约型协同模式	9	8	7	6	5	4	3	2	1	1	2	3	4	5	6	7	8	9	战略型协同模式
供需衔接型协同模式	9	8	7	6	5	4	3	2	1	1	2	3	4	5	6	7	8	9	实体型协同模式
供需衔接型协同模式	9	8	7	6	5	4	3	2	1	1	2	3	4	5	6	7	8	9	战略型协同模式
实体型协同模式	9	8	7	6	5	4	3	2	1	1	2	3	4	5	6	7	8	9	战略型协同模式

⑭评估管理体制因素的相对重要性

下列各组两两比较要素,对于管理体制因素的相对重要性如何?

A	重要性比较																	B
管理机构的分层设置	9	8	7	6	5	4	3	2	1	1	2	3	4	5	6	7	8	9	各层次管理机构的职权分配
管理机构的分层设置	9	8	7	6	5	4	3	2	1	1	2	3	4	5	6	7	8	9	同层次管理机构的相互配合
各层次管理机构的职权分配	9	8	7	6	5	4	3	2	1	1	2	3	4	5	6	7	8	9	同层次管理机构的相互配合

⑮评估运行机制因素的相对重要性

下列各组两两比较要素,对于运行机制因素的相对重要性如何?

A	重要性比较																		B
主体利益分享机制	9	8	7	6	5	4	3	2	1	1	2	3	4	5	6	7	8	9	研发风险分担机制
主体利益分享机制	9	8	7	6	5	4	3	2	1	1	2	3	4	5	6	7	8	9	创新资源共享机制
主体利益分享机制	9	8	7	6	5	4	3	2	1	1	2	3	4	5	6	7	8	9	供需信息交流机制
主体利益分享机制	9	8	7	6	5	4	3	2	1	1	2	3	4	5	6	7	8	9	公共平台服务机制
研发风险分担机制	9	8	7	6	5	4	3	2	1	1	2	3	4	5	6	7	8	9	创新资源共享机制
研发风险分担机制	9	8	7	6	5	4	3	2	1	1	2	3	4	5	6	7	8	9	供需信息交流机制
研发风险分担机制	9	8	7	6	5	4	3	2	1	1	2	3	4	5	6	7	8	9	公共平台服务机制
创新资源共享机制	9	8	7	6	5	4	3	2	1	1	2	3	4	5	6	7	8	9	供需信息交流机制
创新资源共享机制	9	8	7	6	5	4	3	2	1	1	2	3	4	5	6	7	8	9	公共平台服务机制
供需信息交流机制	9	8	7	6	5	4	3	2	1	1	2	3	4	5	6	7	8	9	公共平台服务机制

附录 3

区域内高校与战略性新兴产业协同发展的影响因素调查问卷

尊敬的老师：

您好！

感谢您能在百忙之中抽空填写这份问卷。本研究的目的是分析影响区域内高校与战略性新兴产业协同发展的关键因素。鉴于您在本领域的卓越研究，特邀您参与此项调查。

本研究完全采用匿名的方式进行，所获得的问卷数据只用于科学统计分析，且严格保密所有信息。衷心感谢您的支持和协助！

一、基本情况

1.性别

①男　　　　　　②女

2.学历

①研究生（博士）　②研究生（硕士）　③本科　　　　④专科及以下

3.职称

①正高级　　　②副高级　　　③中级　　　④初级

⑤行政人员（无职称）

4. 单位类型_____。

①部属本科院校 ②省属本科院校 ③市属本科院校 ④科研院所

⑤其他(请注明)

5. 所在学科

①哲学 　　　　　②经济学 　　　　③法学 　　　　　④教育学

⑤理学 　　　　　⑥工学 　　　　　⑦农学 　　　　　⑧医学

⑨管理学 　　　　⑩其他(请注明)

6. 您是否具有企业博后流动站的学习经历

①是 　　　　　　②否

7. 您是否具有企业兼职挂职的工作经历

①是 　　　　　　②否

8. 近 5 年内您开展企业职工培训和讲座的次数

①5 次及以上 　②4 次 　　　　③3 次 　　　　④2 次

⑤1 次 　　　　　⑥无

9. 近 5 年内您为企业提供管理咨询服务的次数

①5 次及以上 　②4 次 　　　　③3 次 　　　　④2 次

⑤1 次 　　　　　⑥无

10. 近 5 年内您向企业转化科研成果的数量

①5 项及以上 　②4 项 　　　　③3 项 　　　　④2 项

⑤1 项 　　　　　⑥无

11. 近 5 年内您向企业转化科研成果的累计收益金额(学校到账)

①1000 万元及以上 　②100 万~1000 万元 　③10 万~100 万元

④1 万~10 万元 　　⑤无

12. 近 5 年内您面向行业企业开展省级及以上基础研究的课题数量

①5 项及以上 　②4 项 　　　　③3 项 　　　　④2 项

⑤1 项 　　　　　⑥无

13. 近 5 年内您面向行业企业开展省级及以上原始创新的课题数量

①5 项及以上 　②4 项 　　　　③3 项 　　　　④2 项

⑤1 项 　　　　　⑥无

14.近 5 年内您承担企业横向课题的数量

①5 项及以上　　②4 项　　　　③3 项　　　　④2 项

⑤1 项　　　　　⑥无

15.近 5 年内您获得省级及以上科技创新成果奖的数量

①5 项及以上　　②4 项　　　　③3 项　　　　④2 项

⑤1 项　　　　　⑥无

16.近 5 年内您承担省级及以上的协同创新相关社科课题的数量

①5 项及以上　　②4 项　　　　③3 项　　　　④2 项

⑤1 项　　　　　⑥无

17.近 5 年内您向市级及以上政府提交协同创新相关领域资政建议的数量

①5 项及以上　　②4 项　　　　③3 项　　　　④2 项

⑤1 项　　　　　⑥无

18.近 5 年内您获得省级及以上协同创新相关学术成果奖(人文社科)的数量

①5 项及以上　　②4 项　　　　③3 项　　　　④2 项

⑤1 项　　　　　⑥无

二、区域内高校与战略性新兴产业协同发展影响因素的指标体系判断

请您结合实际情况,给下列各个指标打分(每个指标为 5 分制:1=非常不重要;2=不重要;3=一般;4=重要;5=非常重要)。

序号	编号	具体内容	非常不重要	不重要	一般	重要	非常重要
1	A1	企业邀请高校人员对员工进行培训	1	2	3	4	5
2	A2	企业参与高校人才培养全过程	1	2	3	4	5
3	B1	高校人才培养体系	1	2	3	4	5

序号	编号	具体内容	非常 不重要	不重要	一般	重要	非常 重要
4	B2	高校创新创业教育	1	2	3	4	5
5	B3	校企产教融合及协同育人	1	2	3	4	5
6	B4	高校学科专业结构	1	2	3	4	5
7	C1	企业科学技术研发水平	1	2	3	4	5
8	C2	企业科学技术应用能力	1	2	3	4	5
9	C3	企业科学技术需求	1	2	3	4	5
10	D1	高校科研成果转化	1	2	3	4	5
11	D2	高校跨学科科研行为	1	2	3	4	5
12	D3	高校科研战略领导	1	2	3	4	5
13	D4	高校科研评价改革	1	2	3	4	5
14	E1	企业生产与研发的劳动力投入	1	2	3	4	5
15	E2	企业科学技术 R&D 经费投入	1	2	3	4	5
16	E3	企业先进生产工具投入与使用	1	2	3	4	5
17	E4	企业重大研究与试验平台建设	1	2	3	4	5
18	F1	高校科研人力投入	1	2	3	4	5
19	F2	高校 R&D 经费投入	1	2	3	4	5
20	F3	高校创新基础设施建设(重点实验室、工程技术中心等)	1	2	3	4	5
21	F4	高校创新载体建设(大学科技园、创新创业孵化中心等)	1	2	3	4	5
22	G1	国家宏观基本政策(协同创新、创新驱动、校企合作等)	1	2	3	4	5
23	G2	国家部委的具体政策(教育部、科技部等)	1	2	3	4	5
24	G3	国家其他政策中的相关内容(创新创业、大学生就业等)	1	2	3	4	5
25	H1	国家领导机关的统领性行政法规(行政、司法等)	1	2	3	4	5

续表

序号	编号	具体内容	非常 不重要	不重要	一般	重要	非常 重要
26	H2	国家部委的具体性部门规章（教育部等）	1	2	3	4	5
27	H3	地方政府的地方性法规和行政规章	1	2	3	4	5
28	I1	校企合作情感	1	2	3	4	5
29	I2	校企合作兴趣	1	2	3	4	5
30	I3	校企合作动机	1	2	3	4	5
31	J1	校企协同创新信任氛围	1	2	3	4	5
32	J2	校企协同创新精神风格（意识、兴趣、胆量、决心等）	1	2	3	4	5
33	K1	校企在地理空间的位置关系	1	2	3	4	5
34	K2	高校学术群体（院系、学科、专业）与企业技术群体间（生产、研发等部门）的互动关系	1	2	3	4	5
35	L1	契约型校企协同模式（协议、合同、条款等）	1	2	3	4	5
36	L2	供需衔接型校企协同模式（产业学院、大学科技园等）	1	2	3	4	5
37	L3	实体型校企协同模式（协同创新中心、校企研究院等）	1	2	3	4	5
38	L4	战略型校企协同模式（校企联盟等）	1	2	3	4	5
39	M1	校企协同创新管理机构的分层设置（政府与高校层面）	1	2	3	4	5
40	M2	校企协同创新的各级管理机构职权分配	1	2	3	4	5
41	M3	政府不同部门相互配合支持校企协同创新	1	2	3	4	5
42	N1	校企协同创新的主体利益分享机制	1	2	3	4	5

序号	编号	具体内容	非常 不重要	不重要	一般	重要	非常 重要
43	N2	校企协同创新的研发风险分担机制	1	2	3	4	5
44	N3	校企协同创新的资源共建共享机制	1	2	3	4	5
45	N4	校企协同创新的供需信息交流机制	1	2	3	4	5
46	N5	校企协同创新的政府公共平台服务机制	1	2	3	4	5

问卷到此结束,再次感谢您的参与和支持!

后 记

    本书是国家社会科学基金教育学青年课题（CFA170253）的研究成果，系统探讨了区域内高校与战略性新兴产业协同发展的动力机制若干问题。全书涵盖绪论、区域内高校与战略性新兴产业协同发展的内涵阐释、区域内高校与战略性新兴产业协同发展的影响因素辨析、区域内高校与战略性新兴产业协同发展的比较研究、区域内高校与战略性新兴产业协同发展的案例研究、区域内高校与战略性新兴产业协同发展的动力机制建构等六章内容。

    本书是一部全面、系统、完整地论述区域内高校与战略性新兴产业协同发展的动力机制的学术著作。它立足高等教育发展实际，注重理论研究与实证研究相结合，研究视角新颖，资料丰富，逻辑严谨，方法科学，观点明晰。本书的出版标志着区域高等教育与经济社会协同发展研究体系的日趋成熟和不断完善，对创新驱动和协同创新背景下的人才培养、科学研究和社会服务等大学三大职能的充分发挥及效益释放，具有重要的理论意义和实践价值。

    本书作者的研究水平有限，疏漏和不妥之处在所难免，恳请专家学者和读者朋友不吝赐教。

    衷心感谢大连理工大学党委副书记、副校长宋丹教授拨冗作序！

　　衷心感谢中国医科大学副校长曲波教授、大连理工大学姜华教授、郑州大学罗志敏教授、辽宁大学王少媛研究员的指导和帮助！

　　衷心感谢专家学者们对学术咨询和问卷调查的支持和帮助！

赵　哲

2021 年 6 月